U0907785

南怀瑾的20堂国学课

圣铎 编著

中华工商联合出版社

图书在版编目（CIP）数据

南怀瑾的20堂国学课 / 圣铎编著. -- 北京：中华工商联合出版社，2018.2（2021.6重印）

ISBN 978-7-5158-2195-5

Ⅰ.①南… Ⅱ.①圣… Ⅲ.①国学—通俗读物 Ⅳ.①Z126-49

中国版本图书馆CIP数据核字（2018）第010744号

南怀瑾的20堂国学课

编　　著：圣　铎
责任编辑：林　立　崔红亮
装帧设计：北京东方视点数据技术有限公司
责任审读：魏鸿鸣
责任印制：迈致红
出版发行：中华工商联合出版社有限责任公司
印　　刷：唐山富达印务有限公司
版　　次：2018年8月第1版
印　　次：2021年6月第2次印刷
开　　本：710mm×1020mm　1/16
字　　数：230千字
印　　张：18
书　　号：ISBN 978-7-5158-2195-5
定　　价：78.00元

服务热线：010-58301130
销售热线：010-58302813
地址邮编：北京市西城区西环广场A座
19-20层，100044
http://www.chgslcbs.cn
E-mail: cicap1202@sina.com（营销中心）
E-mail: gslzbs@sina.com（总编室）

前　言

国学的智慧，是中国人生存发展的精神动力和文化源泉，它体现于伟大的、悠久的中国传统，浓缩于古圣先贤贡献给我们的精神财富，凝结为儒家、道家、墨家、法家、兵家、禅宗等思想文化形态，并渗透在中国人的全部生活中。作为我们共有的精神归宿，在受到了长时间的冲击和漠视后，国学在最近几年又走向了兴盛。然而，大多数人只是跟风似的简单地了解了一下国学知识，对国学思想的深刻内涵并不是十分清楚。实际上，国学文化是最含蓄实用的，几千年经久不衰留传下来的国学经典中，有太多指导现实的人生哲理和经世哲学，若能细细品味，必能进退有据、挥洒有度，创造出和谐的生活与成功的人生。

然而，并非每个人都能对国学经典参得全、参得透，幸有南怀瑾先生帮我们解读，他深入浅出地阐述了国学中的思想精华，化深奥晦涩为平易晓畅。大师之言，字字珠玑，相信国学大师的智慧成果会让我们受用一生。

1918 年，南怀瑾出生于浙江乐青柳市区的一个书香世家，从孩提时起即接受传统的私塾教育，涉猎遍及诸子百家、拳术剑道、文学书法、诗词曲赋、医药卜算、天文历法等，并深得其精髓。南怀瑾生平一直致力于弘扬中国传统文化。1966 年，南怀瑾配合台当局，推动“中华文化复兴”运动，倡导“伦理道德”。后来，他又在台设“老古文化事业公司”、“十方书院”等文教机构，传扬文史哲佛学说，提升民众文化水平。人们尊称他为“教授”、“大居士”、“宗教家”、“哲学家”、“禅宗大师”和“国学大师”，一度名列“台湾十大最有影响的人物”。南怀瑾的国学修养深厚，是少数几位精通儒、道、佛三教经典的大师之一。他就像一个布道者，把老子、庄子、孔子、孟子、释迦牟尼的智慧，以通俗易懂的方式一一讲来，并且妙趣横生，为我们打开了通往这些文化瑰宝内涵的大门，从而让人们对国学中的人生智慧有了更深刻的认识。

听南怀瑾讲国学是学习中国传统文化的捷径，他对中华传统典籍作了一个重要引导。南怀瑾大师以其卓然的文化底蕴和高超的语言技巧，为我们讲经说法，带领我们读史悟道。南怀瑾先生的国学课，学习的不仅仅是古老的字句，还有尘封在其中的先哲智慧。他把沉浸在先哲背后的智慧都挖掘出来、还原，并一一摆在了我们面前。这些智慧深沉而清新，古朴又凝重，于是我们看见了那些历久弥新的智慧光华和率真的生命哲学，以及在绚烂喧嚣中归于平静的人生风景。他谈儒学，说道家，讲禅宗，评世间百态，论人生种种。对人情世故的深层解读，对得失人生的精彩诠释，对现实博弈的冷静剖析，对名利宠辱的人性点拨，对生命旅途的真诚关照，都值得人深思，聆听先生的谆谆教诲，会让我们受益匪浅。

本书立足于南怀瑾大师对国学典籍的讲解与梳理，旁征博引，融汇各家经典于一炉，不仅系统地阐述了南怀瑾先生有关老子、庄子、孔子、孟子和《易经》，以及禅佛等著作中的精华观念和讲解，同时介绍了国学的历史观、人生观，以及处事规矩和成功智慧，并加入了新鲜的、贴合当下人们生活的案例，力图将晦涩难懂的国学知识用通俗易懂的话语解读出来，让我们在领悟先哲思想的同时，汇集人生智慧，点拨人情世故，以平凡的视角观读这个纷繁的世界，加深我们对生命本质的理解，借大师的慧眼于传统文化中来寻觅人生的新意，在妙趣横生的讲读中领略生活的艺术，并通晓处世策略和生存之道。希望读者可以通过本书的阅读更好地了解国学，了解南怀瑾先生的学术及人格，用国学的经纬，帮助自己找到人生的坐标；借国学的圭臬，为自己解除心灵的困惑方向找到人生的方向。

国学是我们中华民族的深厚文化土壤，不论男女老幼每天都需要从这“土壤”中汲取养分。正如南老所言，一个没有自己文化特色的民族是难以屹立于世界民族之林的；一个失去本民族文化支撑的人也是难以赢得他人敬重的。我们不应失去自己的文化之根，像浮萍一样漫无目的地漂泊，内心充满惶恐和迷惘。在南怀瑾先生的讲解下，国学对于我们为人处世的引导，让我们每一个人都感觉到它的深邃与宽广，而它对我们心灵的荡涤与关怀，又使我们感觉它离我们很近，温馨而质朴，毫无艰深晦涩之感。听南怀瑾先生讲国学，就如同用双手轻轻抚摸心里最深层的秘密，或许在某一个不经意的瞬间便理解了它的深意，就像禅宗里拈花微笑般默契与随意，一个顿悟就洞悉了它的真谛，走进了我们文化扎根的沃土。

人生路上，让南怀瑾先生告诉我们怎样通过品儒释道、参禅悟佛，在纷繁的世界中沏上一壶香醇的茶，静待茶香沁入心脾，让我们在一堂堂国学课中品味国学经典的魅力，汲取一捧清泉，涤荡身心。

目 录

第一课

有容乃大，不平不鸣

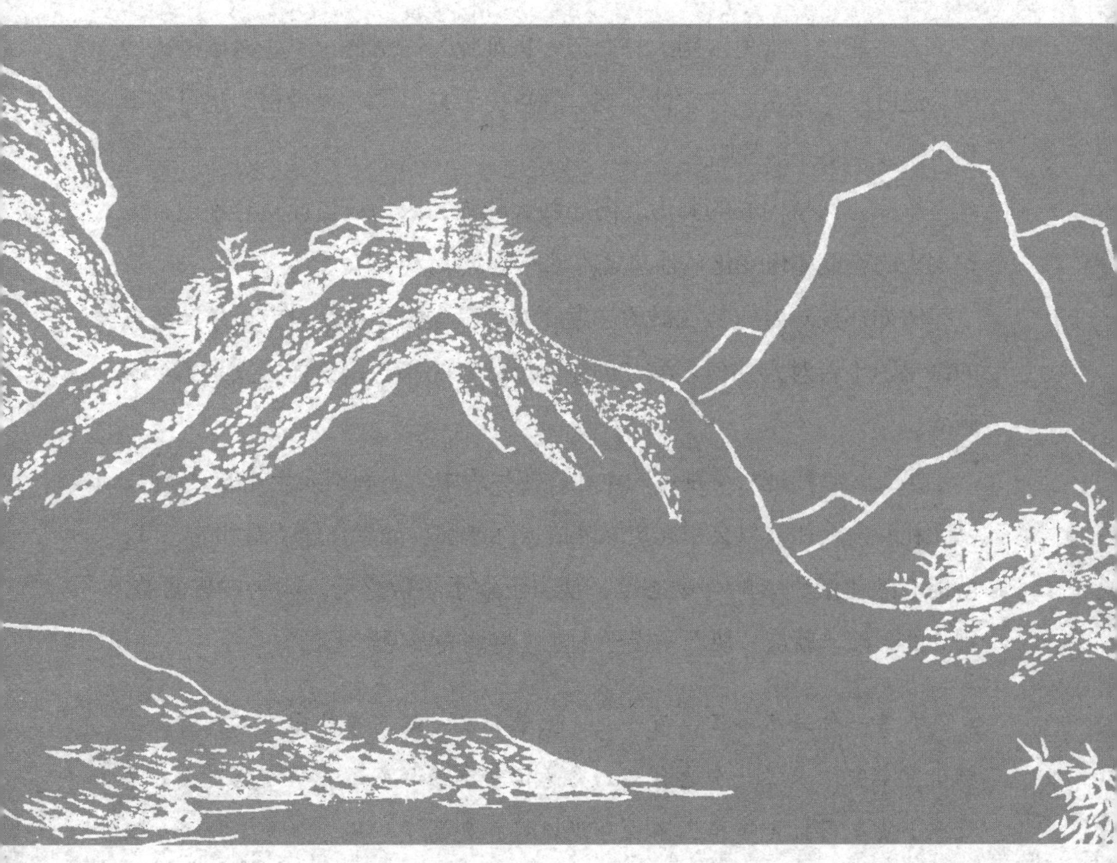

温和对待他人的无礼

天下没有比水更柔弱的，也没有什么比水更善于打败坚硬的东西。水平静的时候，润物无声；水强大的时候，足以冲毁城池，淹没六军。温和的人放弃外表的刚硬，保持内心的坚韧，就像水一样柔弱，也像水一样强大。

人生在世，难免跟别人打交道，也难免言高语低，有些磕磕碰碰的事。这时候，像水一样柔而不弱，既可免于自己的心灵受伤，也可免于伤害别人，不是很好吗?

第一，保持内心的强大。内心强大的人，因为自信而从容不迫，无论别人的态度如何变化，他总是不动声色，泰然自若。

假如你被对方气势汹汹的态度吓得惊慌失措，正是对方最乐意看见的结果。不管对方如何表演，仍能保持从容的心态，这样的人是不可战胜的。

第二，温和地对待别人的无礼。在生活中，遇到别人无礼的对待时，以无礼反击无礼，只会引起更强烈的人际冲突。如果你保持温和的态度，就能有效化解别人的强硬态度，使自己立于不败之地。因为在你面前，别人的强硬，就像一块石子投于水池，将消失得无影无踪。

乔是一位著名拳王，有一天，他跟朋友一起驾车外出，不料前面一辆小货车突然来了一个急刹车，乔急忙刹车，避免了一场可能发生的事故。小货车司机走下车，不由分说地将乔臭骂了一顿。乔并不分辩，微笑着连说“对不起”。

乔的朋友不服气，想下车理论一番，却被乔拦住了。

小货车司机走后，乔的朋友不满地对他说：“你为什么不教训一下这个讨厌的家伙？”

乔淡淡一笑，幽默地说：“假如他侮辱了歌王卡罗素，你认为卡罗素会为他唱一首歌吗？”

一个温和而冷静的人，没有人能伤到他。假如别人无礼的态度使你很受伤，那说明对方缺少修养，也说明你的内心过于软弱。与其仇视对方，不如努力训练自己的心理承受能力。

第三，任何时候都不要失去教养。温和有礼地对待别人，这是教养。假如别人态度无礼，还有没有必要对他讲礼貌呢？当然有必要。因为教养是自己的，不是别人的，无论别人是否有教养，也别忘了自己的修养。

有一天，一个绅士陪朋友一起散步。在一个熟悉的报摊上，绅士买了一份报纸，并且很礼貌地对报贩说了声“谢谢”。那报贩却冷冷淡淡的，不发一言。

他们离开报摊后，朋友议论说：“那家伙态度很差，对你的‘谢谢’好像并不领情呢！”

绅士说：“是的，他每天都是这样。”

“那你为什么还要对他那么客气呢？”朋友奇怪地问。

绅士反问：“我为什么要让他决定我的行为？”

在生活中，很多人总是让别人决定自己的行为。别人态度好，自己便笑脸相对；别人态度不好，自己便冷语相加。老是让别人决定自己的态度和心情，不就失去了自我吗？作为一个强者，当然应该保持自己独立的心境和行为能力。

是啊！绅士在任何情况下都不失绅士风度，正如粗人随时可能表现出粗鲁一样。何必因为别人表现不佳而放弃自己的素养呢？

第四，处变不惊，静观事态发展。遇到对方突然的挑衅时，可能一时之间不知如何反应，一旦言语不当，就可能使矛盾激化。这时候，一定要保持冷静，宁可一言不发，也不要轻易发言。直到想好了对策，再做出合理的反应。

古时候，有一位刺史，因为年轻，本州的武官对他不服气，总想找机会给他难堪。有一天，刺史的家僮骑马出门，路上遇到武官，没有下马就匆匆驱马而过。这在当时是失礼行为。武官佯装大怒，追上去，将家僮拉下马来，不由分说，痛打一顿。然后，他提着马鞭，主动来见刺史，叙述事情经过后，故意说："我打了您的家僮，请让我走吧！"

这等于给刺史出了一道难题：如果刺史不同意他辞职，就输了一招；如果同意他辞职，又有公报私仇之嫌，反而被他抓住了把柄。年轻刺史并非等闲人物，他微微一笑，淡淡地说："奴才见了官人不下马，打也可以，不打也可以；官人打了奴才，走也可以，不走也可以。"这无疑是说：打不打人，那是你的修养；走不走人，那是你的选择，总之跟我无关。

武官一时不知所措。如果他辞职的话，只是自己吃亏；如果他不辞职的话，等于扫自己的面子。他默思半晌，无言以对，只得躬身告退。从此，他再也不敢为难刺史了。

这位刺史处变不惊，始终保持温和的态度，使对方找不到任何攻击的把柄，却让自己立于不败之地，不是很高明的策略吗？

看人要往好处看

庄子似乎很瞧不起“人”，好像放眼天下，找不出一个值得他肯定的人。他瞧得起的三种人，即达到“无我”、“无功”、“无名”境界的人，却要用到“假如”二字，找不出实例来，因为这种人当时尚未出生，现在仍未出生。

谁都瞧不起，这是中国文人由来已久的“精神病”。对任何人、任何事，他们都能挑得出毛病加以攻击。世上的凡人，做事都在60分左右，往下走一点就不及格，往上走一点就有希望获得优秀的评语，再往上走一点就称之为杰出。不论往哪边偏，只要做的是“人”事，都应该看得惯。

我们看人，要用种苹果而不是买苹果的心态。果农种苹果，收获的时候，他会把烂苹果挑出来放在一边，把其他的都看成是好苹果。当然他也可能挑出一些个儿特别大、皮儿特别红的，当优等品出售。买苹果的人正好相反，挑出几个最大最红的，把其余的都当成不好的苹果，而且千挑万选，还是不太满意。用买苹果的心态看人，天下就没有一个好人。用种苹果的心态看人，天下坏人就少了。只要把心态摆正，庄子笔下的几种人，其实都值得敬佩。

第一种人是“知效一官”，才智足以胜任某个小官职，这种人可称之为能人，上百人里才选得出一个，已经很不简单了。只要他认认真真履行职责，就值得赞扬。真正应该受批评的是那种才智不足以胜任，依靠制度漏洞而获得某个官职，把事情办得一团糟的人。

第二种人是“行比一乡”，能力足以庇护一乡。这里的“乡”字，应该是指封邑，相当于现在的县或地区。胜任一县或一市的长官，能够造福一方，堪称贤才，上千人中才挑得出一个，更不简单。

第三种人“德合一君”，道德足以取信于一个国君。这是指在政府中身居显赫位置的高官，他能凭道德取得国君的信赖，说明他不是阿谀逢迎之徒。他能够辅助国君推出善政，使百姓安居乐业，这是了不起的人才，上万人中都难挑出一个，还不值得敬佩吗？

第四种人“而征一国”，能治理好一个国家。对这种人，需要乘坐“时光机器”，去古今中外、过去未来寻找。如果能找到一个，全国百姓都应该额手称幸，就不用忙着去挑他的毛病了。

第五种人是宋荣子之类，“举世誉之而不加劝，举世非之而不加沮”。已经对是非荣辱看得很淡了，也不受物欲的迷惑，一切都淡然处之。如果能达到这种境界，当然很了不起。可惜世上自命清高的文人学士多，自称无欲无求的高人隐士多，真正能达到此种境界者并不多。

第六种人是列子这样的，居然能“御风而行”，十五天才下地，比飞机的悬空时间还长，快要赶得上宇宙飞船了。可惜这种人只生活在传说中，连庄子本人都没有亲眼见过。

第七种人是达到“无我”境界的“至人”。这种人只是“假设”而已。庄子有没有达到这种境界呢？肯定没有。因为他的文章中，藏着一个大大的“我”字，就像佛家所说的，“我执”太重。

第八种人是达到“无功”境界的“神人”。这也是假设，没有榜样可以学习。其实“无我”、“无功”的境界，每个人在特殊情况下也能达到，当你全心沉浸于某些事情中时，头脑中既没有“我”的概念，没有非成功不可的念头，也没有造福他人的想法，只是按照事情本身的逻辑，顺其自然地去做而已。不过事情结束了，一个大大的“我”字又重回心头，功利的念头也随之萌生了。所以这并非真的到了这境界，而是偶然有这种平常心的状态而已。

第九种人是“无名”的圣人。有人认为这个“名”字作名声解，不太合逻辑。因为“无我”里面就包含了不爱名声。甚至宋荣子也达到了不理会世俗名声的境界。这个“无名”，应该做“无形”解。因为一切有形的东西，都有一个名字，即使是空气乃至真空，虽然看不见，都有名字。只有无形的东西没有名字。因为你连想都想不到，又怎么给它安名字？

庄子所谓“无名”，类似于佛家所谓“色即是空，空即是色”。庄子的所谓圣人，不知躲在哪个无人的角落享受自己的“无名”之乐，根本不理红尘之事，有点类似于佛家所谓罗汉境界。罗汉仅次于佛与菩萨，离尘弃世，已证空境，这莫非就是庄子向往的境界？

世事难分明，何妨开口一笑

《金刚经》中有“如来说一切法，皆是佛法”的记录。《法华经》说得更明白：“一切世间法，皆是佛法。”这也就是说，世上任何理论、观点、方法、行为，无论你是老庄那样高深的“道”，还是平时做事的一个小技巧，甚至只是下意识的一个举动，都是佛法。正如《法华经》说：“一切治生产业，皆与实相不相违背。”

对此，南怀瑾大师进一步解释说：“并不一定说脱离人世间，脱离家庭，跑到深山冷庙里专修，才是佛法。治生产业就是大家谋生！或做生意等，各种生活的方式，皆与实相不相违背，同那个基本的形而上道，并没有违背，并没有两样。”

认为“一切世间法，皆是佛法”，正是佛教精神的博大之处。它正视一切、包容一切、以平等心态对待一切。

执于门户之见，认为自己才是真理的掌握者，自己这门学问才是最高明的，其他人的意见、其他人的学问都不在话下。这正是人类固有的一种通病，用佛家的话来说，叫作“贡高我慢”。但佛家显然医好了这种毛病，对世间一切法都不存偏见。

当然，佛家具有包容一切的风度，不等于学佛的人都具有这种风度。佛教分成那么多门，那么多派，说明大家越学离佛越远了。这里有一个故事，足以说明后世学者们的可笑之处：

在一座庙里，安了三尊圣像，一个是释迦牟尼，一个是老子，一个是孔子。一天，庙里来了一个秀才，看见塑像，就说：“咱们儒家的学问是最高的，应该将孔圣先师放在中间。”他就将孔子的塑像摆到了正中。过了一会儿，来了一个道士，他把老子的塑像搬到中间。道士刚走，来了一个和尚，他则将释迦牟尼的塑像摆到了中间。等这些人好不容易都走了，三圣相顾苦笑：“我们究竟做错了什么，要被这些人搬来弄去？”

无论哪派学者，都可能犯这种毛病：注重形式而远离精神。真正善于学习的人，必有包容之心，而不会囿于门户之见。南怀瑾大师就曾批评某些人“学了佛以后，非常小气，皈依佛，不拜邪魔外道”。真正学佛不是这样的，是不排他的。对此，南怀瑾大师举自己为例：“我有时候到乡下去，看到土地庙，那个土地公是用泥巴捏的，我也很恭敬地行个礼。人家说你学佛的人，何必呢！我说我不管那一套，活着做好人，死后还做个土地公，我还不一定是好人，死后土地公还可能管到我呢！我先结个善缘不是蛮好吗！”他又说：“我到了基督教堂一样的很恭敬，基督总是个好人嘛！总叫人家去做好事。好人嘛，排排坐，请上坐，吃果果，给他磕个头。基督年纪总比我们大多了，大了一千多年了！学佛的人第一个胸襟要大。所以学佛，第一要学这个人，学常开笑口、放大度量的菩萨，就是肚子要大一点，包容万象，什么都是好的，都对；一切法皆是佛法，先学他胸襟大，面孔对任何人都是慈悲笑容，这个就是佛法。”

但是，人们是否有包容心，不仅是一个观念问题，主要还是一个智慧问题，一个悟性问题。比如，你看见一个强盗，你能不能从他身上看见佛法？看不见你就会痛恨他，巴不得他早死早了。但如果你能看见佛法，你就会生出悲悯之心。

有人会问：“难道对强盗应该心慈手软，纵容他坏事干尽吗？”当然不是。这里讲的不是一个做法问题，而是一个佛法问题。这个人为什么当了强盗？为什么把刀子架在你脖子上？这里面难道没有一个因果吗？

比如，你平时看见自己的小孩打人、抢小朋友的东西，是否非但不制止，还觉得好玩？你看见一个人发财了，且不管他如何发财，你是否就佩服他、亲近他？你对那些品行高尚而贫穷的人，是否不放在心上？你是否轻视弱势者？你买卖商品时，是否认为价格对自己越有利越好，而不管对方有没有吃亏？你是否为了一时之利，把规则抛诸脑后？生活中，此种现象比比皆是，在这种大环境下，肯定会出强盗嘛！

有人又会说：我从来没见过这个强盗，他成为强盗跟我一点儿关系也没有。真的没有吗？佛会悲悯地告诉你：这叫“共业”。据济群法师说：“共业取决于共同的行为，或者叫相似的行为，或是利益相关的行为。譬如同在杀猪场工作，不是说每一个人都杀猪，有的人杀猪，有的人是财会人员，财会人员没有直接参与杀猪的行为，认为杀猪的罪孽肯定与他没有关系。其实，他也有一份。为什么呢？因为，他虽然没有直接参与杀猪的行动，但每月开工资的时候，他也照样拿一份。”说白了，就是你害我，我害他，大家害大家。以此看来，虽然你跟这个强盗“往日无怨，今日无仇”，当他将刀架在你脖子上时，你领受的仍然是自己应得的一份。

总而言之，一切都是佛法。很多得道高僧就是从很寻常的事情中顿悟的。

古时有一位宝积禅师，在市场上行走，看见一位客人买猪肉，对屠夫说：“精的割一片来。”屠夫放下刀，叉着手问：“先生，请问哪片肉不是精的？”

宝积禅师心里一动，有所感悟。

又有一次，宝积禅师出门，看见一队送丧的人。歌郎摇着铃唱道：“红轮决定沉西去，未审魂灵往哪方？”他唱一句，孝子就哭着接一声：“哀啊！哀啊！”

宝积禅师心里一震，顿时大彻大悟。后来，他成了一代高僧。

还有一位智通禅师，他悟道的经历更是离奇。他起初随归宗学佛，有一天晚上，众僧正在入梦，忽然听见他大叫：“我大悟了！我大悟了！”大家都被吵醒，十分惊异。第二天，归宗问他：“你悟到了什么道理，就敢大言不惭地说什么‘大悟了’？你说说看！”智通禅师说：“尼姑原来是女人做的。”后来，智通成了高僧，执掌五台山法华寺。

孝子说“哀啊”，不是很平常吗？尼姑当然是女人做的，要不就叫和尚了。这两位高僧却从中悟道，他们悟出了什么？这个问题恐怕没人说得清，说得清就很肤浅了。

对我们这些不想出家的人来说，只要了解“一切皆是佛法”这个道理就行了。平时看见一个不喜欢的人，看见一件不喜欢的事，不妨提醒自己一句：这也是佛法呢！如此，心境必然为之一开；久之，自然而然心境阔大，笑口常开。

让他三尺又何妨

齐宣王与孟子谈治理国家，谈天下归心的大欲，也谈了与邻国交往之道。齐宣王问孟子："交邻国有道乎？"即与邻国交往有什么好的策略吗？

孟子回答说，当然有。"惟仁者为能以大事小，是故汤事葛，文王事昆夷。惟智者为能以小事大，故太王事獯鬻，勾践事吴。以大事小者，乐天者也；以小事大者，畏天者也。乐天者保天下；畏天者保其国。"这里孟子提出了两个原则：一种是"以大事小"，这是仁者的风范，是顺应"天地万物"的乐天心理，不愿意去欺负弱小，这样可以使天下太平。另一种是"以小事大"，这是明智之举，顺从比自己强大的国家，则可以保护国家臣民的安全。南怀瑾先生说，这里的"天"，在"天人合一"的哲学上，是包括了人事在内的。人与人之间的和谐相处要注意这一原则。也就是说，在人之上要以人为人，在人之下要以己为人。首先，居上位时，一定要谦虚，切不可仗势欺人，人生总是盛极而衰的，一个人不可能永远风光无限，繁华过后总会凋零。对于一位真正悟透人生的仁者来说，谦卑才是他们应有的心态，而以恭敬心去尊重和对待每一个人，则是他们的特征。

据《桐城县志略》和姚永朴先生的《旧闻随笔》记载，清康熙时，文华殿大学士、礼部尚书张英世居桐城，其府第与一吴姓人家为邻，中间有一条属于张家的空地，向来作为过往通道，后来吴氏建房子想越界占用，张家不服，张吴两家遂发生纠纷，闹到县衙，因两家同为显贵望族，县令左右为难，迟迟不予判决。

张英家人见有理难争，遂驰书京都，向张英告状。张英阅罢，认为事情简单，便提笔在家书上批诗四句：“千里修书只为墙，让他三尺又何妨。万里长城今犹在，不见当年秦始皇。”张家得诗，深感愧疚，毫不迟疑地让出三尺地基，吴家见状，觉得张家有权有势，却不仗势欺人，深感不安，于是也效仿张家向后退让三尺，便形成了一条六尺宽的巷道，名曰“六尺巷”。两家此举也成为美谈。

一条六尺巷，一封家书，一句“让他三尺又何妨”，描画出了能够以大事小的仁者张英的形象。张英的宽宏大量，宰相肚里能撑船的胸怀，使得邻里之间的关系得以缓和，既利他又利己，值得称道。但有些时候，居人之下，我为鱼肉，人为刀俎时，则需要以小事大的智慧，否则就会自身难保。

隋炀帝是中国历史上有名的暴君，在他统治时期，骄奢淫逸，民不聊生。各地农民起义风起云涌，隋朝的许多官员也纷纷倒戈，转向农民起义军。因此，隋炀帝对朝中大臣们处处防范，疑心很重，尤其对外藩重臣更是顾虑重重。

当时唐国公李渊曾多次担任朝廷和地方官，每到一处，都悉心结纳当地的英雄豪杰，多方树立恩德，因而声望很高，许多人都前来归附。因此，大家都替他担心，怕他遭到隋炀帝的猜忌。正在这时，隋炀帝下诏让李渊到他的行宫去晋见。李渊因病未能前往，隋炀帝很不高兴，猜疑之心顿起。

当时，李渊的外甥女王氏是隋炀帝的妃子，隋炀帝向她问起李渊未来晋见的原因，王氏如实回答，隋炀帝又问道：“会死吗？”王氏把这个消息传给了李渊，李渊更加谨慎起来。他知道自己迟早会为隋炀帝所不容，但过早起事又力量不足，只好继续隐忍，等待时机。

于是，他故意广纳贿赂，败坏自己的名声，整天沉湎于声色犬马之中，而且大肆张扬。隋炀帝听说了李渊的所作所为后，就放松了对他的警惕。不料隋炀帝的这一放松却成就了日后的大唐帝国。

李渊通过隐忍，从而达到了保全自己的目的，正所谓“尺蠖之曲，以求伸也；龙蛇之蛰，以求存也”。

生活中有不少人难忍一时之气，从而与人起了正面冲突，“伤敌一千，自损八百”，最后是两败俱伤。这又何苦呢？毕竟牺牲是一时的，保全却是一世的。牺牲是爆发，保全是维持；牺牲是激情，保全是平淡。浓肥辛甘非真味，真味只是淡，淡淡地融化在生活中。保全也许也是一种牺牲，牺牲狂热，牺牲内心深处的原始冲动，只是用最小的牺牲来求得更多的和平与幸福。人生就是如此玄妙，其中蕴含着为人处世的大智慧，需要好好琢磨，认真对待。

第二课

做平常事，得异常福

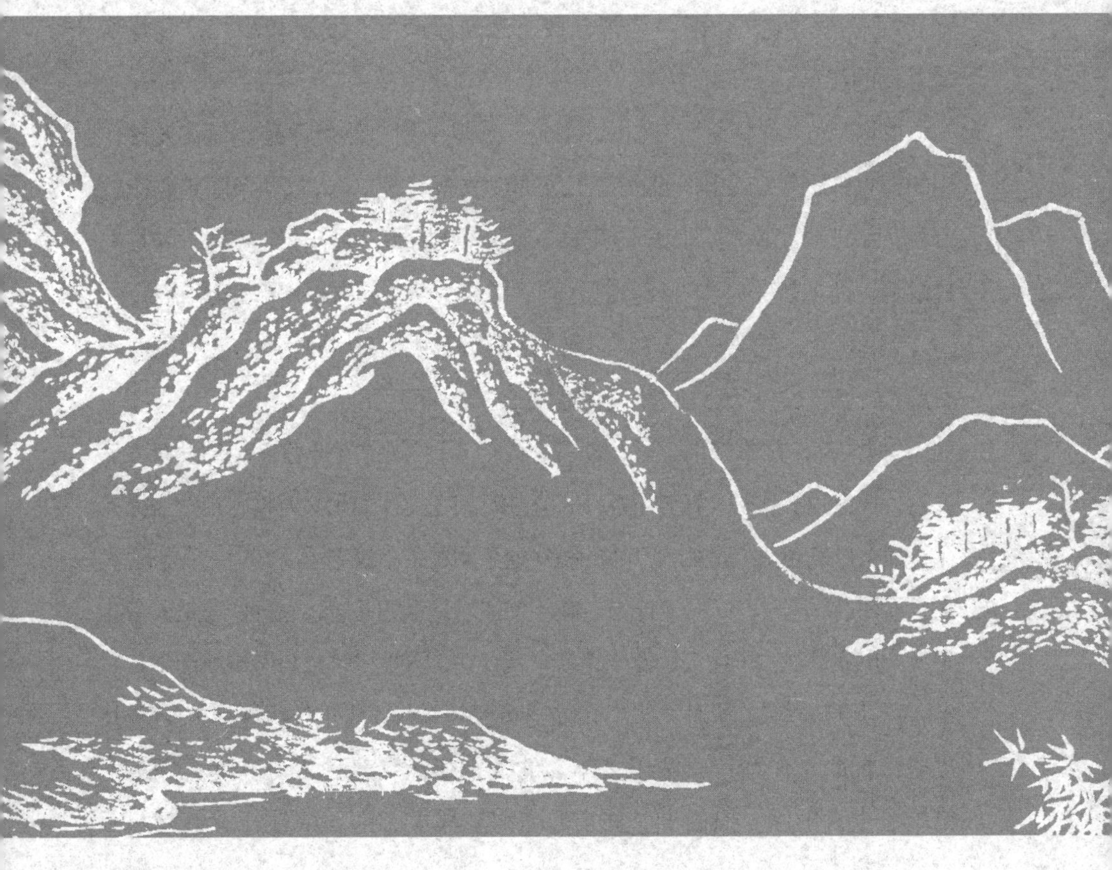

随遇而安，不强求结果

《道德经》第四章，是对“道”的描述，让后世学道者大伤脑筋。学过西方哲学的现代人，用“自然规律”来理解“道”，就很简单了。

所谓“道冲而用之，或不盈”，一切都包含在自然规律中，没有什么能把它填满。

“似万物之宗”，即一切都在按自然规律产生、发展和消亡，它好像是万物的源头。

“挫其锐，解其纷”，谁也看不见、感受不到自然规律是如何在发挥作用的，它却把一切安排得很好，几乎是“按需分配”。人长两条腿走路比较方便，所以长了两腿，而不是三条。两只眼睛看东西比较方便，所以是两只眼睛，而不是三只或一只。总之，一切的一切，都显得那么和谐自然。

“和其光，同其尘”，自然规律存在于万事万物中，无论这个东西多么虚幻、细微，甚至人的梦境中也有自然规律存在。

“似或存，吾不知谁之子，象帝之先。”自然规律好像存在，又没有人见过它，找也找不到；又好像不存在，它却时刻在发挥作用。万物因自然规律而生，那么自然规律又是如何产生的呢？这个问题，不仅老子不知道，我们现代人也不知道。老子打了一个比方：我不知道它是谁的儿子，它好像还是天帝的先人。也就是说，早在天地诞生之前它就存在，天地也是依自然规律而生。

以上观之，老子对“道”的描述跟我们现代人对自然规律的描述几乎是一样的，作为一个两千多年前的人，能达到这种认识高度，确实不简单，令人敬佩。但后世“修道”者对这段文字的理解往往有偏差，所以在修炼过程中，也难免有一些不合道的行为。

对“冲而用之”一语，有的人理解为“无求无欲”，这已偏于佛家的“色即是空，空即是色”的观点。宋代理学家在借鉴佛、道思想的基础上改进儒学，提出“存天理，灭人欲”的观点，完全违背了老子的自然之道。因为欲望本来发乎自然，勉强去灭掉它，就不自然了，但过度的欲望也不自然。好比男女之欲，一夫一妻非常自然，帝王却占有那么多女人，完全超过自身所需，就违反天之道了！

如何运用“冲而用之”的规律呢？虚心而已。对人、对事物不存偏见，就为智慧留出了空间，使你能随时获得新知；不满足现状，不固守一隅，就为事业留出了空间，使你随时能从事感兴趣的工作。

对“挫其锐，解其纷”一语，有的人理解为隐藏自己的锋芒，不与人争斗。这就像只要黑夜不要白天一样。老子强调的只是顺其自然，根据目前的状况和自身拥有的条件，该怎样做就怎样去做，不勉强为之而已。假如形势有利，因为害怕出头而退避不前，等于勉强不为，也不符合自然之道。

对“和其光，同其尘”，有的人理解为隐藏光芒、混同于世俗。所以历史上不少能人异士放弃表现机会，退而为隐士，甚至混迹于市井之间，与普通人无异。这就像用紫檀木做猪栏，有点浪费材料。

如何运用“和其光，同其尘”呢？依自己的努力和机缘，随遇而安，能上能下，能进能退，不强求结果。身份显赫时，不得意忘形；身份卑微时，不自轻自贱，把任何境遇都看成一种正常状态，因为它本来就是一种正常状态。没有谁天生注定应该显赫，也没有谁天生注定应该卑微。为什么显赫的一定是自己呢？为什么卑微的一定是别人呢？没有这个道理。

总之，老子的道是鲜灵活泼的。用一些晦涩的概念解释道，就违反了自然之道；用一些僵化的观点限定道，也违反了自然之道；用一些神秘的理论演绎道，更是违反了自然之道。如果做人能做到无滞无碍，无可无不可，无求无不求，也就称得上顺其自然、与道相合了！

花开花落任自然

人们习惯于根据自己的喜恶评价人和事——有的人好，有的人坏；有的事好，有的事坏；有的事让人开心，有的事让人难过。到了菩萨境界的人，看世界、看世人、看世事，都没有偏见，一切都如风过水流、花开花落，自然而然。具体而言，有以下四种心态：

一是“不与法缚，不求法脱”。“法”有方法、规律的意思，按佛家的说法，包括世法和出世法。“世法”是凡世总结出来的规律或所采用的方法。“出世法”是指佛法。两者可能有共通之处，但有时又截然相反。比如，“世法”提倡持之以恒，佛法提倡“勇猛精进”，两者都差不多。“世法”曾经认为：万般皆下品，唯有读书高。但佛法却认为“众生平等”，两者的说法又不一样。

有菩萨境界的人，无论对世法还是出世法，都不认为一定是对的或错的，既不会固执地坚持某种法，也不会刻意抛弃某种法。如果固执地坚持，就会为法所束缚；如果执意要抛弃，同样会为法所困。打个比方，中国古代讲仁义道德，讲忠孝节义，讲“三纲五常”，讲来讲去，讲得人人受限，这就是为法所缚。现代人刻意抛弃过去的老古董，什么都不讲，结果价值观发生了紊乱，社会道德水准严重滑坡，这就是为法所困。

如果人们知道自己为法所缚、为法所困，那么就会努力寻求解脱而求得自由。问题在于人们成了法的奴隶而不自知，蒙昧无知地生活。

那么我们也可能正在为法所缚而自己一无所知。打个比方，有人认为“好人无好报”而不敢做好人。这也许只是根据某些特殊事例得出的结论，那么好人究竟有没有好报呢？在什么情况下有好报而什么情况下无好报呢？可能持有这种观点的人根本不清楚。

二是“不厌生死，不爱涅槃”。何谓涅槃？南大师说：“涅槃很难解释，有翻译成寂灭，不很恰当，有翻译为圆寂，也不很适宜。佛在‘涅槃经’说是：‘常、乐、我、净。’这还是一面，再加上‘清净圆明’，这便是涅槃的境界，也是悟道成佛的境界，也就是一切众生自性的境界。”由于是一种境界，一种自我心灵体验，就很难解释究竟是什么东西。前面提到，大清名臣曾国藩老年时说自己已活到“可生可死”，大概正是所谓“不厌生死”的境界。曾国藩是因为功成名就，人生价值已经充分实现，才达到这种境界。接下来的平凡日子，多几天还不至于不习惯，少几天也不至于有遗憾。但他“不爱生死”，却爱“涅槃”，心里有执念，还没修到菩萨的高度。

庄子却从另外的角度来探讨生死的问题。他打了一个比方说：以前郑国有一位美女，被国君选为妃子。美女听说要离开家乡去王宫，心里很痛苦，很害怕，不知王宫里面过的是什么样的日子。进了国都，当了妃子后，她的日子过得十分舒畅，想起当初的担心害怕，实在没有道理。最后庄子说：同样的道理，我们今天害怕死亡，万一死后比现在更舒畅，那么，现在的害怕不是多余吗？

庄子的比喻很有趣，但不一定能让每个人信服。怕死或不怕死，都是一种自我感受，不见得听了一番道理，就从胆小鬼变成勇士。

三是“不敬持戒，不憎毁禁”。南怀瑾大师说：“我们学佛的人特别‘敬持戒，憎毁禁’，每人都拿一把尺去衡量别人，都拿道德标准去要求别人，从来不反省自己，从不要求自己，是不是怎样？然后，听到某人学佛吃素，好！有善根！好像不信佛就是坏人、魔鬼、不屑与之为伍。这些都不是学佛者所持的态度，真正的学佛是‘不敬持戒，不憎毁禁’。做人本来就应该有好的道德，道德不好的人更值得同情，更应该帮助他，这才是慈悲的精神。”

其实不仅学佛的人有门户之见，各行各业都有。用自己的道德准则衡量别人的现象更是普遍——我觉得这样对，我觉得那样好；我觉得应该这样，我觉得应该那样，总之“我”字当头。学佛就是要学掉这个“我”字，承认世界上有跟自己不一样的人，承认每个人有跟自己不一样的想法。

据说，在罗阅祇城有一个婆罗门，他常听说舍卫国的人孝养父母、信仰佛法，心中十分向往，想去舍卫国观光并学修佛法。

他来到舍卫国，看见农夫父子二人在田中耕地、播种。忽然，一条毒蛇爬到那儿子跟前，将他咬死。那父亲不但不管儿子，仍然接着干活，连头也没抬。

这个婆罗门大为惊奇，便上前问他原因。农夫说：“人的生老病死及世间万物的成、好、坏、失，都是自然规律，忧愁啼哭有什么用呢？如果伤心得饭也不吃水也不喝，不是跟死人一样吗？你要进城，路过我家时，请替我捎个话：儿子已死，不必准备两人的饭菜了。”

这个婆罗门心里暗想：“这个人真没有人情味啊！”

他进入舍卫城，来到农夫的家，见到他的妻子，便说：“你儿子已经死了，他的父亲让我捎话说，准备一个人的饭就行了。”

他以为那妇人会号啕大哭，谁知她却说：“人生如住店，随缘而来，随缘而去，我儿子也一样啊！”

这个婆罗门怀疑自己是否走错了国家，他心里暗道：我听说这个国家的人民如何慈爱、如何孝顺，才想来这儿学佛修道，没想到，如今碰上这种没有人情味的人。这种人怎配信佛修道呢？

他百思不得其解，决定去请教伟大的佛陀。佛陀已明白他的来意，故意问他为什么忧愁。他说：“遇事不合我的想法，故而忧愁。”

佛陀又问："遇上何事不合你的想法呢？"

他如实向佛禀告了他路上所见之事。

佛陀说道："善男子，这些人是真正明白人生事理的啊！他们知道人生无常，伤心悲哀无济于事，故能正视世间及人生的自然规律，也就无有忧愁！尘世之人不明白生死无常的道理，互相贪着爱恋，等到突发事件一来，就懊恼、痛苦得难以自制。"

佛陀又说："世间俗人长时间被贪、瞋、痴三种烦恼侵扰，不能自拔。如果能明白无常之道理，能明白佛法苦、集、灭、道的道理，那么自然烦恼尽除，都能成就佛道啊！"

这个婆罗门恍然大悟！于是他决定皈依佛法，精修出世法。

在这个故事中，农夫夫妇的儿子死了，他们却表现得平静如水，毫无悲哀，这种反常的举动确实让人想不通。即使经佛解说，仍然难以想通。其实，我们用不着把所有的问题都想通，也不可能办到。既然如此，就用不着多想。遇到自己不理解的人和事，用不着按自己标准批评或肯定，只需知道，世界上有这样的人，有这样的想法，仅此而已！

四是"不重久习，不轻初学"。这个道理很好理解，有的人一辈子从事某项工作，技艺平庸无奇；有的人学习三年两载，即成高手。按资历论人，当然没有道理。即使你是这一行的高手，也没有必要轻视新手，因为他目前达到的水准，不过是跟你过去某个时候的水准一样而已，轻视他不等于轻视自己吗？

生活就是禅，禅就是生活

佛家的修行，并不总是盘腿坐在那里，敲着木鱼念经，闭着眼睛默想。吃饭穿衣也是修行，乃至一言一行都是修行。对佛教徒来说，生活就是禅，禅就是生活。我们不妨看看南怀瑾大师介绍佛教徒是如何在生活中修行的。

“佛的戒律，规定弟子们喝一杯水，必须先用一块布滤了以后，才可以喝。为什么呢？‘佛观一碗水，八万四千虫’。佛的眼睛，看这一碗水，有八万四千个生命。几千年前他这样说，也没有人相信，觉得他很琐碎，现在科学进步了，都相信了。还有佛的戒律，规定弟子们每餐饭后都要刷牙，没有牙刷，用杨柳枝。所以观世音菩萨净瓶里泡的有杨柳枝，大概一方面洒水用，一方面刷牙用。把杨柳枝剪下，放在水里泡，然后拿石头把根根这一节一敲就散开了，用来刷牙齿。这些生活的规律，都属于佛戒律的范围，礼仪都是非常严格的。拿现在的观念来讲，各种的卫生常识，早就有了……”

“佛的戒律是日中一食，每天中午吃一餐……早晨是天人吃饭的时间，中午人道吃饭，晚上鬼道吃饭。佛采用的制度，以人道为中心，日中一食；后世弟子们，过了中午一点钟就不吃饭了，这个是佛的制度。”

“……其实佛的衣服就是那件袈裟，我们现在出家人所穿的这个衣服，是明朝老百姓的便服，所不同的是出家人的颜色朴素而已。分别身份就在头发，出家人是光头，在家人有头发，衣服都是一样的。佛的衣服是一件袈裟，又称福田衣，袈裟的横条、直条，依照受戒的情形都有规定。条纹像一块田一样，是为众生培福的标记，所以叫作福田衣。”

“化缘，规定弟子们不要起分别心，穷人富人一样，挨次去化，不可以专向穷人化缘，或专向富人化。譬如迦叶尊者，是印度的首富出身，但是他特别同情下层的贫苦社会，所以他都到贫民区去化缘，同时收些弟子也都是穷苦的人。另外一个弟子须菩提尊者则相反，喜欢到富贵人家乞食化缘，佛曾把他们两人叫来说：你们这个心不平，不管有钱没钱，有地位没地位，化缘的时候，平等而去，此心无分别，而且人家给你多少就是多少，这一家不够，再走一家。我们现在看到出家人站在门口拿个引磬叮叮，那个就是释迦牟尼佛留下来的风范。”

在《金刚经》的起首的这段文字，讲的就是佛祖释迦牟尼日常生活中的一个片断，对此，南大师赞不绝口。他说：“所以我说这一本经是最平实的经典，佛像普通印度人一样，光脚走路，踩了泥巴还要洗脚，非常平凡，也非常平淡，老老实实的就是一个人……洗完了脚把自己打坐的位置铺一铺，抖一抖，弄得整整齐齐，也没有叫学生服侍他，更没有叫个佣人来打扫打扫，都是自己做。生活是那么严谨，那么平淡，而且那么有次序。由这一段看来，金刚经会使人觉得学佛要设法做到佛的样子才好，不像其他经典那样，把佛塑造得高不可攀，只能想象、膜拜。看了《金刚经》，佛原来同我们一样的平常，虽是太子出家，但是他过的生活同平民一样。当时印度的阶级森严，他却指定一个最低贫民出身的弟子优波离尊者，执法管纪律，任何人犯了法都一样处理。所以在现实的生活里，在最平凡中，建立了一个非凡神圣的境界，也就是佛的境界。”

毫无疑问，佛祖确实是在平平凡凡的生活中达到了佛的境界。那么一般僧众是否也能在平平凡凡的生活中提升境界呢？又如何通过生活的修炼提升境界呢？

首先可以肯定，如果一个僧人能够自我约束，严格遵守各项戒律，境界就比一般凡夫高了。普通人贪图生活享乐，是不管什么戒律不戒律的，只要不受惩罚，什么都敢吃，什么都敢穿，什么都敢做，即使可能受惩罚，也是敢吃、敢穿、敢做的，要不然违规、违纪、违法的现象就不会这么多了。这种自我放纵的做法，好像一股浊水，哪儿低就往哪儿流，一点境界也没有。当然这不是说每一个人，而是说有些人。大部分凡夫还是有一定自我约束力的，只是约束力不够强罢了，所以叫作凡夫。如果约束力很强，就不是凡夫了。

境界比凡夫高了，又如何更上一层楼呢？生活中处处有禅，能不能领悟，这要看各人的悟性。

有一天，佛陀刚刚用完午餐，一位商人来请求他除惑解疑。佛陀将商人带入一间静室，十分耐心地听商人诉说自己对往事的追悔和对将来的担忧。商人讲完了，佛陀温和问他："你可吃过午餐？"

商人点头说："已吃过。"

佛陀又问："炊具和餐具都收拾干净了吗？"

商人忙说："是啊，都已收拾干净了。"

佛陀默然不语。

商人急切地问："您怎么问我一些不相关的事呢？请您给我的问题一个正确答案吧！"

佛陀微微一笑，说："你的问题你自己已经回答过了。"

商人带着一脸疑惑离开了。过了几天，他终于领悟了佛陀开示的佛理，来向佛陀致谢。佛陀这才对商人及众弟子说："谁若对昨天追悔烦恼，对明天忧愁妄想，他将成为一棵枯草！"

那么，佛陀向商人开示的佛理是什么呢？一些事情的发生，就像饿了要吃饭一样，自然而然；一些问题的解决，就像吃了饭要洗碗一样，理所当然。只要恬淡地看待自然而然的事，悠闲地解决理所当然的问题，何必对可能之事、解决不了的问题想得太多呢？

一天，有源禅师来拜访大珠慧海禅师，问道："和尚，您也用功修道吗？"

大珠慧海回答说："用功！"

"怎样用功呢？"

"饿了就吃饭，困了就睡觉。"

有源禅师不解地问："如果这样就是用功，岂不是所有人都和禅师一样用功了？"大珠慧海说："当然不一样！一般人吃饭时不好好吃饭，有种种思量；睡觉时不好好睡觉，有千般妄想。我和他们不一样。"

是啊，普通人做任何事总是瞻前顾后，有这样的考虑，那样的担心。打个比方，路上遇到一个领导，该不该打招呼？如果打招呼的话，人家会不会笑我巴结领导？如果不打招呼的话，领导会不会埋怨我不懂礼貌？其实，打个招呼是自然而然的事，想这么多干什么？如果没打招呼，跟领导擦身而过，心里又琢磨开了：他会不会给我小鞋穿？他会不会炒我鱿鱼？其实，不想打招呼就算了，结果如何都是自然而然的事，想这么多干什么？

打个招呼这么小的事都能想上一大堆，一天会遇到多少这样的事呢？心里就像塞满了乱麻似的，"剪不断，理还乱"。由于心理压力太大，食欲不振、失眠多梦的毛病也随之附身，也就吃不好睡不香了。这不是自寻烦恼吗？

通过在生活中修行，悟到"饿了就吃饭，困了就睡觉"，吃得饱，睡得香，境界就比较高了。如何在此基础更上一层楼呢？还是要在生活中修行。

有一天，一个学僧来请赵州从谂禅师开示禅的真谛。赵州反问："你吃粥了没有？"

"吃了！"学僧老老实实回答。

“去食堂洗钵盂去！”第一位学僧听到这些似有开悟。

一个新来的学僧也来请赵州从谂开示禅的真谛，赵州问他：“你来多久了？”

“今天刚到！”

“你吃过茶没有？”

“吃过了！”

“到客堂报到去！”

一个随赵州从谂修学了十几年的学僧不满地说：“弟子前来参学，十年有余，不曾蒙受老师开示，今日想辞别下山，到别处去参学！”

赵州故作惊讶地说：“你怎可如此冤枉我，你每天拿茶来，我为你喝，你端饭来，我为你吃；你合掌，我低眉；你顶礼，我低头，哪里有一处没有教导你？”

学僧听了，若有所悟。

赵州又说：“但尽凡心，别无圣解。”

这个学僧终于恍然大悟。

赵州从谂禅师开示的禅理，耐人寻味：每个人只需要顺从本心，自然而然地做自己想做又该做的事就行了。如果不想做或不该做，就不要做好了。如果认为只能对现实屈服，做不想做的事，就自然而然地去做。因为想做不想做的事，等于想做的事，何必愤愤不平、满腹抱怨呢？总而言之，只要顺众本心，自然而然，没有多余的想法，心灵自然清净，也就近于佛道了。

是夸是毁，心里有底

俗话说：谁人背后无人说，谁人背后不说人？按人们的一般习惯，在背后说人，通常是为了贬低别人，抬高自己，很少说人好话，这是出于竞争的需要。可是，每个人都渴望得到赞美而不希望被人非议，这是正常的心理需求。这样一来，竞争的需要和正常的心理需求之间就产生了矛盾。赞美人人需要却又难得，非议人人厌恶却又无处不在。

怎么调节这一矛盾呢？只能依靠智慧。如果我们不想被别人的议论所左右，就要克服需要赞美的冲动，理智地评估自己，而不依赖别人的评价。

从心情上来说，我们当然希望别人把自己看高一点。但我们要知道，人不是被别人看高的，也不会被人看低，我们的高度永远等于实际高度，而不是被人丈量的高度。一个巨人，哪怕全世界都嘲笑他来自“小人国”，他仍然是一个巨人。相反，如果他是武大郎，哪怕全世界都夸他是一个巨人，他仍然是武大郎。

所以，我们要致力于提升自我高度，而不是跟别人争高论低。如果我们把姿态放低一点，把态度放谦逊一点，更足以证明人格的高度。

人在社会上行走，往往毁誉随身，经常被拔高或贬低，要想保持自我，就需要很强的心理素质。南怀瑾大师说：“‘举世誉之而不加劝，举世毁之而不加沮。’真的大圣人，毁誉不能动摇。全世界的人恭维他，不会动心；称誉对他并没有增加劝勉鼓励的作用；本来要做好人，再恭维他也还是做好人。全世界要毁谤他，也绝不因毁谤而沮丧，还是要照样做。这就是毁誉不惊，甚至到全世界的毁誉都不管的程度，这是圣人境界、大丈夫气概。”

南怀瑾大师特别推崇宋朝的改革家王安石。他说：“据历史上记载，有一个人就有这股傻劲，王安石就有这种书呆子的气魄。王安石这个人，过去历史上有人说他不好，也有人说他是大政治家，这都很难定论。但是王安石有几点是了不起的，意志的坚定，是一般人所不能。他有过‘天变不足畏，人言不足惧，祖宗不足法，圣贤不足师’的倔劲。没有把古圣贤放在眼里，自己就是当代的圣贤，可见这种人的气象，倔强得多厉害。相反的，说他是魔道呢？但也难下断语。他一辈子穿的都是破旧衣服，乃至他当宰相的时候，皇帝都看到他领口上有虱子。眼睛又近视，吃菜只看到面前的一盘，生活那么朴素，可是意志之戆，戆得不得了。他对毁誉动都不动，表面上的确不动，实际上内心还是动的。所以这一段可以作为我们的座右铭，能够做到毁誉都不动心，这种修养是很难的。”

通常来讲，我们在过高的赞美面前还比较容易保持冷静，在不恰当的批评和恶意的诋毁面前就很容易失去常态。我们经常看到一些社会名流忙于辟谣，忙于与人争辩，我们也经常看到一些普通人因为受到不公正评价而垂头丧气、心灰意冷。这恰恰中了诋毁者的圈套。

其实，我们不妨从反方向来看待他人的诋毁。它至少能证明一件事：你很出众。没有人会花工夫去诋毁一个叫花子，嫉妒者的矛头只会对准高于自己的人。中国有句古话：“木秀于林，风必摧之；堆出于岸，流必湍之；行高于人，众必非之。”绝大多数成功人士都遭遇过不公正的指责，比如，美国最伟大的总统乔治·华盛顿也曾经被人家骂做“伪君子”、“大骗子”，是一个“只比谋杀犯好一点点的人”。他骑马从街上走过的时候，一大群人围着他又叫又骂。

华盛顿的战友、起草《独立宣言》的杰弗逊，在竞选总统时，得到过这样的评价：“如果这个人当选了总统的话，我们就会看见妻子和女儿成为合法卖淫的牺牲者。我们会大受羞辱，受到严重的损害。我们的自尊和德行都会消失殆尽，使人神共愤。”既然这些伟大人物都会被人诋毁，你有同样的遭遇，又有什么可生气的呢？又何必对不公正的评价耿耿于怀呢？

如果你想表现得比庸人优秀，就要习惯与他人的诋毁为伴。当你遭到诋毁时，不妨把卡耐基这句话默念三遍：“不公正的批评通常是一种伪装过的恭维。”

何妨得意，不可忘形

孟子一生，他的思想不为当世君主所接受，还受到各种中伤。但他为人豁达，说“行或使之，止或尼之，行止非人所能也”。意思是我的思想如果可行，那么自然会被推行。如果行不通，我自己也会见势而止。而行得通或行不通则不是人力可以决定的，需要靠天意。

南怀瑾先生认为，这句话正体现了孟子的人格魅力，即“达则兼济天下，穷则独善其身”的精神，得机会，救天下，救国家，救社会；不得机会，则自己修身养性。一切处之泰然，正是：宠辱不惊，闲看庭前花开花落；去留无意，漫随天外云卷云舒。

沈万三，明初江南首富，原籍为浙江湖州南浔。洪武三年（1370年），输粮京师，明太祖亲自召见，故其名噪一时。为明太祖修建南京城，他捐了大量资财。

《明史·马皇后传》记载：“吴兴富民沈秀者，助筑都城三分之一，又请犒军。帝怒曰：‘匹夫犒天子之军，此乱民也，宜诛之。’后曰：‘其富敌国，民自不详。不详之民，天将灾之，陛下何诛焉？’”沈万三终因其富可敌国，成为皇家的心腹大患，家产被抄，全家被发配到云南。

俗话说：“何妨得意，不可忘形。”沈万三虽富可敌国，却不知隐其锋芒，得意忘形，终落得家破人亡的悲惨境地。

据史书记载：唐朝的一个督运官在监督运粮船队时，不幸遇大风，船被打翻，粮食受到损失，时任巡抚的卢承庆在考核他的时候说："监运损失粮食，成绩中下。"督运官听到评价，一句话也没说，只是从容地笑了笑便退了出来。卢承庆对他的气度和修养颇为欣赏，就把他叫回来重新评估道："损失粮食非人力所能及，成绩中中。"督运官仍然没说什么惭愧的话，只是笑笑而已。卢承庆深为他的坦荡胸怀所感动，最后评价他："宠辱不惊，遇事从容，成绩中上。"

在浩如烟海的历史人物中，一个小小的督运官能引起人们的注意，并在唐书中专门为他记上这么一笔，不是因为别的，就是因为人们推崇他"宠辱不惊，遇事从容"的心态和修养。人的一生总会遇到这样那样不顺心的事，最难得的是能够保持宠辱不惊的平常心。

林语堂先生说过："一个强烈的决心，以摄取人生至善至美；一股股热的欲望，以享乐一身之所有，但倘令命该无福可享，则也不怨天尤人。"这是对平常心精辟的解释。

三伏天，寺院里草地枯黄，很是难看。小和尚看不过去，对师父说："师父，快撒点种子吧！"师父说："不着急，随时。"

种子到手了，师父对小和尚说："去种吧。"不料，一阵风起，种子撒下去不少，也吹走不少。小和尚着急地对师父说："师父，好多种子都被吹飞了，可惜。"师父说："无妨，吹走的是空的，撒下去也发不了芽，随性。"

种子入地，飞来几只麻雀，在土里一阵刨食。小和尚急得连轰带赶，然后向师父报告说："种子都被麻雀吃了，如何是好？"师父说："何必如此着急，种子多着呢，吃不完，随遇。"

半夜，一阵狂风暴雨。小和尚来到师父的房间带着哭腔对师父说："这下全完了，种子都被雨水冲走了。"师父答："冲就冲吧，冲到哪儿都是发芽，随缘。"

几天过去了，昔日光秃秃的地上长出了许多新绿，连没有播种到的地方也有小苗探出了头。小和尚欣喜地说："师父，快来看哪，小草都长出来了。"

师父依然平静如昔地说："应该是这样，随喜。"

平常心就是这种"随"的精神，该怎么样就怎么样，一切顺其自然，不患得患失。平常心就是对生命透彻的领悟，古人曰：生命薄如蝉翼，存在就该满足。这是有一定道理的，如果真的能够理解这句话，那一切烦恼困顿，均可弃之风中，不必挂怀。只要领悟生命的真谛，知晓生之弥足珍贵，就会以一种平和的心态善待一切。

拥有一颗平常心是一种境界，在达到这种境界之前，我们需要走过极为坎坷的心路历程，经历险峰、幽谷。只有这样，才能真正领悟世事沧桑，才能淡然面对人间的是是非非，保持心灵的宁静。

平常心是尘世中的微笑，是对物欲的淡泊，是风浪中的平静，是困厄中的坦然，是平常事物中的朴素哲学。拥有平常心，"不以物喜，不以己悲"，明心见性。

第三课

寡欲是幸，知足是福

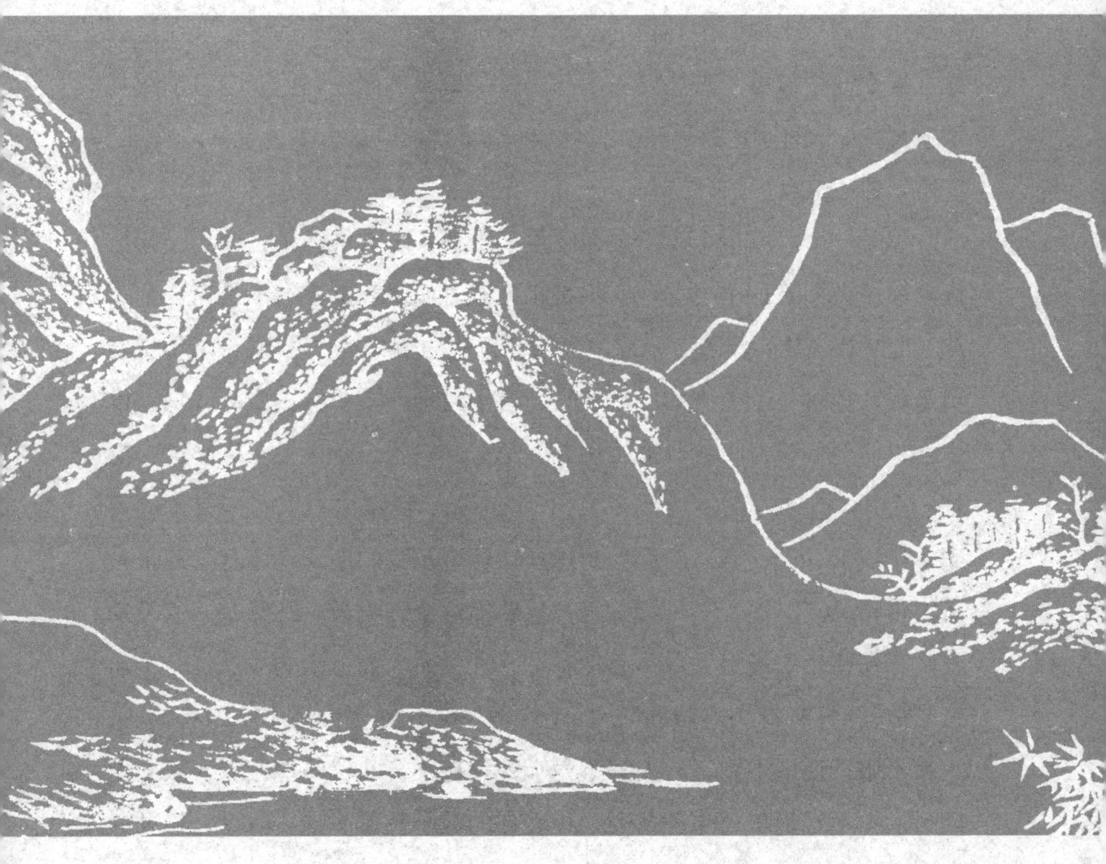

贪婪导致愚蠢

儒家的“修身、齐家、治国、平天下”，在现代人看来，有些不合逻辑：能管好一个家庭，真的就能管好一个国家吗？

我们当然得以《大学》成书的年代为背景来探讨它的含义。那个时候的国家自然没有现在这么大，方圆几百里、上千里的诸侯国能有几个，多数是方圆几十里乃至几里的小国。而那时候的家就远远不止现在这么大。现在一个家庭一夫一妻一个孩子，父母虽然健在，但老两口怕跟儿媳闹意见，还不愿住到一起，“自成一家”。人口这么少，说到“管理”二字好像还有点夸张。

那时一个家庭一个妻子几个妾生一堆孩子一大堆孙子，聚到一起挤满一屋子。而且这个“家”字不是指家庭，而是指家族；不是指一个家族，而是指三族：母族、父族、妻族。三族的事都是“家事”。从历史资料来看，那时一个士人如果当了官，有了封地，需要给三族的成员安排工作，使他们获得收入。如《说苑》记载，齐景公听说晏子家里穷，想把一个千户的县邑送给晏子，晏子辞谢说：“我家里不穷啊！君王的赏赐，使我父、母、妻三族都受到恩泽，还惠及我的朋友，还有余钱来救济穷苦百姓。”“朋友”是指食客，也要靠这个官吃饭。既然跟三族及朋友都存在密切的经济关系，必然存在管理关系。而三族的成员，个个沾亲带故，“打断骨头连着筋”，那比管理一般百姓要难多了。略有偏心，人家不服；说话不到位，人家不爱听；稍有不合礼仪的地方，人家会说闲话，弄不好，年高的长辈还会指着你的鼻子数落一顿。所以，管理一

“家”，难度不亚于管理一国，而且对个人能力、修养的要求非常高。由此可见，“修身、齐家、治国、平天下”是合乎逻辑的，其中以修身为前提条件。

“格物、致知、诚意、正心、修身”，是另一条逻辑线，其中以“格物”为前提条件。

对“格物”一词的含意，以前学术界有过不少争论，莫衷一是。汉末郑玄对这二字的注释是：“格，来也。物，犹事也。”合在一起，竟然是“来事”。郑玄注“六经”，历来被奉为权威，但对“格物”二字的注释，未能令人心服，所以后世屡有新注，亦未形成定论。颜元《习斋馀录·言行录》称：“格物之格，王门训正，朱门训至，汉儒以来，似皆未稳。元谓当如史书‘手格猛兽’之格，‘于格杀之’之格，即孔门六艺之教是也。”“王门”是指王守仁，即我们比较熟悉的王阳明。“朱门”是指朱熹，被后世称为“圣人”。两人都是南宋理学的代表人物。王阳明是“心学”创始人，而朱熹是理学的集大成者。

朱熹对“格物”二字的理解上承程颢、程颐。二程认为：“格犹穷也，物犹理也，犹曰穷其理而已矣。”（《程氏遗书》）朱熹也认为格物就是穷物之理。

王阳明以前也相信“穷理”说，据南怀瑾大师介绍说：“他在少年时期，研究探讨儒家的理学，好学深思，要想明白‘致知在格物’的真义，便曾对着竹子，用心去格。竹子是物，用心对着竹子在格物，这不能说是不对吧！他是打起精神，用心不乱，专心致志去格竹子。不像陶渊明的‘采菊东篱下，悠然见南山’那样轻松潇洒；也不像李白的‘相看两不厌，只有敬亭山’那样的闲情逸致。所以他格了不久，格到心胸发病了！因此，后来他才下一定论，‘格物’的意思，是格去心中的物欲，并非是对着外物来硬格的。”

王阳明晚年几乎只讲“致良知”三字，他曾把“格物致知”之法概括为四句话：“无善无恶是心之体，有善有恶是意之动，知善知恶是良知，为善去恶是格物。”（《传习录》）由此可以看出，他对“格物”的理解是去除贪欲而存其良知。很显然，南怀瑾大师比较认同这一观点。王阳明是在参融儒学、佛学的基础上开创“心学”的，而南大师也往往以佛学为基础参研其他学说。两人在这点上倒是一致的。

“致知”的“知”，是智慧，不是知识，如果想获得知识，读书就可以了，用不着跟贪欲过不去。要获得智慧就没这么简单。

去除贪欲跟增进智慧有什么关系呢？智慧的特点是自由思考，无拘无束。而物欲就像一根绳索，牵住你的思维，左右你的思想，让你患得患失，无法自由思考。物欲越多越强烈，绑的绳索越多越粗，就动弹不得了。

当然，像追求爱情、追求吃饱穿暖这种基本欲望，是去除不了的，“格物”的目的在于去除贪欲，并尽可能减少不必要的物欲，尽量扩张思想的空间，使智慧更通达。

所谓贪欲，就是追求本不属于自己的东西，或自己不该享有的东西。那么，什么东西不属于自己或不该享有呢？这是一个涉及法律、道德、伦理、制度、价值观等多方面的综合性话题，一言难尽。大致上来说，自己没有对等付出的东西是不属于自己的，与自身条件不适配的是自己暂时不该享有的。所谓“暂时”，是因为人们可以通过努力改善现有条件。所以说这是一个很复杂的问题。

如果心里有了贪欲，智力就会急剧下降，可能最基本的常识都不懂了。

有一个佛经故事：

古时候，菩萨转生为树神。有一次，波罗奈举行祭祀活动，人们在广场、大路等各个地方撒下鱼肉等许多食物，还放置许多碗，里面盛满了酒。

有一只豺，半夜偷偷地吃了鱼和肉，还喝了酒。

由于酒喝得有点过量，豺昏头昏脑的，钻进树丛，一觉睡到天亮。醒来一看，天已大亮，心想：人们看见我，肯定会打死我，现在我不能出城。于是，豺走到路边，趴在隐蔽的地方，盯着来来往往的行人，一声不吭。后来，豺看见一个婆罗门在水池中洗脸，心想："婆罗门都是贪财的。我如果用钱财引诱他，他肯定会答应我的要求。"

于是，豺走过去，对婆罗门说："婆罗门啊！我有两百金币，如果你将我抱在怀中，藏在衣服里，不让任何人看见，带我出城，我就告诉你金币在哪儿。"

婆罗门一听，马上就同意了。他依豺所说，将豺带到了安全地方。豺说："婆罗门啊！将你的上衣铺在地上吧！"

婆罗门一心想着财宝，把上衣铺在地上。

"你就在这棵树底下挖吧！"

婆罗门专心挖地的时候，豺爬到婆罗门的上衣上，在四角和中央涂上屎和尿，把上衣弄得又脏又湿，然后溜进坟场的树林里。

菩萨站在树枝上，念了一首偈颂：财迷心窍婆罗门，居然相信偷酒豺，一百贝壳也没有，两百金币从何来？

在这个故事里，豺隐喻社会上那些偷盗行骗的坏人。我们看这个故事时，肯定觉得这个婆罗门太傻了，居然相信一个坏蛋。这是因为我们此时对这二百金币没有贪欲的缘故。如果受到现实中某个坏蛋二百金币的引诱，脑筋是否还有这么灵光，就不一定了。否则，生活中也不会有那么多人上当受骗，也不会有那么多人受人利用。

如果有效戒除了贪欲，智慧就清澈明亮了，在做人做事时，没有非分的想法，只知以己之力，取己当得，诚意就显示出来了。没有投机取巧的念头，只求毫无水分的业绩，心态就端正了。没有损人利己的行为，只有助人为乐的事迹，品德就彰显出来了。到了这一步，修身的功夫已经做得很不错，接下来“齐家治国平天下”，都没有人会不服气。

有没有机会“治国、平天下”，又要看境遇。有治国之能却没有治国的机会，也要心平气和地对待。因为有治国之能的人很多，不是非把这个机会给你不可。如果抱怨什么“千里马常有，而伯乐不常有”，这也是贪欲，说明修身的功夫做得并不够。

此外，儒家的“治国、平天下”，主要讲“德化”，而不是“权治”。一个君子，总是能够用自己的美德熏陶、感化世人，小则改善一个地方的风气，大则改善一个国家的风尚。孔子从来没有当过国王，但他的学术、美德影响直达两千年之后，你能说他没有“治国、平天下”吗？

学问越多越好，贪欲越少越好

如何获得一个充实、快乐的人生，有一个要点：学问越多越好，贪欲越少越好。

学问越多，你对世态人情的理解越透彻，就没有那么多愤愤不平，没有那么多牢骚和抱怨，心态就越平和；贪欲越少，你的压力越小。因为我们想得到的东西永远比能得到的东西多，你想得到的东西越多，与现实的差距越大，缺憾也会越大。相反，想得到的东西越少，缺憾越少。一个学问大而贪欲少的人，怎么会不感到充实而快乐呢？

那么，如何做学问和减少贪欲呢？

第一，读书也要读人读事。

做学问光读书不够，还要读人读事。有的人上知天文，下知地理，对历史上发生的事了如指掌，对外国发生的事也略知一二，学问好像很大了，可是要他出个主意办个事，他却不行，出的全是馊主意，办的全是糊涂事。这是什么原因呢？因为他读不懂人，读不懂事。读书可以关在屋里一个人用功，办事却得跟人打交道，跟事打交道，读不懂人，读不懂事，能干什么呢？

据报载，某女博士乘车时，竟被一个乡下农妇以介绍工作为名，卖到了山区。这个女博士读的书一定不少，可是对人对事太不懂了，那就不能认为她学问多。

如何读人读事呢？方法很简单：多跟人打交道，多接触一些实际事物，并留心从中总结规律。

很多人不喜欢读人读事，他们老是想：“这个人跟我无关！”“这件事跟我无关！”然后急急忙忙让自己跟这个人和这件事划清界限。这样，他们将错过无数做学问的机会。

按照哲学的观点，“世界是相互联系的”，没有任何一个人或一件事“跟我无关”。比如，那个人很穷，好像跟我的财运无关。但他却有一个发财的兄弟，通过他，也许能得到一个赚钱机会；那个人相貌丑陋，好像跟我的爱情无关。但她却有一个漂亮学妹，通过她，也许能找到一段美妙的爱情；那个人很陌生，好像跟我的生活无关，可是我脚上穿的这双鞋子，没准就是经她手制造出来的……世间人和事，仿佛被一根看不见的线串在一起，弄清其中的关系，是世间最大的学问。老子、孔子、苏格拉底、柏拉图，以及其他无数智者，都在探究这门学问，我们怎么能轻视它呢？

当然，大千世界无穷，人的智力有限，人情世态，不是那么容易看懂的。我们经常不能发现身外的人和事跟自己有什么关系，这也很正常。要是一看就懂，还用得着读人读事吗？只要我们养成事事留心的习惯，能看懂的东西必然越来越多。

此外，在一件看不懂的事情中，总有能看懂的部分。在多数时候，我们对事物的认识，只需要得到某个印象就够了。种种印象积累到一定程度，自然会产生反应，迸发出奇妙的灵感。佛家讲“顿悟”，孔子“五十而知天命”，都是积累的结果。只要我们留心积累，终有“世事洞明”的一天，到那时，也就用不着声嘶力竭地唱这首歌了：借我借我一双慧眼吧，让我把这世界看个清清楚楚明明白白真真切切……

第二，“需求越少的人越接近上帝”。这句话是西方哲人苏格拉底说的。他还说：“这个世界上有两种人，一种是快乐的猪，一种是痛苦的人。做痛苦的人，不做快乐的猪。”

痛苦经常来自于经济拮据，苏格拉底一生都很贫穷，却不以贫穷为苦，因为他的欲望很少。他丢掉自家的雕刻店不管，跑到街上去当一个不拿薪水的“道德教师”，给那些认识的和不认识的人讲哲学。他说：“别人为吃饭而活着，我为活着而吃饭。”

苏格拉底经常穷得连鞋也买不起，所以喜剧诗人阿里斯多芬塑造的苏格拉底的舞台形象是光脚的。好在他对生活的需求甚低，安于艰苦的生活。无论酷暑严寒，他都穿着一件普通的单衣，经常不穿鞋，日常的饮食简单异常，酒也不常饮。但事实上，他的酒量过人。据说，苏格拉底一次和几个朋友聚会探讨问题，他们畅饮一夜，别的人到黎明时分都醉倒在地，只有苏格拉底清醒如故。

苏格拉底认为：“当心灵沉潜于其自身之中而不为声色苦乐所挠扰的时候，当它摒绝肉体而向往着真善美的时候，这时的思想才是最好的。”苏格拉底还认为，绝对的正义、绝对的美与绝对的善都是有的，但只能由理智的眼力才看得见。因此，当我们局限于肉体感受时，当灵魂被罪恶所染时，我们求真理的愿望就不会得到满足。

苏格拉底并不是一个纯粹的禁欲主义者，他并不认为哲学家应该完全禁绝日常的快乐，他只是说哲学家不应该成为它的奴隶，不应该醉心于恋爱的快乐，或华贵的衣鞋，或其他的个人装饰，而应该全心全意关怀着灵魂。

苏格拉底的生活方式也许是我们难以接受的，但正如他所说，“需求越少的人越接近上帝”。从客观上来，一个人的需求越少，他越不容易被名利的绳子勒住脖子，于是他就能更自由地思想和行动，他就更容易获得平静的快乐。

在肉体享受和精神追求的问题上，东西方智者的观点惊人得一致。有的印度僧人或西藏僧人只缠一块腰布，只吃白饭，只靠着非常微薄的布施维持生活，他们的精神却很快乐。老子也在他的《道德经》中说：“圣人为腹不为目。”意思是说，圣人追求内心享受而不沉迷于肉体的快乐。

这是否可以说明肉体享乐与精神追求确实相互矛盾呢？并非如此。只要秉承老子的“顺其自然”的理念，肉体享乐与精神追求完全可以达成一致。其要点是：要追求，但不强求。

打个比方，人是要吃饭的吧，那就去工作赚钱。赚钱多就吃好一点，赚钱少就吃差一点，既不懒惰，也不强求发财，尽自己的能力，做到什么程度就是什么程度。在当今社会，要解决吃饭问题还是很容易的。顺其自然地去做，命运就全在自己的掌控之中。如果为了发财而采用不正当手段，脖子就等于被一根看不见的绳子拴住了，这时恐怕就是“万事不由人”了。

追求爱情也是这样，爱上一个漂亮姑娘，就大大方方、诚心诚意去追求，追求不到就算了，用不着强求，总会遇到有缘人的。

大致来说，如果一个人将欲望降低到“衣食男女”的基本程度，身心所受的束缚就相当少了，这才是真正的自由。

各有各的境界，各有各的自在

《庄子·内篇·逍遥游第一》中，庄子用拟人的手法，描绘了一个有趣的画面。“蜩与学鸠笑之曰：‘我决起而飞，抢榆枋而止，时则不至，而控于地而已矣。奚以之九万里而南为？’”其中“蜩”就是蝉，“学鸠”是一种小鸟，这是一鸟一虫的对话。一只小虫与一只小鸟，都没有看到过大鹏，因为大鹏一飞起来，它们看都看不见。不过它们听别人说了大鹏高飞的事，觉得十分好笑：那个大鹏鸟真是多事，何必飞那么远？像我，“决起而飞”，从这棵小树一下就飞到那丛草上去了。大鹏是“怒而飞”，小鸟小虫是“抢榆枋”，这之间何止天壤之别，这就是人生境界的不同，南怀瑾先生如是说。

小鸟小虫还自鸣得意，我跳得很远嘛，也很痛快，“时则不至”，时间不够，万一我飞不到，忽然掉下来，“而控于地而已矣”，也不过是掉在地上，也不会摔死。它们也觉得自己很了不起，所以取笑大鹏鸟的多余，飞到南极去干什么呀？人生境界关系个人的成就、品位与气度。人生境界有高有低，有狭有宽，有大有小，境界在哪里，人生就到哪里。

一位留学美国的中国学生曾和朋友谈起过自己看问题视野的变化，读来让人深思。

由于小学成绩优秀，他考上了县城的中学。他发现自己再不能像在小学时那样稳拿第一了，于是产生了怨恨：比自己好的同学原来都有自动铅笔、漂亮书包，自己却没有，上天真是不公平。不过经过几年的苦读，他成为县中学的第一了。而他又觉得：人与人之间还是不平等的，为什么自己没有好的文具呢？中学毕业后，他考上了京城一所大学，可好景不长，他的学习成绩连中等也保不住了。看到城里的同学优裕的物质条件，想想自己清贫艰苦的求学生涯，觉得上天的确不公平。五年后，他以优异的成绩留学海外，在面对一个更宽广的世界时，所有的嫉妒、自卑、怨恨忽然一扫而光了。

有人说人生就是一次次的选择，可是在不同的时期、不同的人生境界中我们的选择标准也会随之发生变化。自己选取的比较标准发生了变化，视野就不一样了，以前可能只看到自己身边的一人一草一木，当眼光变得长远、辽阔了以后，看到的就是大不同的更宽广的世界。

或许，境界不同也各有各的自在，但人生总是要由自己写就，自我满足与自鸣得意，换来的只能是生活的讥讽。

有一个美丽的故事：

一个偏僻遥远的山谷里，在一个高达数千尺的断崖的边上，不知何时，长出了一株小小的百合。百合刚诞生的时候，如同杂草，但它心里知道自己并不是一株野草。它的内心深处，有一个纯洁的念头："我是一株百合，不是一株野草。唯一能证明我是百合的方法，就是开出美丽的花朵。"有了这个念头，百合努力地吸收水分和阳光，深深地扎根，直直地挺着胸膛。终于在一个春天的清晨，百合的顶部结出第一个花苞。百合的心里很高兴，附近的杂草却很不屑，它们在私底下嘲笑着百合："这家伙明明是一株草，偏偏说自己是一株花，还真以为自己是一株花，我看它顶上结的不是花苞，而是头脑长瘤了。"它们讥讽百合："你不要做梦了，即使你真的会开花，在这荒郊野外，你的价值还不是跟我们一样？"

偶尔也有飞过的蜂蝶鸟雀，它们也会劝百合不用那么努力开花："在这断崖边上，纵然开出世界上最美的花，也不会有人来欣赏呀！”百合说：“我要开花，是因为我知道自己有美丽的花；我要开花，是为了完成作为一株花的庄严使命；我要开花，是由于自己喜欢以花来证明自己的存在。不管有没有人欣赏，不管你们怎么看我，我都要开花！”在野草和蜂蝶的鄙夷下，百合努力地释放内心的能量。终于有一天，它开花了，它那灵性的白和秀挺的风姿，成为断崖上最美丽的风景。这时候，野草与蜂蝶再也不敢嘲笑它了。

百合花一朵一朵地盛开着，花朵上每天都有晶莹的水珠，野草们以为那是昨夜的露水，只有百合自己知道，那是极深沉的欢喜所结的泪滴。每年春天，百合努力地开花、结籽。它的种子随着风，落在山谷、草原和悬崖边上，到处都开满洁白的百合。几十年后，远在百里外的人，从城市，从乡村，千里迢迢赶来欣赏百合开花，无数的人看到这从未见过的美，感动得落泪，触动了内心那纯净温柔的一角。那里，被人称为“百合谷地”。

不管别人怎么欣赏，满山的百合花都谨记着第一株百合的教导：“我们要全心全意默默地开花，以花来证明自己的存在。”人生境界大不同，即便你不能成为大鹏与百合，也不要沦为讥笑他人的虫草，有时别人的心志，你未必能了解。希望每个人都能找到属于自己的境界。

一颗心，质朴如初

在《庄子》庖丁解牛的故事中，庖丁是道中高手，一把刀用了十九年还像刚刚出炉的刀一样新，这也从另一个侧面道出了做人的道理。每一个刚走上社会的人都是满怀希望与抱负的，然而一些人遭受多次挫折，经历艰难困苦之后，一颗原本质朴的心变了：爽直的人变得吞吞吐吐，心灵歪曲了，抱负丧失了，最后变得窝囊了。

南怀瑾先生认为，社会与环境不足以影响人。每一个人要有独立的修养，不受外界环境影响，永远保持一颗光明磊落、纯洁质朴的心。这才是做人的最高修养。

著名作家沈从文可谓是一个没有学历而有学问的学者。他怀着梦想刚来到北京闯荡时，一边在北大做旁听生，一边阅读大量书籍，并与诸多大师结识，不断成长。后来，他带着一身泥土气闯入十里洋场的上海，时间不长，即以一手灵气飘逸的散文而震惊文坛。

1928 年，时年 26 岁的沈从文被当时任中国公学校长的胡适聘为该校讲师。

在此之前，沈从文以行云流水的文笔描写真实的情感，赢得了一大批读者，在文坛享有很高的声望。但他给大学生讲课却是头一回。为了讲好第一堂课，他进行了认真准备，精心编定了讲义。尽管如此，第一天走上讲台，他心里仍不免发虚。

面对台下满堂学子，沈从文竟整整呆了10分钟，一句话也说不出。后来开始讲课了，由于心情紧张，他只顾低着头念讲稿，事先设计在中间插讲的内容全都忘得一干二净。结果，原先准备的一堂课，10分钟就讲完了。接下来的几十分钟怎么打发？他心慌意乱，冷汗顺着脊背直淌。这样的尴尬场面，他以前可从来没有经历过。

后来，沈从文没有天南地北地瞎扯来硬撑“面子”，而是老老实实拿起粉笔在黑板上写道：“今天是我第一次上课，人很多，我害怕了！”于是，这老实可爱的坦言“害怕”，引起全堂一阵善意的笑声……

胡适深知沈从文的学识、潜力和为人，在听说这次讲课的经过后，不仅没有批评他，反而不失幽默地说：“沈从文的第一次上课成功了！”后来，一位当时听过这堂课的学生在文章中写道，沈先生的坦率赤诚令人钦佩，这是有生以来听过的最有意义的一堂课。

此后，沈从文曾先后在西南联大师范学院和北大任教。正因为不是科班出身，所以他并没有墨守成规，而代之以别开生面的言传身教的文学教育，并获得了成功。而他那“成功”的第一课，则在学生之中不断流传，成为他率直人生的真实写照。

莎士比亚曾经说过，老老实实最能打动人心。一句“我害怕了”，袒露了一代文学巨匠的质朴内心，面对失败不敷衍，不做作，不逃避，能老实可爱地袒露内心，这样的人当然会得到别人的谅解。质朴是这个世界的原始本色，没有一点功利色彩。就像花儿的绽放，树枝的摇曳，风儿的低鸣，蟋蟀的轻唱。它们听凭内心的召唤，是本性使然，没有特别的理由。

生活在世事纷扰的世界里，尔虞我诈让我们多了一些虚伪，钩心斗角让我们多了一些狡诈，世态炎凉让我们多了一些冷漠。南怀瑾先生说，人之所以苍老是由于受一切外界环境和自己情绪变化的影响，而保持一颗质朴的心，则可以让生命永远保持健康，让生命永远保持青春，把自己归与自然，回归生活的原始本色。

第四课

修身治天下，心静四海平

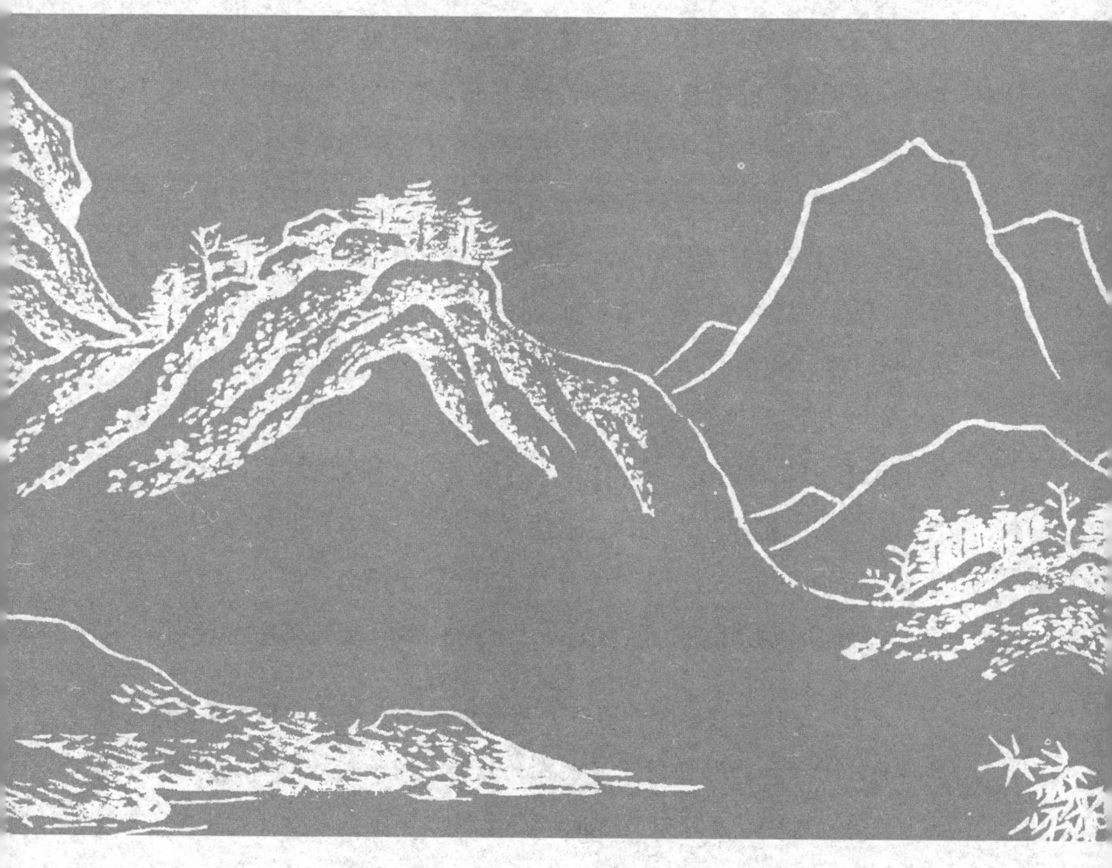

烦恼一如瓶中水

一个人如要效法自然之道的无私善行，便要做到如水一样，保持至柔之中的至刚、至净、能容的胸襟和气度。

“到江送客棹，出岳润民田”，南怀瑾先生十分推崇水的厚德载物。水，具有滋养万物生命的德性，使万物得其润泽，而不与万物争利。永远不居高位，不把持要津，在这个永远不平的物质世界中，宁愿自居下流，藏垢纳污而包容一切。所以老子形容它“处众人之所恶，故几于道”，正所谓“水唯能下方成海，山不矜高自及天”。

“几于道”的“几”字值得推敲，并非说若水的德性便合于道了，老子只是拿水与物不争的善性一面，来说明它几乎近于道的修为而已。一个人的行为如果能做到如水一样，善于自处而甘居下地，所谓“居善地”；心境像水一样，善于容纳百川的深沉，所谓“心善渊”；行为举止同水一般助长万物生灵，所谓“与善仁”；言语如潮水一样准则有信，所谓“言善信”；立身处世像水一样持平正衡，所谓“正善治”；担当作事像水一样调剂融和，所谓“事善能”；把握机会，及时而动，做到同水一样随着动荡的趋势而动荡，跟着静止的状况而安详澄止，所谓“动善时”；遵循水的基本原则，与物无争，与世无争，永无过患而安然处世，这便是掌握了天地之道的妙用了。

古代，一位官员被革职遣返，他心中的苦闷无处排解，便来到一位禅师的法堂。禅师静静听完了此人的倾诉，将他带入自己的禅房之中，桌上放着一瓶水。禅师微笑着说：“你看这只花瓶，它已经放置在这里许久了，几乎每天都有尘埃灰烬落在里面，但它依然澄清透明。你知道这是何故吗？”此人思索良久，仿佛要将水瓶看穿，忽然他似有所悟：“我懂了，所有的灰尘都沉淀到瓶底了。”

禅师点点头：“世间烦恼之事数之不尽，有些事越想忘掉越挥之不去，那就索性记住它好了。就像瓶中水，如果你厌恶地振荡自己，会使一瓶水都不得安宁，混浊一片；如果你愿意慢慢地、静静地让它们沉淀下来，用宽广的胸怀去容纳它们，这样，心灵并未因此受到污染，反而更加纯净了。”官员听后恍然大悟。

佛说“大海不容死尸”，说明水性至洁，表面藏垢纳污，实质却水净沙明，晶莹剔透，至净至刚，不为外物所染。儒家观水，子在川上曰：“逝者如斯夫，不舍昼夜。”因其常流不息，能普及一切生物，有德；流必向下，不逆成形，或方或长，必循理，有义；浩大无尽，有道；流几百丈山涧而不惧，有勇；安放没有高低不平，守法；量见多少，不用削刮，正直；无孔不入，明察；发源必自西，立志；取出取入，万物就此洗涤洁净，善于变化。

南怀瑾先生逐一解读儒、佛、道三家圣哲对水的赞语，读出了不同的深意：儒家精进利生，道家谦下养生，佛家圣净无生。一水犹如三面古镜，观照人生的不同趋向，何时何地应当何去何从，某时某刻应当如何运用宝鉴以自照、自知、自处。

观水学做人。始终保持一种平常心态，和其光，同其尘，愈深邃愈安静；至柔而有骨，执着能穿石，以“天下之至柔，驰骋天下之至坚”；齐心合力，激浊扬清，义无反顾；灵活处世，不拘泥于形式，因时而变，因势而变，因器而变，因机而动，生机无限；清澈透明，洁身自好，纤尘不染；一视同仁，不平则鸣；润泽万物，有容乃大，通达而广济天下，奉献而不图回报。人生在世，若能将水的特性发挥得淋漓尽致，可谓完人，正是“上善若水，厚德载物”。

矢上不必再加尖

一个人如果已经握有一把锋锐的利器，却仍然不满于现状，反要在锋刃上更加一重锐利，俗谚所谓“矢上加尖”，那么连原有的锋刃恐怕都不能保全了。这就告诫我们，对于聪明才智、财富权势等，都要知时知量，自保自持。如果已有聪慧而不知谦虚涵容，已有权势而不知隐遁退让，已有财富而不知适可而止，最后将自取灭亡。

古语道：“创业难，守业更难。”千万不要犯“矢上加尖，锋刃不保”的错误。财富到了金玉满堂的程度，就要透彻了解陶朱公三聚三散的哲学艺术。

财富是身外之物，一个人一生中所耗费的钱财是有限的，因此当财富累积到一定程度，陶朱公便散尽家财，正所谓“千金散尽还复来”，这才是真正的“保锋”的智慧。

汉高祖时，吕后采用萧何之计，诛杀了韩信。人曰：成也萧何，败也萧何。高祖正带兵征剿叛军，闻讯后派使者还朝，封他为萧相国，加赐五千户，再令五百士卒、一名都卫做护卫。百官都向萧何祝贺，唯陈平表示担心，暗地里对萧何说：“大祸由现在开始了。皇上在外作战，您掌管国政。您没有冒着箭雨滚石的危险，皇上却增加您的俸薪和护卫，这并非表示宠信。如今淮阴侯韩信谋反被诛，皇上心有余悸，他也有怀疑您的心理。我劝您辞封赏，拿所有家产去辅助作战，这才能打消皇上的疑虑。”萧何依计而行，变卖家产犒军。高祖果然喜悦，疑虑顿减。

这年秋天，英布谋反，高祖御驾亲征，其间派遣使者数次问候萧何。回报说：“因为皇上在军中，相国正鼓励百姓拿出家财辅助军队征战，正如上次所做。”这时有个门客对萧何说：“您不久就会被灭族了，您身居高位，功劳第一，便不可再得到皇上的恩宠。可是自您进入关中，一直得到百姓拥护，如今已有十多年了；皇上数次派人问及您的原因，是害怕您受到关中百姓的拥戴。现在您为何不多买田地，少抚恤百姓，来自损名声呢？皇上必定会因此解除疑心的。”萧何认为有理，又依此计行事。高祖得胜回朝，有百姓拦路控诉相国。高祖不但没有生气，反而高兴异常，也没对萧何进行任何处分。

萧何两次不同的做法实则异曲同工，都是为了避免“矢上加尖”，惹来杀身之祸。矢上加尖，犹如高处不胜寒，一着不慎，全盘皆输。

“一家富贵千家怨，半世功名百世愆。”一个人在既有的富贵之中，如果不懂得自保自持，持富而骄，便会自招恶果，后患无穷。要想长保“金玉满堂”的富贵光景，必须深知“揣而锐之”的不得当以及“富贵而骄，自遗其咎”，自取速亡的可畏。对待财富如此，对待功名亦如此。

轻柔的春风最自在

《史记》中记载，有人说，老子活了100多岁，有人说老子活了200多岁，虽然说法不一，但可以肯定的是老子的养生之道的确有独到之处。

南怀瑾先生说，老子为我们讲述了一个长生的秘诀，即营魄合一。老子在“营魄抱一”之上，加了一个“载”字，用字巧妙而形象。人的身体如一部车乘，其中装载了“营”和“魄”两样重要东西，它们各自为政，又随时合作。人们长年累月、随时随地都在使用这两样东西。

然而，思想的纷繁、情感的嚣动，常使自己的灵魂营营困扰，常在放射消散之中散乱不堪。体能的劳动、生活的奔忙，常使精魄涣散，不可收拾。老子说，倘使人能将生命秉受中的营魄合抱为一，永不分离，便可得长生的希望了。因此说：“载营魄抱一，能无离乎！”

营魄合一是让你不为情感、生活的杂乱所侵扰，世上本无事，庸人自扰之，将心灵的琴弦调控适宜，才能弹奏出悦耳动听的音乐。人的心灵好比一张弓，如果上好了弦后，一直绷得紧紧的，长时间这样放着，弓背和弓弦的效用就差了，力道也减了，根本就射不出多远。现实生活中，一个人要是始终绷紧神经，处于紧张状态，就会导致身心疲惫、精神涣散。

营魄合一是要你保持一颗平常心，不要患得患失，一切顺其自然，终能持盈保泰。

吃饭、睡觉，看似非常简单的事情，但究竟能有多少人能快乐地把饭吃完，安稳地把觉睡饱呢？营魄合一便是生活的艺术，在最稀松平常的事情上下功夫，让自己的生活充满祥和与快乐，便是幸福长生的秘诀。

真正的幸福不是周围的环境所给予的，而是顺应自己的本性，靠自己去创造的。即使自己的处境不顺心，也要试着心存感激地接受。顺应了自我的本性，你就是幸福的，如果你还一味地追求什么幸福的标准，就会离幸福的轨道越来越远。

一位官场失利、妻离子散之人心绪烦乱，烦恼、嫉妒、浮躁、忧虑，整日困扰于心，不得安宁，于是去拜见德高望重的无生禅师，请求开解。禅房里，面对慈祥、超然的无生禅师，他一股脑儿地道出了自己的困惑和烦恼。无生禅师笑笑，伸出右手，握成拳头，握得越来越紧，让来人照做。

“感觉如何？”禅师问。来人茫然不觉。“把手伸开。”禅师拿出一枚野果和一片琉璃碎片放在这人手中，说道：“握紧。”这人将野果和碎片握在手心。“握紧一些，再紧一些。”“不行了，禅师，我的手都快要被割破了。”

此时，禅师突然喝道：“那你还不赶快把拳头松开！”

这人吓了一跳，舒开手掌，看着手掌有些微红的硌痕，碎片已经扎到野果里了。禅师望着他，说：“现在，把碎片取出来，丢掉吧。”

此人顿时豁然开朗，如醍醐灌顶：“这野果就好比我的事业和生活，而这碎片就是生活中困扰着我的嫉妒、浮躁、忧虑……”

禅师笑了笑，说：“看来施主已经有所了悟。生活中的事就好像这枚果实和琉璃碎片。如果你什么都不取，空握拳头，即便使再大的力气，也是一无所获，这叫徒劳无功。果实好比生活中一切美好的事物，而碎片就是困扰你心的无尽烦恼，要记得及时将果实中的碎片取出来丢掉，不然就会心浮气躁、精魄散乱。”

如果你不给自己寻烦恼，别人永远也不可能给你烦恼。所以，每当你忧心忡忡、唉声叹气的时候，不妨把你的烦恼写下来，看看它是否值得我们忧虑。如果值得，我们就去寻找解决问题的办法，如果不值，又何必费神呢？人生在世就只有短暂的几十年，不必对自己苦苦相逼。尝试对自己微笑一下，和自己握手言和吧。每个人都应该如此，破除思想的纷繁，阻止情感的嚣动，不让自己的心灵在散乱中一发不可收拾，劳生一世，苦痛奔忙在所难免，但是，心灵的安宁才是幸福的归宿。

处理好人生三件事

其实，很多人活着都会觉得很委屈，因为心里都有股烦恼压抑其中，无法倾吐。“其耆欲深者，其天机浅。”南怀瑾先生慨叹，物质文明越发达，人在世间的知识越多，本事越大，欲望就越大，也越来越违反自然，离道越来越远。

人生总是如此，不如意事常八九，可与人言无二三。然而，愉悦也是一世，痛苦也是一生，何必为了现实中的种种，而影响安然自在的心境呢？世事没有一帆风顺，撑着不死，还是好好活着，表面看来没什么区别，其实质却大相径庭。

大热天，禅院里的花被晒萎了。“天哪，快浇点水吧！”小和尚喊着，接着去提了桶水来。“别急！”老和尚说：“现在有太阳，一冷一热，非死不可，等晚一点再浇。”傍晚，那盆花已经成了“霉干菜”的样子。“不早浇……”小和尚见状，咕咕哝哝地说，“一定已经干死了，怎么浇也活不了了。”“浇吧！”老和尚指示。水浇下去，没多久，已经垂下去的花，居然全站了起来，而且生机盎然。

“天哪！”小和尚喊，“它们可真厉害，憋在那儿，撑着不死。”老和尚纠正：“不是撑着不死，是好好活着。”“这有什么不同呢？”小和尚低着头，十分不解。“当然不同。”老和尚拍拍小和尚，“我问你，我今年八十多了，我是撑着不死，还是好好活着？”晚课完了，老和尚把小和尚叫到面前问：“怎么样？想通了吗？”“没有。”小和尚还低着头。老和尚肃穆地说：“一天到晚怕死的人，是撑着不死；每天都向前看的人，是好好活着。得一天寿命，就要好好过一天。那些活着的时候天天为了怕死而拜佛烧香，希望死后能成佛的，绝对成不了佛。”说到此，老和尚笑笑：“他今生能好好过都没好好过，老天何必给他死后更好的生活？”

生活已经摊开在你面前，是屈服地背道而行，还是坦然地积极行事，生活会告诉你不同的答案。有人说，人的一生之中只有三件事，一件是“自己的事”，一件是“别人的事”，一件是“老天爷的事”。

今天做什么，今天吃什么，开不开心，要不要助人，皆由自己决定；别人有了难题，他人故意刁难，对你的好心施以恶言，别人主导的事与自己无关；天气如何，狂风暴雨，山石崩塌，人能力所不能及的事，只能是“谋事在人，成事在天”，过于烦恼，也是于事无补。人活得“屈服”，离道越来越远，只是因为，人总是忘了自己的事，爱管别人的事，担心老天的事。所以要轻松自在很简单：打理好“自己的事”，不去管“别人的事”，不操心“老天爷的事”。

做一个好人其实很容易，拥有一个幸福的人生其实也很简单：“第一是不要拿自己的错误惩罚自己，第二是不要拿自己的错误惩罚别人，第三是不要拿别人的错误惩罚自己。”遵守这“人生幸福三诀”，生活就不会太累。

人非圣贤，孰能无过？如果一有过错，就终日沉陷在无尽的自责、哀怨、痛悔之中，那么其人生的境况就会像泰戈尔所说的那样：“不仅失去了正午的太阳，而且将失去夜晚的群星。”人们都会为自己的过错而痛悔，但“不要拿自己的错误惩罚别人”，其实这并不是一种很容易达到的境界，它需要“胸藏万汇凭吞吐”的大器量。“不要拿别人的错误惩罚自己”，不让别人的做法决定自己的人生原则，为别人的错误埋单实在不是做人的“上算”。

生活是一件艺术品，每个人都有自己认为最美的一笔，每个人也都有认为不尽如人意的一笔，关键在于你怎样看待，有烦恼的人生才是最真实的，同样，认真对待纷扰的人生才是最舒坦的。

第五课

看破虚妄名利场，一壶浊酒清淡心

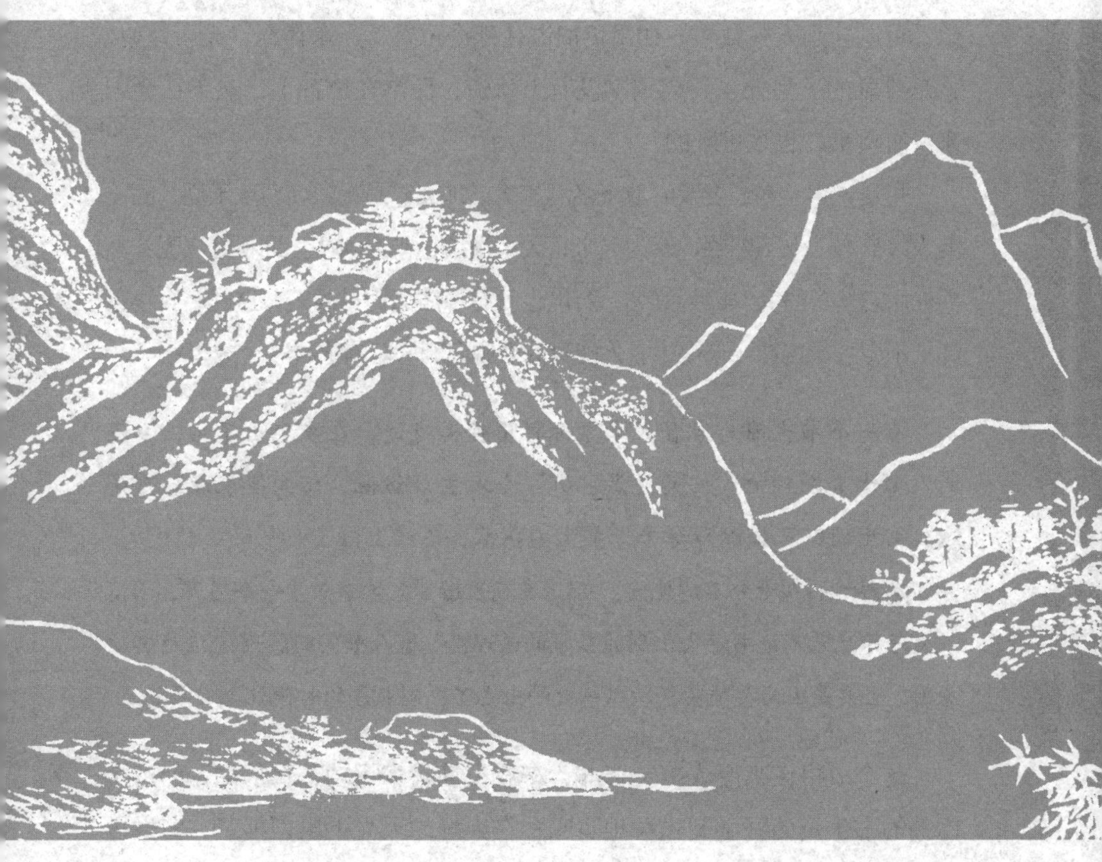

虚名的高帽，戴上反而压破头

《论语·宪问》中宪向孔子请教什么是耻？孔子这样回答他："邦有道，谷；邦无道，谷，耻也。"根据南怀瑾先生的解释，我们知道"谷"的意思是代表当时的俸禄。原宪问什么是可耻的事情，孔子说：国家社会上了轨道，像我们这一类的人，就用不着了，我们不必去占住那个职位，可以让别人去做了。如果仍旧占住那个位置，光拿俸禄，无所建树，就是可耻的。另外，社会国家没有上轨道，而站在位置上，对于社会国家没有贡献，也是可耻的。

可是说得容易，要及时放下名利怎么会那么容易呢？名利浓于酒，酒不醉人人自醉。天下熙熙，皆为名来；天下攘攘，皆为利往。谁不好名呢？然而死后怎知身后名？因为好名，所以也就有了沽名钓誉的人，这虚名真正累坏了不少人，古往今来很少有人能真的摆脱名利心。有这样一个故事：

有一个书生因为像晋人车胤那样借萤火夜读，在乡里出了名，乡里的人都十分敬仰他。一天早晨，有一个人去拜访他，想向他求教。可是这位书生的家人告诉拜访者，书生不在家，已经出门了。

来拜访的人十分不解地问："哪里有夜里借萤火读书，学一个通宵，而清晨大好的时光不读书却去干别的杂事的道理？"家人如实回答说："没有其他原因，主要是因为要捕萤，所以一大早出去了，到黄昏的时候就会回来的。"

这个故事读来令人啼笑皆非，车胤夜读是真用功、真求知，而这个虚伪的书生真的好学到这种地步吗？在大好的天光下出门捕萤，黄昏再回来装模作样地表演一番，完全是本末倒置，“名”是有了，但时间一长难免会露出马脚。靠一时的投机哗众取宠，这样的“名”往往很短暂，如过眼云烟，很快会被世人遗忘。那时，这位“名人”便也不再风光了。追求名誉难免会被虚名所累，误了一生。

因为虚名能为人带来一时心理的满足感，也就使争名、争虚名的事时有发生。虚名本身毫无价值、毫无意义，任何一个真正的有识之士，都不会看重虚名。为了虚名而去争斗，是人世间各种矛盾、冲突的重要起因，也是人生之中诸多烦恼、愁苦的根源所在。历史上多少悲剧出于争名夺利，人们只看到了虚名表面的好处，却不知道，在虚名的背后，隐藏了多少辛酸和苦难。为了承受这么一个毫无价值的虚名，人们常常暗中钩心斗角，明里打得头破血流，朋友反目为仇，兄弟自相残杀，虚名之累，有什么好处？

面对虚名，就要不受它的诱惑，脚踏实地地工作，力求不使自己背上虚名这种沉重的思想包袱。“人怕出名猪怕壮”就是这个道理。一有名气，争得了这份荣誉，必然要受到一些非难和妒忌，就要做好承受外界压力的心理准备。有时由于这种虚名的获得，使人缺乏冷静的心态，忘乎所以而骄傲起来，自以为了不起，其实一切都是虚的，不做进一步的努力，到最后什么也得不到。所以说虚名害人，不可追逐。

面对虚名，就是要放弃那些华而不实的东西，放弃虚名，不是笨人所为，而是智者的一种积极的人生态度。在名声和荣誉面前采取忍让和放弃的态度固然不易，但是只要加深自身的修养，认识到虚名的害处，弃之又有何可惜呢？

不要为虚名所累，在做人、做事中都要有意地把握进退的法度。当进则进，一往无前；当退则退，明哲保身。不该自己出头的时候出头，为了出风头而出头；或者做事不想后果得失，只求虚名，是一种不成熟的社会学，只会害人害己。

做好事，做实事，发自良心，顺应人情，利于众人，这是立身行事的基本尺度。雁过留声，人过留名，该留下的必然留下；不该留下的，欺世盗名，终会被时空湮没其声名。知此是一种知人知世的智慧，行此更是一种伟大的、超凡的人格。

为了名誉，无论成功失败，无论他人说法如何，无论境遇好与坏，我们都要稳稳地把握自己。虚名是人心灵上的大包袱，让人没有一刻轻松，让人失去自我，让人失掉别人的尊重与承认，更危险的是贪慕虚名可能会成为对手的机会，到时候受到的伤害有多惨重，则是无可估量的。我们以赤子之身来此世界，当以赤子之心走过此世界，此为留取清白在人间。所以，我们的先哲说：至人无己，神人无功，圣人无名。事实上，人生的规则也正是如此奇妙，贪慕虚名、急功近利者往往得不到真正的名誉；沽名钓誉，无所不用的人往往得不到真正的快乐。

《红楼梦》中有一首非常著名的《好了歌》，众生若是要“好”就要学着“了”。“世人都晓神仙好，唯有功名忘不了！古今将相在何方？荒冢一堆草没了！世人都晓神仙好，只有金银忘不了！终朝只恨聚无多，及到多时眼闭了！世人都晓神仙好，只有娇妻忘不了！君生日日说恩情，君死又随人去了！世人都晓神仙好，只有儿孙忘不了！痴心父母古来多，孝顺儿孙谁见了？”

甄士隐在听了跛足道人的《好了歌》之后说了一段解词也正是此意：“陋室空堂，当年笏满床！衰草枯杨，曾为歌舞场。蛛丝儿结满雕梁，绿纱今又糊在蓬窗上。说什么脂正浓，粉正香，如何两鬓又成霜？昨日黄土陇头埋白骨，今宵红绡帐底卧鸳鸯。金满箱，银满箱，转眼乞丐人皆谤。正叹他人命不长，哪知自己归来丧？训有方，保不定日后作强梁；择膏粱，谁承望流落在烟花巷！因嫌纱帽小，致使锁枷扛；昨怜破袄寒，今嫌紫蟒长。乱哄哄，你方唱罢我登场，反认他乡是故乡。甚荒唐，到头来都是为他人作嫁衣裳！”

浮云眼前过，富贵不着落

周游于列国的孔子有很多做官的学生，而他自己却是不贪名不图利，一心想恢复周礼，正所谓：“不义而富且贵，于我如浮云。”他说，只要有粗茶淡饭可以充饥，喝喝白开水，弯起膀子来当枕头，靠在上面酣睡一觉，人生便快乐无穷！就是说一个人想要有高的修养，先能够不受外界物质环境的诱惑，进一步摆脱了虚荣的惑乱，外物于我不是不重要，而是我已经不再受它牵制，凡俗世界的一切要看我是否愿意要它，这个修养很了不起。

孔子没有标榜自己不喜欢名利，这样说未免就会显得不够真诚。他也喜爱富贵，但是君子爱财，取之有道。“不是说什么样的富贵名利我都要，这是小人的行径。”这是一个圣人的自白，也是一个正人君子所应秉持的做人做事的态度。

战国时代，孟子名气很大，府上每日宾客盈门，其中大多是慕名而来的求学问道之人。有一天，接连来了两位神秘人物，一位是齐国的使者，一位是薛国的使者。对这种人物，孟子自然不敢怠慢，小心周到地接待他们。

齐国的使者给孟子带来赤金100两，说是齐王的一点小意思。孟子见其没有下文，坚决拒绝齐王的馈赠。使者灰溜溜地走了。

隔了一会儿，薛国的使者也来求见。他给孟子带来50两金子，说是薛王的一点心意，感谢孟先生在薛国发生兵难的时候帮了大忙。孟子吩咐手下人把金子收下。左右的人都十分奇怪，不知孟子葫芦里装的是什么药。

陈臻对这件事大惑不解，他问孟先生："齐王送你那么多的金子，你不肯收；薛国才送了齐国的一半，你却接受了。如果你刚才不接受是对的话，那么现在接受就是错了，如果你刚才不接受是错的话，那么现在接受就是对了。"

孟子回答说："都对。在薛国的时候，我帮了他们的忙，为他们出谋设防，平息了一场战争，我也算个有功之人，为什么不应该受到物质奖励呢？而齐国人平白无故给我那么多金子，是有心收买我，君子是不可以用金钱收买的，我怎么能收他们的贿赂呢？"

左右的人听了，都十分佩服孟子的高明见解和高尚操守。

世间有许多诱惑：桂冠、金钱。但那都是身外之物，只有生命最美，快乐最贵。我们要想活得潇洒自在，要想过得幸福快乐，就必须做到：淡泊名利、割断权与利的联系，无官不去争，有官不去斗；位高不自傲，位低不自卑，欣然享受清新自在的美好时光，这样就会感受到生活的快乐和惬意。太看重权力地位，让一生的快乐都毁在争权夺利中，那就太不值得，也太愚蠢了。

名利与钱财是世人所喜爱的，也是让世人疲于奔命的一个奇怪的事物。但是人不能违背自己的良心与道义去拿不属于自己的东西，所以不义之财就算被你拿到了，将来也会要你十倍去偿还。

功名再高，高不过一抔黄土

司马迁在《史记》中特地引用孔子的一句话：君子疾没世而名不称焉。孔子认为一个君子最大的毛病就是担忧自己死了以后默默无闻，没有人再能记得他。这是一个大问题，几乎每个人的心里面都有这样的想法。没有人喜欢一生都很平凡，谁不想要别人记住自己呢？但是要谈到留名青史也真是不容易的事情。

我们通常说中华民族有五千多年的灿烂历史，五千多年的光辉历程中有多少个生命来过这个世界上呢？不计其数。但是在这条岁月的星河上，我们能看到几颗闪亮的星星呢？历史上的皇帝就有几百个，王公大臣更是多如牛毛，可惜的是能在历史上留下自己痕迹的人是少之又少。

一个农场主对一个人说："你能跑到什么地方我就划到哪里，把这些土地都送给你。"这个人就不停地跑，每次想停下来的时候就鼓励自己再坚持一会儿。就这样他整整跑了一天，直到把自己弄得精疲力竭，最后因为劳累过度而猝死。农场主在掩埋他的时候说："其实他不懂得人能需要的土地仅仅是身下躺着的那一点而已。"

这就是每个人共同的归宿，谁也不能逃脱这个规律。《红楼梦》中甄士隐对《好了歌》的解读中有一句这样的话："古今将相在何方？荒冢一堆草没了。"这和苏东坡的一首流传千古的词《念奴娇·赤壁怀古》有异曲同工之妙：

大江东去，浪淘尽，千古风流人物。故垒西边，人道是，三国周郎赤壁。乱石穿空，惊涛拍岸，卷起千堆雪。江山如画，一时多少豪杰！

遥想公瑾当年，小乔初嫁了，雄姿英发。羽扇纶巾，谈笑间，樯橹灰飞烟灭。故国神游，多情应笑我，早生华发。人生如梦，一尊还酹江月。

虽然我们都好名，人类的虚荣心理让我们有这样的愿望，总是想要别人了解我们——以为自己的人生经历就是与众不同的，其实人与人之间还真的差不了多少。就算你在世的时候是万众瞩目的明星或其他大人物，可是死后谁还买你的账呢？

其实在高功厚名之后，华丽的转身意味着更高更有意义的人生新起点。

1975 年，比尔·盖茨与他的伙伴创立了微软公司。30 多年里，盖茨驾驭着这个软件公司，用技术一步步地扩充着帝国版图，改变和影响着全球。如今，执掌微软 31 年的盖茨做出“归隐山林”的决定——他逐步退出公司的日常管理，转而全身心投入慈善事业。这对微软意味着一个时代即将结束，但对世界却意味着多了一个身家 500 亿美元的全职慈善家。

2006 年 6 月 15 日，比尔·盖茨宣布，他将逐步移交其日常工作，以便将更多的时间投入到“比尔和梅琳达·盖茨基金会”所从事的慈善事业。为确保平稳有序地过渡，盖茨表示此次的过渡期为两年，2008 年 7 月之后，盖茨将放弃全部日常管理工作，只保留董事长一职。

盖茨当天发表声明说，淡出微软日常事务对他来说是一个艰难的决定，但他对慈善事业有着同样的热情，并且认为这也是一份十分重要和具有挑战性的事业。

盖茨说过，他的全部财富将用于捐赠，而不是留给自己的三个孩子。

“我只是这笔财富的看管人，我需要找到最好的方式来使用它。”像比尔·盖茨一样，一个明智的经营者要清楚自己该处的位置，做自己该做的事情，不奢望自己位置以外的东西。为人领导者，最高境界莫过于功成名就时“为而弗恃，功成而弗居”。及时转身，去做自己更想做的事，会让自己的人生更加完整，生命更加丰富多彩。

像孔子、老子这样的大思想家几千年才有一位，再如汉武帝、唐太宗这样的文治武功的皇帝更是屈指可数！但是这些人生前再怎么呼风唤雨，死后也不过是“一抔黄土掩风流”。

人生境界不在地位高低，而在于眼界高下

子文是春秋战国时代楚国的名宰相，姓斗，名谷於菟。楚国是当时南方新兴的国家，主要在今天湖北、湖南、四川一带。

在孔子和弟子子张的对话中，子张说："先生，楚国人子文三次做宰相，又三次被罢免，但是他三起三落时没有任何的喜色也没有任何的怒色。这样的人怎么样？"孔子对这样的人很钦佩，他们的修养可以说非常之高，宠辱不惊且淡泊明志，不是一般人能做到的。

我们平常看到的情况多半是"人逢喜事精神爽"，遇到高兴的事谁能不喜形于色呢？但是这个楚国宰相没有。后来他又几次被罢免，一般人肯定是心灰意冷或者心有不甘，但是他依然故我，丝毫不见怒色、忧色。这就是人生的修养。富贵名利当然人人都想要，但是得之受惊，或者失之若惊就谈不上什么高境界。这是孔子的富贵名利观，同样在老子的《道德经》一书中也有类似的表述：

"宠辱若惊，贵大患若身。何谓宠辱若惊？宠为上，辱为下。得之若惊，失之若惊，是谓宠辱若惊。何谓贵大患若身？吾所以有大患者，为吾有身，及吾无身，吾有何患？故贵以身为天下者，若可寄于天下；爱以身为天下，乃可托天下。"

我们一起来看一个道家人物的为官之道，也就更能明白楚国宰相子文的心境。

孙叔敖原来是位隐士，被人推荐给楚庄王，三个月后做了令尹（宰相）。他善于教化引导人民，因而使楚国上下和睦，国家安宁。

有位孤丘老人，很关心孙叔敖，特意登门拜访，问他："高贵的人往往有三怨，你知道吗？"

孙叔敖回问："您说的三怨是指什么呢？"

孤丘老人说："爵位高的人，别人嫉妒他；官职高的人，君王讨厌他；俸禄优厚的人，会招来怨恨。"

孙叔敖笑着说："我的爵位越高，我的心胸越谦卑；我的官职越大，我的欲望越小；我的俸禄越优厚，我对别人的施舍就越普遍。我用这样的办法来避免三怨，可以吗？"

孤丘老人感到很满意，于是走了。

孙叔敖按照自己说的做了，避免了不少麻烦，但也并非是一帆风顺，他曾几次被免职，又几次被复职。有个叫肩吾的隐士对此很不理解，就登门拜访孙叔敖，问他："你三次担任令尹，也没有感到荣耀；你三次离开令尹之位，也没有露出忧色。我开始对此感到疑惑，现在看你的气色又是如此平和，你心里到底是怎样想的呢？"

孙叔敖回答说："我哪里是有什么过人的地方啊？我认为官职爵禄的到来是不可推却的，离开是不可阻止的。得到和失去都不取决于我自己，因此才没有觉得荣耀或忧愁。况且我也不知道官职爵禄应该落在别人身上，还是应该落在我的身上。落在别人身上，那么我就不应该有，与我无关；落在我身上，那么别人就不应该有，与别人无关。我的追求是随顺自然，悠闲自得，哪里有工夫顾得上什么人间的贵贱呢？"

肩吾对他的话很钦佩。

孔子后来听说了这件事，深有感触地说："古代的真人，有智慧的不能使他意志动摇，美女不能使他淫乱，强盗不能劫持他，就是伏羲、黄帝也不配和他交游。死和生对于人是极大的事情了，可都不能改变他的操守，何况是官职爵位呢？像他这样的人，精神穿越大山无阻碍，潜入深渊也不会被水沾湿，处于卑微地位不会感到狼狈不堪。他的精神充满天地，他越是给予别人，自己越是感到富有。"

孙叔敖后来得了重病，临死前告诫儿子说：“楚王认为我有功劳，因此多次想封赏我土地，我都没有接受。我死后，楚王为了奖励我生前的功绩，一定会封给你土地，你千万不要接受富饶的土地。在楚国和越国之间，有个地方叫‘寝丘’。这个地方土地贫瘠，名字也很不好听。楚国人信奉鬼神，越国人讲求吉祥，都不会争夺这个地方，因此这个地方可以长久拥有。”

孙叔敖死后，楚王果然要封给他儿子一块相当好的土地，他儿子辞谢不受，只请求寝丘之地，楚王答应了他的请求。按照楚国的规定，分封的土地不许传给下一代，唯有孙叔敖儿子的封地可以世代相传。

万物发展有其规律，到极致时就会走向反面，到鼎盛时就会走向衰败。熊熊燃烧之火，离快要熄灭的时候已经不远了。因而，对于功名利禄不必强求，老子还有一句话比较适合争夺名利的人：“夫唯不争，天下莫之能争也。”对名利，我们也许会发现“有心栽花花不开，无心插柳柳成荫”的现象。这本不足道，世间万物无常，更何况名利之物呢？别人能给你的东西，他们也就能随时拿走。所以不要为了他们的馈赠而喜悦，也不要为了他们的“拿走”而心生怨怼。

“宠辱不惊，淡泊明志”是我们常常挂在嘴边的话，但是要做到又谈何容易呢？凡人常有的是宠辱若惊，既不淡泊也不明志，这样的人生修养要很豁达的心胸才能做得到。但是并不是因为我们平凡就达不到，人生境界的高低不在于个人社会地位的高低，而在于眼界的高下。如果你的胸怀够宽广，能够承载很多得意与失意，那么你就靠近了圣人们所描述的境界。

第六课

修身莫过于少求，养心莫善于寡欲

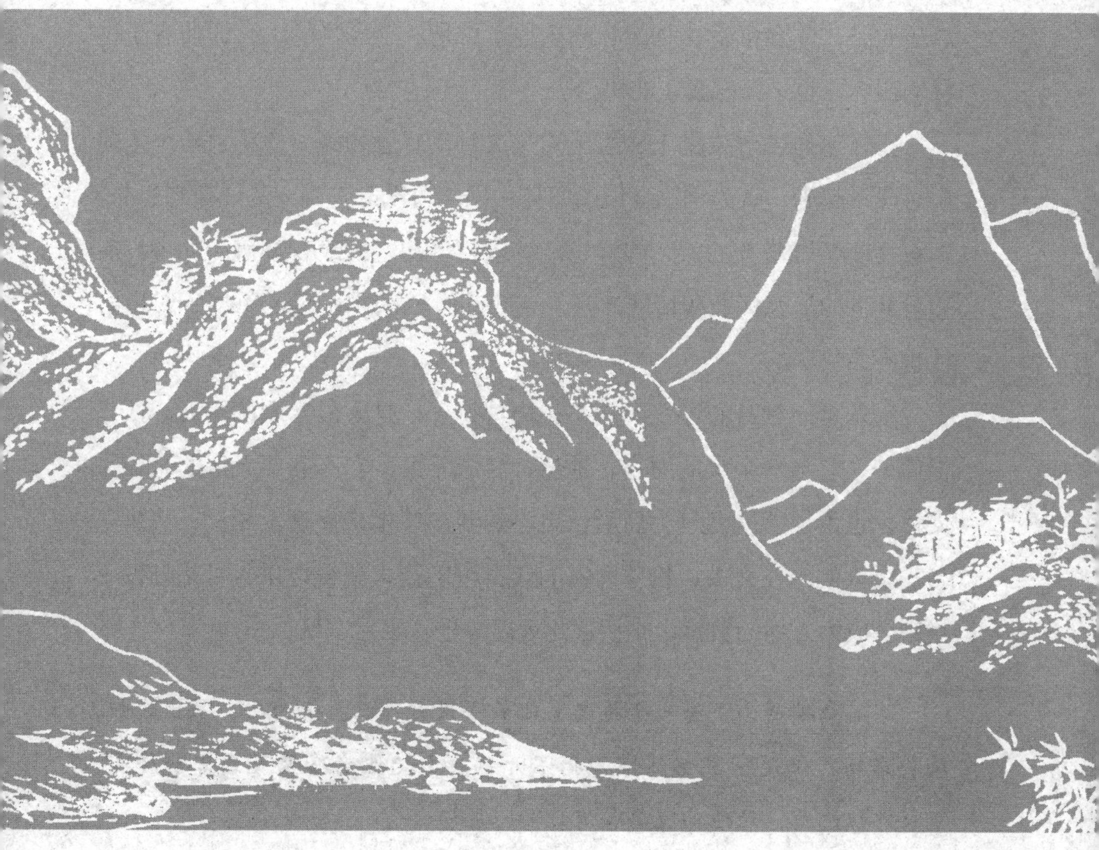

财富只是外形，心才是快乐的根

有一天梁惠王在他的花园里游玩，欣赏着各种飞禽走兽，不禁为自己能得此乐而得意不已，便语带讥讽地问孟子：“贤者亦有此乐乎？”意思是像你这样的贤者也喜欢这些吗？孟子不卑不亢，坦然对曰：“贤者而后乐此，不贤者虽有此不乐也。”一个贤者，只有等到天下太平、百姓安居乐业时，才会享受这种园林的乐趣。可是一个不贤的人，即使有了这样的园林，也不会有真正的快乐。

南怀瑾先生对梁惠王和孟子的这次对话感触颇深。他将之与个人的心态联系起来，认为物质环境的好坏，固然可以影响到人的心情与思想。但有高度精神修养的人，同样也能够以自己的心去改变环境。如果没有立身处世的道德标准和精神修养，纵然有再多的财富、再好的物质环境，他也不会快乐。

快乐是一种身心愉快的状态，离苦得乐，是人最本质的需要。快乐很简单，它与一个人的财富、地位、名气无关，它不需要大量的金钱去支撑，也不需要以名气为后盾，更不需要乌纱帽来提携。相反，快乐只与一个人的内在有关，物质财富的获得可能让人获得快乐，可是处理不当则会成为人生的负累，生活从此远离快乐，永无宁日。

从前在峨眉山下有一个樵夫，他长年累月都以打柴为生，早出晚归，风餐露宿，但是家里仍然常常揭不开锅。于是他老婆天天到佛前烧香，祈求佛祖慈悲，让他们脱离苦海。

真是苍天有眼，好运降临。有一天樵夫在大树底下挖出了十八个金罗汉。转眼间，他就变成了富翁。于是他买房置地，宴请宾朋，好不热闹。亲朋好友也都像是一下子从地下冒出来似的，纷纷前来向他表示祝贺。

按理说樵夫应该非常满足了，现在终于知道荣华富贵是什么滋味了。可是他只高兴了一阵子，就开始愁眉苦脸，吃睡不香，坐卧不安了。他的妻子看在眼里，劝他说："现在我们还有十七个金罗汉，吃穿不愁，又有良田美宅，你为什么还是愁眉苦脸的呢？你这个丧气鬼，天生就是个受穷的命！"

樵夫听到这里，不耐烦了："你个妇道人家懂得什么？我们得到金罗汉的事情，人人都知道了。如果有人来偷来抢怎么办？我是愁没有最好的地方来藏它们。"妻子听过之后也觉得有理。于是夫妻二人开始找藏金罗汉的好地方。可是无论何地他们都觉得不安全，结果就这样天天找，天天担心，生活没有了一刻的宁静。

人生在世，名利钱财、金银珠宝等都是身外之物，即使时时刻刻永不停息、永无止境地去追求和索取，也不会有满足的时候。相反，一味地追求反而丢失了生活的宁静与快乐，真是得不偿失。快乐无须附丽，它只是内心深处的富足，它像一缕清纯的阳光，既可以照亮自己，也可以照耀周围的人。那些身无长物的人，同样可以获得人生的快乐。

孔子说颜回："贤哉！回也。一箪食，一瓢饮，在陋巷，人不堪其忧，回也不改其乐，贤哉回也！"颜回短暂的一生，师从孔子，周游列国，虽有满腹经纶，德才兼备，但是甘于贫苦生活而不改其乐，可以说是乐由心生、无须附丽的典型了。

美国哲学家桑塔亚那说："快乐是生命唯一的意义，没有快乐的地方，人类的生活会变得疯狂而可怜。"当我们哀叹命运不公、抱怨时运不济时，以为只有得到名利才快乐，那真是一件可悲的事情。快乐其实很简单，它就住在每个人的心里，不过，需要你用心寻找。有位哲人曾经说过：只有心才是快乐的根。快乐不是霓虹灯下的买醉，不是一掷千金的快感。不放纵生命，不麻醉灵魂，珍惜生命的点点滴滴，才是快乐；拥有一颗感恩的心，感激生命，感激阳光雨露，忘却曾经的苦痛，快乐之情会油然而生；历尽沧桑后，快乐是一份安心，宠辱不惊，不为利驱，不为名逐，不为情惑，快乐是看花开花落、云卷云舒的散淡安然。

如果你希望有所成就并且生活得逍遥自在、豁达明朗，就首先要努力使自己成为一个有道德教养的人，一个有良好品格的人，一个有丰富心灵的人，一个有益于他人的人，这样才能有效地防止那些使人沮丧和紧张的因素，从而充分享受工作和生活本身蕴含的乐趣，在任何情况下保持一种“临清风，对朗月，登山泛水，肆意酣歌”的心境，陶陶然乐在其中，不亦快哉！

行走于青山绿水之间，且听风吟，了无牵挂，快乐盈心！

世上无如人欲险

欲望本身就是一个具有诱惑力的字眼。人没有欲望无法生存和进步，而有了太多欲望却会让自己永远陷入矛盾与烦恼中，它是最纯洁的也是最卑劣的。心理学上有句名言：人类的一切痛苦来源于人的欲望。因为欲望无穷无尽，它会生长。

南怀瑾先生谈到欲望时，首先说明了欲望的合理性，《礼记》中有云："饮食男女，人之大欲存焉。"这是每一个人，上自帝王，下至百姓，人人共有的大欲。但是先生接着又说，人的欲望是没有止境的。

一次，齐宣王与孟子打哑谜，让孟子猜其大欲，孟子欲擒故纵，开始时说他的欲望是为了物质声色的享受，在齐宣王否定这个答案之后，孟子才回答说："王欲辟土地，朝秦、楚，莅中国而抚四夷也。"大王您是想统一天下，让诸国来朝啊，没等齐宣王答话，孟子便接着说下去："以若所为，求若所欲，犹缘木而求鱼也。"就这样一盆冷水浇了下来，却浇不灭齐宣王心中的欲望之火。

明代的《解人颐》中有一篇很有哲学意味，描述人类欲望无止境的白话诗："终日奔波只为饥，方才一饱便思衣。衣食两般皆俱足，又想娇容美貌妻。娶得美妻生下子，恨无田地少根基。买到田园多广阔，出入无船少马骑。槽头扣了骡和马，叹无官职被人欺。县丞主簿还嫌小，又要朝中挂紫衣。若要世人心里足，除是南柯一梦西。"真是精辟，将人类无穷的贪欲说尽了。

其实，欲望是把双刃剑，处理好了是社会发展的动力，处理不好就成了万恶之源。

有一个人穷困潦倒，家徒四壁，只有一条长凳，他每天晚上就在那条长凳上睡觉。但是这个人却很吝啬。

他向佛祖祈祷："如果我发财了，我绝对不会像现在这样吝啬。"

佛祖看他可怜，就给了他一个装钱的口袋，说："这个袋子里有一枚金币，当你把它拿出来以后，里面就会又出现一枚金币，但是你只有把这个钱袋扔掉才能用这些金币。"

那个穷人得到这个钱袋，欣喜异常，他不断地往外拿金币，整整一个晚上都没有合眼，地上到处都是金币。这些金币已经够他花一辈子了，可是每次当他决心扔掉那个钱袋的时候，心中总有万般不舍。于是他就不吃不喝地一直往外拿金币，直到屋子里装满了金币。

可他还是对自己说："我不能把袋子扔了，钱还在源源不断地出来，还是让钱更多一些的时候再把袋子扔掉吧！"

到了最后，他已经非常虚弱了，连把钱从口袋里拿出来的力气都没有了，但他还是不肯把袋子扔掉，最终死在了装满金币的屋子里。

一个人竟能因贪婪而丧命，可见欲望之可怕。如何处理这把双刃剑，古人已经给出了答案。古人讲：致虚极，守静笃；夫唯不争，天下莫能与之争。柔中带刚，刚柔并进，含蓄不乏进取，何等之境界！总结起来，其实就是"无欲则刚"。人若没有私欲，品格自然高峻清洁、不染尘泥。

宋朝的雪窦禅师喜欢云游四方，这天，禅师在淮水旁遇到了曾会学士。

曾会问道："禅师，您要往哪里去？"

雪窦回答说："说不准，也许去往钱塘，也许会去天台。"

曾会建议道："灵隐寺的住持珊禅师和我交情甚笃，我给您写封信带给他，您一定会受到他的款待。"

于是雪窦禅师来到了灵隐寺，但他并没有把曾会的信拿出来，而是潜身于普通僧众之中，这一藏就是三年。

三年后，曾会出使浙江，便到灵隐寺去找雪窦禅师，但寺中人却矢口否认有这样一个人。曾会不信，便到云水僧所住的僧房内，在一千多位僧众中仔细寻找，终于找到了雪窦禅师。曾会不解地问："禅师，为什么您不去见住持而隐藏在这里呢？是因为我为您写的信丢了吗？"

雪窦禅师微笑着回答道："不敢不敢。我只是一个云水僧，一无所有，所以我不会做您的邮差的！"

说完拿出信，原封不动地交还给曾会，两人相视而笑。曾会随即将雪窦引荐给住持珊禅师，珊禅师甚惜其才。

后来，苏州翠峰寺缺少住持，珊禅师就推荐雪窦去任职。在那里，雪窦终成一代名僧。

人无欲则刚，人无欲则明。无欲能使人在障眼的迷雾中辨明方向，也能使人在诱惑面前保持自己的人格和清醒的头脑，不丧失自我。在这个充满诱惑的花花世界里，要想真正地做到没有一丝欲望，像水一样平平淡淡、毫无牵挂的确很难。要想真正地做到"无欲"，首先要有一颗静如止水的心。心淡如水是生命褪去了浮华之后，对生活中那些细微处的感动，只有用感恩的心去生活，才能寻找到生命的意义所在，才能做到不为"欲"所牵连、不为"欲"所迷惑，在物欲横流、权欲泛滥、钱欲盛行、色欲蔓延的浊世之中仍能保持心中的一方净土。无欲则刚是一种高尚的精神境界，人若无欲，其品格就如苍松翠柏，任凭乌云翻卷、雨暴风狂，也能挺立世间，永不被摧折。

留一只眼睛，看住心中的狂野与贪婪

孟子说：“权，然后知轻重；度，然后知长短。物皆然，心为甚。”意思是说一件东西，用秤称过，才知道它的轻重；用尺量过，才知道它的长短。世间万物，也都是这个样子，要经过某些标准的衡量，才知道究竟。而一个人的心理，更应该如此，经常反省衡量，才能认识自己、改善自己。

南怀瑾先生作为一位国学大师，其自身的修养已经达到了一定的境界，但他仍然坚持自我反省。先生认为，我们如果不及时反省，就会犯错误，而反省对道德修养的重要，就像秤与尺在权衡上所占的分量一样重要，所以，检讨自己的行为，多加反省，才可能知道自己是不是合乎道德的标准。如不反省，就无法知道自己的思想、心理行为中，有哪些地方需要改过，有哪些地方需要发扬光大。

有位哲学家在他晚年的时候刺瞎了自己的双眼。别人都不理解他的这一举动。他说，我只是为了更好地看清自己。上帝在每个人的肩上都挂了两个袋子，一个在胸前，一个在背后。前面的袋子装着自己的优点，后面的袋子则装着自己的缺点，结果，每个人只要一睁开眼睛，看见的就是自己的优点和别人的缺点。所以，每个人都认为自己最优秀，而别人最愚蠢，因而对别人总是求全责备，对自己总是肯定赞扬。

“知人者智，自知者明。”真正的聪明人必须具备自知之明。何谓自知之明？孔子说：“知之为知之，不知为不知，是知也。”孔子的学生曾子也强调：“吾日三省吾身。”圣人都有自知之明，无非是因为他们都留着一只眼睛审视着自己。

有位家庭主妇，是虔诚的佛教信徒，她每天都从自家的花园中采撷鲜花到寺院供佛。

一天，当她送花到佛堂时，碰巧遇见智闲禅师从佛堂出来。智闲禅师道："你每天都这么虔诚地以鲜花供佛，根据佛典记载，常以鲜花供佛者，来世当得庄严相貌的福报。"信徒闻言十分欣喜，又有几分疑惑："我每次来您这里礼佛时，觉得心灵就像被洗涤过一样，清凉无比，但回到家中，很快就心烦意乱起来。作为一名家庭主妇，我该如何在喧嚣的尘世中保持一颗清凉纯洁的心呢？"

智闲禅师反问道："你以花礼佛，对花草总有一些常识，我现在问你，你如何保持花朵的新鲜呢？"信徒答道："保持花朵新鲜的方法，莫过于每天换水，并且在换水时把花梗剪去一截，因为这一截花梗已经腐烂，腐烂之后水分不易吸收，花就容易凋谢！"智闲禅师说："这就是保持一颗清凉纯洁之心的方法。我们生活的环境就像瓶中的水，我们就是花，唯有通过不停地换水，即不停地自省、检讨，改掉陋习、缺点，才能净化我们的心灵，不断吸收来自大自然的养分。"

信徒听后，如醍醐灌顶，幡然醒悟。

智闲禅师的话说得对，我们的心灵在复杂的环境中，难免要沾惹灰尘，使灵性被掩盖，因此要时时清理。只有善于自省的人，才能真正明心见性、把握自己的人生。

因此我们要留一只眼睛看自己，才能看住自己那一颗狂野的心和无限的贪欲，你才能明白自己到底是谁，你才能明白这世间什么事可为，什么事不可为。

留一只眼睛看自己，你才能看清人的本心，从而看清别人。因为你所思正是别人所思，你所欲正是别人所欲，你所苦正是别人所苦，这样推己及人，既看清了自己，又看清了别人。只有这样，才能明白人生在世，应当有所为、有所不为，从而获得内心的自在和宁静。

人生最大的敌人是自己。那些认真审视自己，时刻反省自己的人，才可能真正觉悟。反省是一棵智慧树，只有深植在心中，它才能长成参天大树。

抛下入世心的包袱

一个真正有道德的人，在物质的世界当中，“乘物以游心”，抱着一种超然物外、游戏人间的心理看待人生，即“以出世的心做入世的事”。南怀瑾先生进一步讲解，游戏人间不是玩世不恭，而是让自已的心境轻松，守住做人的本分，从俗事中解脱，不被物质所累。

生而为人，便应遵循人生的价值，为了国家为了天下，乃至宗教所说的为了救人救世，明知道这条命要赔进去，也是十分坦然的，是“托不得已”的命之所在，义之所在。“以养中”这个“中”，即内心的道，自已修的道。诚心修道，掌握了为人处世的原则，就是真正的有道之士。“以出世之精神，做入世之事业”，这是朱光潜先生对弘一法师的评价，也是对庄子这段话的最佳诠释。

生活中，人们总是牵挂得太多，太在意得失，所以情绪起伏很大。被负面情绪牵着鼻子走的人，不可能活出洒脱的境界。爱默生曾解释过什么是成功：“笑口常开；赢得智者的尊重和孩子的热爱；获得评论家真诚的赞赏，并容忍假朋友的出卖；欣赏美的事物，发掘别人的优点；留给世界一些美好，无论是一位健康的孩子，一个小园地或一个获得改善的社会现状都可以；知道至少一人因你的存在而过得更快乐自在，这就是成功。”以出世的心做入世的事，不让世俗功利蒙蔽你的心灵，淡然面对得失，坦然接受成败，才能超脱物我，找到生命的真谛。

有个匪徒跟踪一个珠宝商人来到了大山里，一路上他总是没有机会下手。到了大山里，四周没有一个人，匪徒终于找到了下手的好机会，他拦住了珠宝商人的去路。面对劫匪，商人第一个反应就是立即逃跑。于是，一个拼命逃亡，另一个穷追不舍。走投无路的商人钻进了一个山洞里，匪徒也跟了进去。在山洞里，匪徒抓住了商人，不但抢了他的珠宝，连商人准备在夜间照明用的火把也抢去了。那个匪徒还算没有丧心病狂，他只图财没有害命。

之后，两个人各自寻找山洞的出口。山洞里黑极了，没有一丝光亮。匪徒庆幸自己把商人的火把抢来了，要不然到死也走不出这个纵横交错的山洞。他将火把点燃，借着火把的亮光在洞中行走。火把为他的行走带来了方便，他能看清脚下的石块，能看清周围的石壁，因而他不会碰壁，不会被石块绊倒。但是他始终没有走出这个山洞，最后饿死在里面。

商人失去了火把，心想着自己将要永远留在这个山洞里了，但是他又不甘心。没有了照明，他就在黑暗中摸索着前进，头不时碰在坚硬的石壁上，身体不时被石块绊倒，跌得鼻青脸肿。但是，过了一段时间，他看到从远处传来一丝光亮，那正是山洞的出口。正是因为他置身于一片黑暗之中，所以能看见那一抹细微的光亮。他便迎着那缕微光摸索爬行，最终逃离了山洞。

在黑暗中摸索的人最终走出了黑暗，有火把照明的人却永远留在了黑暗的山洞中，这并不奇怪，世间有很多事情都遵循这样的道理。我们总想得到什么，而不愿失去，却总是忘记，有时失去会让我们得到更多想得到的东西，包括生命。

有时候，人们就像那个匪徒，为了心中的妄念，做出违背自我的事情，因为手中拥有的东西比别人多，最终反而陷入人生的困境。以出世之精神，做入世之事业，以恬淡的心境面对万事万物，反而能够“无心插柳柳成荫”。

生如夏花，淡然绽放

“滚滚长江东逝水，浪花淘尽英雄道。”古今繁华与平淡，都付于其中。一个人的一生也如此，无论曾经有多么辉煌，也只如昙花一现，花终究要落，人也终究要老去。正如东坡先生另一首词所云：“回首向来萧瑟处，归去，也无风雨也无晴。”

齐宣王在向孟子谈自己天下归心的大欲望时，孟子以“缘木求鱼”作为回答。南怀瑾先生讲解孟子，提到缘木求鱼，同时联想到另一语：“百尺竿头，更进一步。”虽说其与缘木求鱼不同，意在鼓励别人，但是南怀瑾先生却另辟蹊径，挖掘出这句话的另一层含义，百尺竿头，如果再进一步，岂不是落空了？所以先生认为，这句话是勉励人，要由崇高归于平淡，也就是《中庸》所说的“极高明而道中庸”。一个人的人生，在绚烂之后，要归于平淡。

诸葛亮在《诫子书》中说：“静以修身，俭以养德。非淡泊无以明志，非宁静无以致远。夫学须静也，才须学也。非学无以广才，非静无以成学。”“淡泊以明志”是人生的最高境界，淡泊非真的平淡，是经绚烂之后对人生的领悟。

弘一法师，俗名李叔同，浙江平湖人，生于天津。既是才华横溢的艺术教育家，也是一代高僧。

他是一位“二十文章惊海内”的大师，集诗、词、书画、篆刻、音乐、戏剧、文学于一身，在多个领域开中华灿烂文化艺术之先河。他把中国古代的书法艺术推向了极致，“朴拙圆满，浑若天成”，鲁迅、郭沫若等现代文化名人以得到大师一幅字为无上荣耀。

他是第一个向中国传播西方音乐的先驱者，所创作的《送别》歌，历经几十年传唱而经久不衰，成为经典名曲。同时，他也是中国第一个开创裸体写生的教师。他有卓越的艺术造诣，先后培养出了名画家丰子恺、音乐家刘质平等一些文化名人。

1918年，在其艺术事业处于巅峰时，他却剃度出家，从此遁入空门。他苦心向佛，过午不食，精研律学，弘扬佛法，普度众生出苦海，被佛门弟子奉为律宗第十一代世祖。他为世人留下了咀嚼不尽的精神财富。赵朴初先生评价大师的一生为：“无尽奇珍供世眼，一轮圆月耀天心。”

弘一法师在他艺术征途如日中天的时候，决意埋名遁世，过起芒鞋藜杖的艰苦生活，他是中国绚烂至极归于平淡的典型人物。弘一法师遁入佛门虽有其自身的缘由，但是他能够抛却身前荣华富贵，只身归隐，也说明他深知盛极而衰的道理。

急流勇退是人生的智慧，而中国历史上诸多功成身退的故事，则体现出了对世道人心的透彻了解，从而让自已从历史的风口浪尖上全身而退。

张良是汉室三杰之首，他以总揽全局的战略眼光和决胜千里的超人智慧，为建立强大的汉王朝立下了不朽之功。一代文宗苏轼在其《留侯论》中称颂他有“盖世之才”。但他在汉朝建国以后，却没有担任什么具体的显官要职。

刘邦灭了项羽称帝后大封功臣，刘邦称，“运筹帷幄中，决胜千里外，子房功也”。叫张良选择有三万户的齐地作为封地，张良婉言谢绝，他对刘邦说，我在博浪沙行刺秦始皇失败，逃到下邳来避难，最早和您相识于留（今微山岛西南），我对那座小城难以忘怀，您实在要封就封我做留侯吧。刘邦“乃封良为留侯”。因此，张良被称为留侯。

留是座小城，只有万户。张良自述心志说：“家世相韩，及韩灭，不爱万金之资，为韩报仇强秦，天下振动。今以三寸舌为帝者师，封万户，位列侯，此布衣之极，于良足矣。愿弃人间事，欲从赤松子游耳。”赤松子是神话传说中的“仙人”，他要跟随赤松子求“仙”去了。而他也因此巧妙避祸，没被刘邦和吕后杀掉，落了一个善终的好结局。

只有经历了人生风雨，才能悟出人生的淡味，因为人生之所以要平淡，是因为有了先前的绚烂。绚烂至极过后的平淡不是平庸，也非淡而无味，而是素净质朴，宁静深沉，是深入的淡定，是物我两忘。作为做人的一种准则和风格，它是对人生的深层领悟，是人生境界的极致。

心灵淡然若水，人生便入自由之境，轻盈飘逸。正所谓：“人生本如此，咸淡两由之。”在平淡中，我们生长在大千世界上，生活在芸芸众生中，摄取日月精华、天地雨露，达到与环境的和谐，淡入淡出，物我两忘。平淡，是有取有弃、有收有放、有失有得。我们应该抱有这样的人生态度，积极面对生活，努力进取。只是内心深处要为自己保留一份超脱，一份淡然。

第七课

知人者智，自知者明

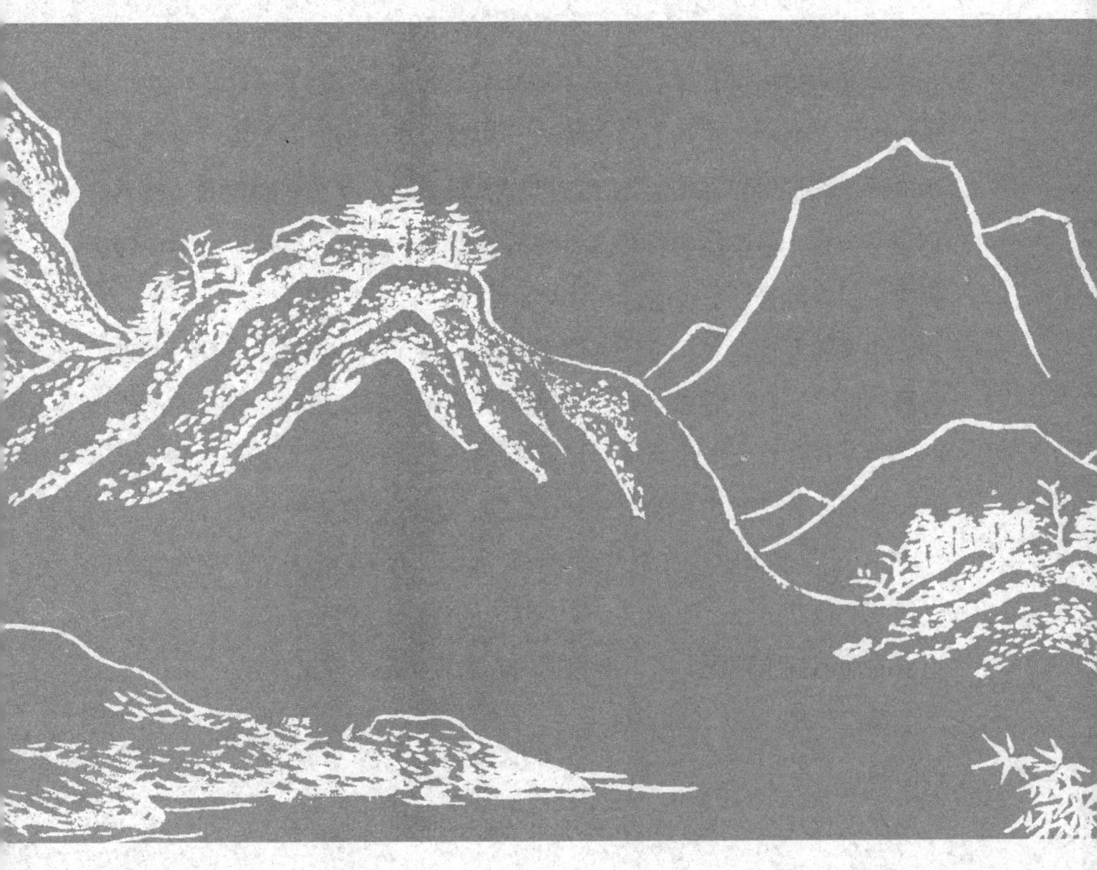

给自己量身定位

儒学可以说是“官学”、“领导学”、“幕僚学”，是为了培养官员和高参而设计的教程。但儒家的理想不在做官本身，而是借助官方权势推行自己的“仁道”，造福天下百姓。这个目标，大致就是《大学》所谓的“至善”，这是一个社会价值与个人修养高度结合的目标。

如果没有机会推行仁道而有机会当官，先儒的选择是不当官。所以孔子一辈子没当过几年官，孟子则终生不曾为官，孔子的多位贤弟子也终生不仕。他们不是没有机会当官，而是觉得为当官而当官，目标不能实现，反而把境界低下去了。汉以后的儒士没有这么高的气节，读书就是为了当官，能不能实行仁道，先放到第二步再说。当然也有不少儒士确实利用权势实行了仁道。

如果你不想当官，对仁道也不感兴趣，就不宜以儒家的目标为目标，还需“止”于自己的“至善”。当然，不管追求什么目标，修行的流程是一样的，共分六个步骤：

第一步是“止”，给自己量身定位，也就是确定理想的目标。这里“理想”二字很重要。有的人渴望当政治家，看见社会上“一切向钱看”，觉得发财也许更好，便确定一个当商人的目标，因为这不是内心渴望的，追求的动力就比较弱。所以要根据内心的真实渴求而量身定位。

第二步是“定”，即目标专一。做与目标有关的事，思考跟目标有关的问题。

在现代社会，人们的机会不是太少，而是太多。一位大企业家说：

“面对多变的社会，过多的选择机会反而会造成犹豫不决。”机会太多了，又想追求这个，又想追求那个，就会五心不定。所以必须忍痛舍弃其他目标，而“定”于其一。

慧远禅师年轻时喜欢四处云游。有一次，他遇到一位嗜烟的行人同路，两人走了很长一段山路，然后坐在河边休息，那位行人给了慧远禅师一袋烟，慧远禅师高兴地接受了馈赠。他们坐在那里谈话，由于谈得投机，那人便送给他一根烟管和一些烟草。

慧远禅师与那人分开后，心想：这个东西令人十分舒服，肯定会打扰我禅修，还是趁早戒掉吧！于是就把烟管和烟草都扔掉了。

后来，他又迷上了《易经》。一年冬天，他写信向老师索要一些寒衣，但是直到冬天已经过去，老师还没有寄衣服来，也没有任何回音。慧远禅师用《易经》卜了一卦，结果算出那封信并没有寄到。

他心想：“《易经》占卜固然灵验，但如果我沉迷此道，怎么能够全心全意地参禅呢？”从此以后他再也不接触《易经》之术。

再后来，他又迷上了书法，每天钻研，小有所成，有几个书法家居然也对他的书法赞不绝口。他转念想到：“我又偏离了自己的正道，这样下去，我很可能成为书法家，成不了禅师了。”从此他一心参悟，放弃了一切与禅无关的东西，终于成为一位禅宗大师。

慧远禅师真是一个懂得如何让自己“定”下来的人，他舍弃的并非都是不好的东西，也并非不值得追求的目标，但一个人不能同时追求几个目标，既然选择禅修，就守定这个目标，他的心也定下来了。

第三步是“静”，即心无杂念。这是很难的一步，无论读书也好，做事也好，不知不觉就会想一些杂事。即使目标专一的人也会如此。如何入静呢？需要进行“打住”训练：当意识到自己在胡思乱想时，就提醒自己一下：“打住！”或者：“别乱想了！”经过一次又一次提醒，养成静的习惯，就能随时入静了。

对相当多的人来说，不能静的原因是体力问题，想了一会儿事就头昏脑涨，自然会停下来，想一些比较轻松有趣的问题。所以说，锻炼身体也是一件跟目标有关的事。

第四步是“安”，即保持平常心。我们读书、办事、与人交往，都容易先入为主。比如：这本书是经典，我要好好拜读，这本书不好，我要瞧瞧它的毛病在哪里；这件事重要，我不能掉以轻心，这件事很烦人，对付对付算了；这个人很有身份，我该听听他的高见，这个人很讨厌，我要快点把他打发走。凡此种种，都是缺少平常心的表现，很可能让自己思路变调、言行失当。保持平常心，神志最清澈、明亮，智慧便绵绵而生。

第五步是“虑”，即冷静思考。用大脑学习，用大脑做事，这个道理很简单，不必多说。

第六步是“得”，即取得成果。把前面几步做好了，这一步水到渠成，但也要分辨是真“得”还是假“得”。

有一个笑话：某财主家有一个儿子，特别聪明。财主请了个先生来教他识字。第一天教了个“一”字，他很快学会了；第二天教了个“二”字，他很快学会了；第三天教了个“三”字，他很快学会了。这个聪明儿子高兴地说：“得之矣！得之矣！一画一道，二画二道，三画三道，其余的俺不学也会，要先生何用？”财主也很高兴，就把先生赶走了。有一天，财主让聪明儿子给万先生写信，聪明儿子画了一早上，也没把“万”字写出来。

在“得”字上，无论是学问上的收获，还是名利权位上的收获，都有必要审视一番，到底有没有“得”？是不是假得而真失？可别学这个聪明儿子，还没入门就以为“得之矣”！

世上难有满而不倾覆的事物

“三人行，必有我师焉。择其善者而从之，其不善者而改之。”孔子为人为学一向谦虚。他认为：许多人一起行走，肯定有能当我老师的人。我学习他们的优点，看到他们身上的缺点要反省自己有没有，如果我也有，那么就改掉它。

《论语》中还有另外一段说：“见贤思齐焉，见不贤而内自省也。”说的也是这个道理。这是谦虚的学问，我们很难诚心向他人学习，总以为自己是“天下第一”，哪里还有精神要向别人学习？这是人类的劣根性。做人是应当有自信的，但是自信的时候别忘记了谦虚。现代人都是自信有余而谦逊不足。

孔子带着学生到鲁桓公的宗庙里参观的时候，看到了一个可用来装水的器皿，倾斜地放在祠庙里，那时候把这种倾斜的器皿叫欹器。

孔子便向守庙的人问道：“请告诉我，这是什么器皿呢？”守庙的人告诉他：“这是欹器，是放在座位右边，用来警戒自己的，是一种用来伴坐的器皿。”孔子说：“我听说这种用来装水的伴坐的器皿，在没有装水或装水少时就会歪倒；水装得适中，不多不少的时候就会是端正的；水装得过多或装满了，它也会翻倒。”说着，孔子回过头来对他的学生们说：“你们往里面倒水试试看吧！”学生们听后，舀来了水，一个个慢慢地向这个器皿里灌水。果然，当水装得适中的时候，这个器皿就端端正正地立在那里。不一会儿，水灌满了，它就翻倒了，里面的水流了出来。

再过了一会儿，器皿里的水流尽了，就又像原来一样歪斜在那里。

这时候，孔子便长长地叹了一口气说道：“唉！世上哪里会有太满而不倾覆翻倒的事物啊？”

孔子不愧为千古圣人，就连告诉学生人生的道理也那么形象、生动，不会生硬说教，在这一点上我们或许更应该学习他的方法。

水满自溢，人自满会跌倒，这是自然规律。命运是极其公正的，它不会因为人的不同而有所偏颇。日中就得西斜，月圆就要亏缺，物盛必衰，这是天地的道理。人体验到了天地的道理，高就会自卑，盈就会自谦，满就会自抑。所以孔子又说：“君子做人不自大，有功不自傲。”“君子不以他所能做到的而瞧不起别人，不以自己不能做到的而自愧于人。”虚己对人是长进仁德的基础，自谦是受人尊敬的阶梯。念念不忘“谦虚”两字，自然高风可仰，心光可掬。

适人自抑，就能广造福用。王阳明说：“现在人们最大的缺点，就是一个‘傲’字，千万种罪恶，都是从傲里滋生出来的。傲就自高自足，不肯屈人之下。身为学子骄傲，就不能孝敬长辈；身为弟弟骄傲，就不能尊敬兄长；身为臣子骄傲，就不能做个忠臣。”

以财势傲人固然不应该，以学问傲人也不应该，以俸禄傲人更不应该；以气色傲人固然不应该，以态度傲人也不应该，以言语傲人更不应该。人的傲骨傲性，只能针对占据上位的卑鄙小人、贪官污吏，对于其他人，不应存有半点的傲气。

傲的反面就是谦，谦是傲的对症良药。不但外貌要恭敬谦逊，心中更要敬让。常常看到自己的不足之处，就能做到虚己对人。尧、舜之所以被称为圣人，就是谦虚到了至诚的境地，也就是允恭克让，温恭允塞。做到了谦就能虚，虚就能受。谦恭自守，必然会大得人心；虚下自处，必然会受人尊敬。

因为成熟，所以低头

《论语·泰伯》中，曾子夸赞同窗颜回的美德道："颜回才是真正有学问的人，明明自己的修养与知识都在很多人之上，但是他每次总是谦虚地向别人请教，做到了老师说的不耻下问。"这一点很难得，因为有才能的人通常都比较自恋，认为自己就是最优秀的，哪里能放下身份向他人请教呢？一些有才华的人就更不肯放下身份了，向一个不如自己的人请教，这个做起来有点难度，所以他才夸赞颜回的品德。

南怀瑾先生认为一个人越是学问高反而会表现得越谦恭，这是知识与修养给他带来的改变。哲学家捷诺就是这样谦虚的人。有人问他："像您这样的大哲学家为什么还要那么谦虚呢？"捷诺说："人的知识就像是一个圆圈，圆圈里面的是你已经知道的知识，圆圈外面代表的是你的未知。圆圈越大的人就越会发现自己的知识很不足。"

唐代著名的书法家柳公权，少年时代便被认为写得一手好字，自己不免常常骄矜自满起来。有一天，他与几个少年朋友聚在一起练字。就在他写下"会写飞凤家，敢在人前夸"几个大字扬扬得意之时，一位卖豆腐的老人正好路过，便好奇地走过来，端详了一会儿柳公权的字，又看了看他，皱了皱眉头，说："这字写得太无力了，好像我的豆腐一样，软绵绵的，没有筋骨。"柳公权一听，心里有些不服气，怒气冲冲地说："有本事，你写几个字，让我们也来见识见识。"

老人爽朗地笑了笑，慢腾腾地说："不敢，不敢，我是个粗人。"老人边说边敲了敲手中的梆子:“我只是个卖豆腐的，不会写字，可是有人用脚写都比你好得多呢！不信，你到城里看看吧。”说完老人敲着梆子就走了。柳公权听了有些怀疑，于是进城去寻那位用脚写字的人。果然在一棵大槐树下见到了此人。只见失去双臂的黑瘦老头赤着双脚，坐在地上，左脚压纸，右脚夹笔，正在挥洒自如地写着对联，娴熟的运笔，字似群马奔腾、龙飞凤舞，围观的人们无不为之赞叹。柳公权顿时惭愧万分。他跑向前去扑通一声跪在这位老人的面前，诚恳地说:“柳公权愿拜您为师，请先生告诉学生写字的秘诀。”老人慌忙示意他不要行此大礼，沉思了片刻语重心长地说:“我是个孤苦的人，没有双手，只得靠双脚来生活，怎能为人师表呢？”说完老人在地上铺上了一张纸，然后用右脚写下了几个字:“写尽八缸水，砚染涝池黑。博取百家长，始得龙凤飞。”老人又慈祥地说:“孩子，这就是我写字的秘诀。我用脚写字已经 50 多个年头了。我磨墨练字用完八大缸水，每天写完字就在半亩大的池塘里洗砚，池水都被染黑了。可是天外有天，人外有人，我的字还差得远呢！”柳公权听了老人的一席话，顿时恍然大悟，心里感到十分的内疚和不安，向这位老人道谢后，便启程回家。从此以后，他更加勤奋练字，手上磨了厚厚的茧子，衣肘补了一层又一层。他还经常登门拜访当时的书法名家，向他们虚心求教，让朋友、陌生人指出自己书法中的不足之处。工夫不负有心人，经过苦练，柳公权终于成了流芳千古的著名书法家。

学问高时意气平，人生活在社会上必须要有“空杯”的心态。你只有将自己的姿态放低，才能从别人那里学到知识、智慧。

你的高姿态是对他人自尊的一种挑战与轻视，容易让他人产生排斥心理乃至敌意。在工作中不乏这样的人，他们思维敏捷，但说起话来令人感觉很不舒服，这种人多数都是因为太爱表现自己，总想让别人知道自己很有能力，处处想显示自己的优越感，从而获得他人的敬佩和认可，但结果往往适得其反。

在交往中，任何人都希望能得到别人的肯定，都在不自觉地维护着自己的形象和尊严，如果他的谈话对手过分地显示出高人一等的优越感，那么无形之中就成为对他自尊和自信的一种挑战与轻视，排斥心理乃至敌意也就不自觉地产生了。

有时候放低自己的心态，低下高傲的头，反而会拥有得更多。大海之所以能成为大海就因为它总是在最低处，因而所有的溪流都汇集到大海的怀抱中。知识越是渊博，人的胸怀就会变得越宽广，这样他收获的东西会越多。

英雄之外还有英雄，敬人就是敬自己

“君子不重则不威”看起来似乎是说你自己不庄重，那么你在别人面前也就没有了权威、威信。如果这样理解，那么我们仿佛看到了这样的一群“伪君子”：几个“老夫子”式的人物在谈天说地，这时忽然走进来一个晚辈。为了维护自己的威信，“老夫子”们赶紧收敛了笑容，正襟危坐。这就是受了朱熹“君子不重则不威”的影响，如果孔子知道了后世对他的学问是这样的注解，肯定要气坏了。

之所以会有如此的错解，南怀瑾先生认为这是我们受到了朱熹思想的误导。

南老认为这是孔子在告诉世人关于自重与尊重他人的处世哲学。“君子不重则不威”就是说一个不知道自重、没有自尊心的人是做不好事情的。不仅“不重”则“不威”，而且做学问也不牢靠。而“无友不如己者”的解读就更有特点了：从前的宋儒们告诉我们：“不要和不如自己的人交往。”如果这样理解那就错了，孔子也就太“势利”了，我们的祖先又何以称之为“圣人”呢？

根据南老的解释，我们得以窥见孔子的真意，每个人都有自己的长处和短处，所以要学会敬重他人。如此说来，我们看到的就是一个连贯的意思，做人既要尊重自己也要尊重他人。不要总是认为自己有多么了不起，其实轻视他人的人同样也会被他人轻视。人与人之间的一切交往都是互相印照的，你敬我一分，我还你三分。希望得到别人的尊重，那么最好的方式便是尊重你身边的每一个人。

《三国演义》中，东汉末年名将关羽，过五关，斩六将，温酒斩华雄，匹马斩颜良，偏师擒于禁，擂鼓三通斩蔡阳。“百万军中取上将之首，如探囊取物耳。”然而，这位叱咤风云、威震三军的一世之雄，下场却很悲惨，居然被吕蒙一个奇袭，兵败地失，被人割了脑袋。

关羽兵败被斩的最根本原因是蜀吴联盟破裂，吴主兴兵奇袭荆州。吴蜀联盟的破裂，原因很复杂，但与关羽的骄傲、不懂得尊重他人有着密切的关系。

诸葛亮离开荆州之前，曾反复叮嘱关羽，要东联孙吴，北拒曹操。但关羽对这一战略方针的重要性认识不足，他瞧不起东吴，也瞧不起孙权，致使蜀吴关系紧张起来。关羽驻守荆州期间，孙权派诸葛瑾到他那里，替孙权的儿子向关羽的女儿求婚，“求结两家之好”，“并力破曹”。这本来是件好事，以婚姻关系维系补充政治联盟，历史上多有先例。关羽如果放下高傲的架子，认真考虑一番，利用这一良机，进一步巩固蜀吴的联盟，将是很有益处的。但是，关羽竟然狂傲地说：“吾虎女安肯嫁犬子乎？”

不嫁就不嫁，又何如此出口伤人？试想这话传到孙权那里，孙权的面子如何挂得住？又怎能不使双方关系破裂？

关羽的骄傲，使自己吃了一个大大的苦果，被自己的盟友结束了生命。

俗话说：蚊虫遭扇打，只为嘴伤人。以尖酸刻薄之言讽刺别人，只图自己嘴巴一时痛快，殊不知会引来意想不到的灾祸。人与人之间原本没有那么多的矛盾纠葛，只是因为有人逞一时之快，说话不加考虑，只言片语伤害了别人的自尊，让人下不来台，别人心中怎能不燃起一股怒火？有了机会，反咬一口，也是情理之中的事。

孔子的大弟子子贡曾形容他的老师“温、良、恭、俭、让”，这五字真经值得我们用一生去修行。其中的“恭”就是恭敬，如果你对任何人都怀有恭敬之心，别人自然也就对你敬让，更少有被人记恨在心的事情发生。生性宽厚的人很少口出狂言对他人不尊重，这种敬人的修为是敬己的最好方式。

第八课

对外圆融以安身，对内秉持而立命

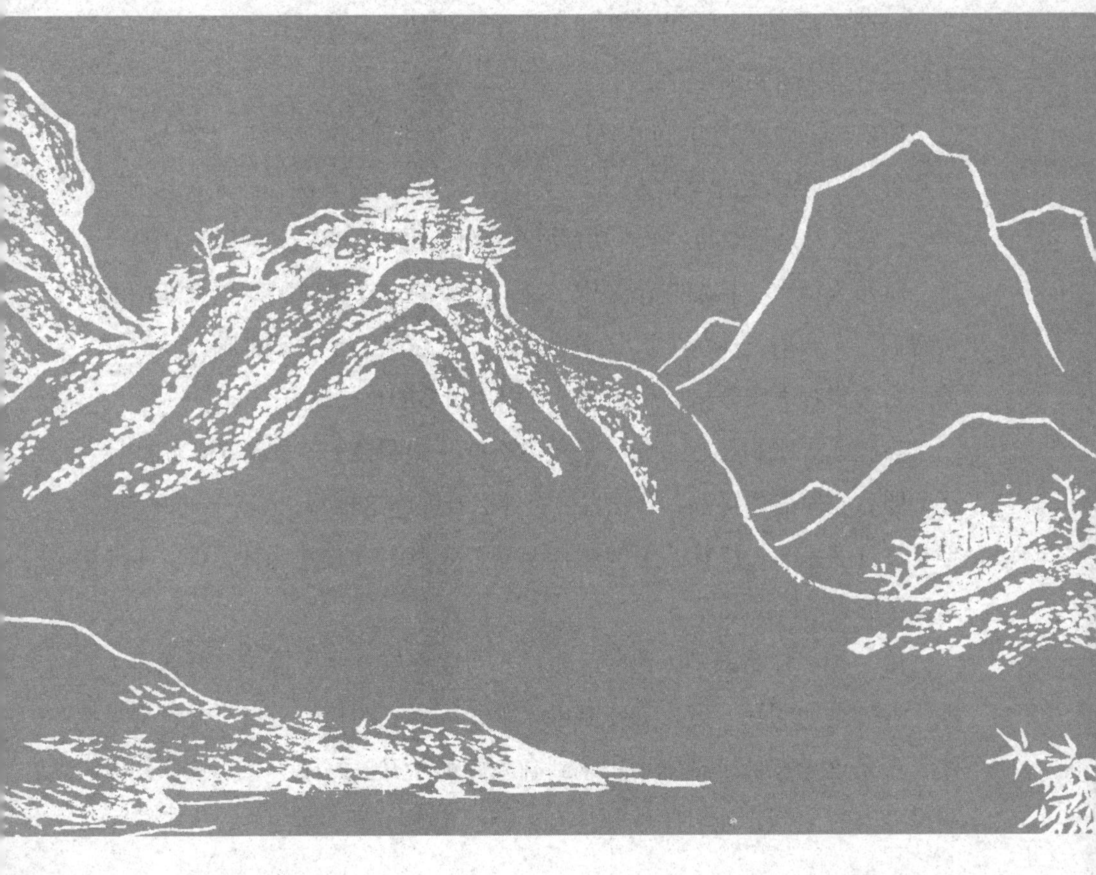

得意失意都不忘本相

佛祖真是太有自知之明了，大家都说他在做一项超度众生的伟大工作，而且卓有成效，他却一再强调：没有谁被我超度，所有获得解脱的众生都是靠自度；其他想获得解脱的众生还是只能靠自度。不要指望我，我什么忙也帮不了。

按照佛法的精义，非法非非法，连佛法是不是存在也不一定，当然也就没有人为佛祖所度了。

所以，下面不谈如何向佛祖学成佛，不妨谈谈如何向佛祖学做人。南大师曾说："学佛要先学做人。"其实，学不学佛尚在其次，做人是必须要学的。做人乃是基本功。基本功都没有练好，再高一点的如何能学好呢？

就做人而言，搞清自己是谁，是最要紧的。在希腊帕尔纳索斯山的神殿门上，写着五个大字：认识你自己。它被认为是太阳神阿波罗的神谕。古希腊哲学家苏格拉底在讲学时引用最多的也是这五个字。

自己天天跟自己在一起，长相怎么样，照照镜子就知道了；想些什么问题，心里清楚得很，认识自己有什么难呢？这样看，似乎真的不难，但是许许多多人，终其一生也未能认清"我是谁"。这是为什么呢？主要是受了五种心障的蒙蔽。

第一种心障是跟别人比较。自己长得怎么样？照照镜子，好像还不赖，但要是和明星一比，自觉难以入眼了。自己的长处，自己是看得见的，可是这点长处，根本不用拿到高人面前献丑。好比下棋，业余初段与专业九段之间，连可比性都没有。自己想的问题、做的事，大部分是不足为外人道的，跟人家比，更是没法比。

第二种心障是按别人的看法来评价自己。自己照镜子很不赖，可是在别人眼里，会不会是一个丑八怪？对自己做的事很满意，可是领导满不满意？凡此种种，为了迎合他人喜好，渐渐就不知道自己是谁了。

第三种心障是按境遇评价自己。事业顺利、爱情甜蜜、生活美满时，就觉得自己很不错，越看越像个天才，以为自己是各方面的专家，对什么事都敢发表见解；若是境遇不顺，心态就全变了，越看自己越像个蠢材，做什么事都信心不足。

第四种心障是按幻想来评价自己。心里幻想成就伟大事业、获得伟大爱情时，就觉得自己很伟大、很完美；心里幻想生活中的种种不幸时，又觉得自己很不幸、饱受欺凌。

第五种心障是按过去的经历评价自己。过去是太子，现在落难了，还觉得自己天生就是太子，理所当然要获得世人的尊敬；过去是奴隶，现在虽说解放了，还是放不下奴隶的卑微心态。

如何消除这五种心障呢？心灵的问题通常要用心灵的方式来解决，这只能靠自我调节。当然，首先要正视这些心灵问题，深入理解也是必要的。

人与人相处，不跟人比较是不可能的。但是，也要清楚自己的真实状况，并且正视它。自傲的人不知道自己跟人差得太远，自卑的人不知道自己跟人相差不远，这都是不清楚自己的真实状况造成的。此外，与人比较，方式不同，带来的结果是不一样的。《围炉夜话》说："常思某人境界不及我，某人命运不及我，则可以自足矣；常思某人德业胜于我，某人学问胜于我，则可以自惭矣。"所以，与人比较，最好从自身需要出发。如《菜根谭》云："事稍拂逆，便思不如我的人，则怨尤自清；心稍怠荒，便思胜似我的人，则精神自奋。"

人与人相处，只顾走自己的路，对别人说什么概不理会也是不行的。我们经常需要倾听别人的意见。在倾听别人的意见时，我们有必要弄清两个问题：第一，他说得对不对？第二，他是善意还是恶意？善意的意见，错了也该感激；恶意的意见，错了就不必理会。

当然，还有一种情况要注意：情绪化的意见。这种意见谈不上善意还是恶意，而且可能与事实相距甚远。有一位画家把自己的一幅佳作送到画廊里展出，他别出心裁地放了一支笔，并附言："观赏者如果认为这幅画有欠佳之处，请在画上作上记号。"结果画面上标满了记号，几乎没有一处不被指责。过了几日，这位画家又画了一张同样的画拿去展出，不过这次附言与上次不同，他请每位观赏者将他们最为欣赏的妙笔都标上记号。当他再次取回画时，看到画面又被涂满了记号，原先被指责的地方，却都换上了赞美的标记。这就是情绪化。我们真正应该用智慧来分辨的，正是这种情绪化意见。

人在社会上行走，情绪不受个人境遇的影响是不可能的。但我们应该想到，我们目前的处境只是人生的一个驿站，梦想才是我们未来的人生之路。无论现状多么糟糕，那都不是我们长久停留的地方。要相信梦想，满怀信心地向未来进发。当然，境况顺利时，同样只是一个驿站，迟早会离开的。你可以享受这个驿站的舒适，得意却大可不必。

人是有七情六欲的动物，不幻想是不可能的。但是，把幻想当作一个梦就行了，不要将它跟真实的生活搅在一起。

人的经历是延续的，不是一个断层，完全跟过去划清界限是不可能的，过去的记忆也不会很快消失，但我们始终要以现状为依据生活。现在比较穷，生活当然要过得拮据点；现在地位比较低，做人当然要低调点。同样的道理，现在有成就了，也不要因为过去的阴影而使心态失衡，拼命炫耀自己如何有多厉害。这同样是很可笑的。

总之，将以上五个心障破了，我们就真正认清了自己是谁。这样，我们就能以平常心对待生活中的一切境遇，得意失意都不会迷失本相。

留一双“法眼”给自己

世事很复杂，世人也很复杂，如何判断真伪？常让人感到困惑，种种烦恼与痛苦也因此而生。无论信错一个人，还是做错一件事，往往会让自己蒙受物质与精神的双重损失。

如何修炼一双洞察真伪的慧眼呢？佛家有修炼佛法的四个原则，如果得其精神，能大大提升我们的眼力。

第一个原则是：依法不依人。南怀瑾大师解释这一原则说：“依佛的正法，不因为某一位老师、法师或上师，我特别喜欢他，或者他对我特别钟爱，而只相信他说的佛法，其他人所说的，我一概不理，不以为然，这不是一个佛弟子该有的行为。学佛人只问对方所说的是不是正法，而不被个人的喜好爱恶所迷惑困宥。”

这一原则也可以用到日常生活中。比如，别人说的话、出的主意，我们不要因为对方是亲近的人，就觉得他说得对，就听从；也不要因为不喜欢对方，就对他说的话、出的主意无动于衷。首先要考虑：他的话合法吗？他的话合理吗？不合法不合理的话，谁说的都不听。

如果有些话合法又合理，却不知道对不对，该如何辨识呢？这就要从结果来推断。打个比方，父母出于对儿女生活的关心，总劝他们安心于目前的工作，不要跳槽，不要做没有把握的事。这时候该不该听父母的，就需要想一想：如果安心于目前的工作，最好的结果是什么？我对最好的结果满意吗？跳槽或做其他有一定风险的事，最坏的结果是什么？我对最坏的结果敢于承受吗？如果对最好的结果不满意，又敢于承受最坏的结果，就按自己的意思去做，没必要完全听从父母的。

第二个原则是：依经不依论。南怀瑾大师解释这一原则说："一切菩萨的论述，以及后世的注解固然高明，但是，真正的佛弟子究竟应该以佛经作依据，不应以论藏作依据。所以，我常劝学佛的同学们，不要陷于这一百年来的佛学著作及注解中，晕头转向，应该直接研究佛经。至于名词不懂，则可查佛学辞典，乃至于我所写的及我所说的，只是帮助诸位了解研究佛经而已，不要以我的话为标准，要直接以佛经为依据。"

读古人书，看后人的注解越多，可能越糊涂，离真义越远。反不如读原著。金庸在《侠客行》的小说里描写了这种现象：在一个名叫侠客岛的孤岛上，有一首前人抄写的诗，那是李白的《侠客行》，据说其中隐藏着至高的武功秘诀。这首诗还有不少注解，据说能帮助人们理解武功秘诀。结果，天下无数英雄花了数十年工夫，穷研这些注解，各有所得，但最后，破解秘诀的却是一个不识字、外号叫"狗崽子"的年轻人。原来奥秘在诗里，不在注解里。

作者为什么要设计让一个不识字的人破解秘诀呢？这是大有深意的。任何学问，无非是揭示生活的本质。一个人不识字，只要他懂生活，他也能抓住本质。一旦识了字，如果他不重视实践，以夸示学问为能，就往虚的路子上走了，离事物的本质也就越来越远了。

我们在生活中，要判断人与言的真伪，就应该透过现象看本质。打个比方，有人给我出了一个主意，我就要进一步请教他的依据是什么，然后检测依据是否成立。想当然的主意是没有用的。如果我们在生活中能保持这样的理智，就不会感到迷惑了。

第三个原则是：依了义不依不了义。南怀瑾大师解释这一原则说："佛经有些是了义经，有些是不了义经。了义是彻头彻尾的通达圆满，譬如'楞严经'、'圆觉经'、'华严经'、'法华经'，这些是了义经。有些是不了义，乃是佛因人因事因时因地对宇宙生命问题的方便说法，虽未直截点出佛法的究竟，但若能将这些道理参照对比、融会贯通，还是有个趋向了义理趣的脉络可寻。”

这一原则如何用到我们的生活中呢？比如，别人的话要不要听，我们首先要判断他的话对我们有何影响，有些话对我们人生的长远发展有利，要优先听取；有些话能解决眼前问题，听不听就要具体分析。比方说，你跟同事吵嘴了，心里很生气。一个人劝你：“跟同事最好和睦相处，不记小怨，你应该主动沟通，达成和解。”一个人劝你：“再也别理他了。以后他敢招你，对他别客气。”前面的话是正道，是“了义”；后面的话是手段，是“不了义”，当然要听前者而不听后者。

交朋结友也是这样，哪个朋友对我们的人生长远发展有利，就优先结交，至于那些吃喝玩乐的狐朋狗友，只能带来短暂的快乐，还是少交为妙。

第四个原则是：依智不依识。南怀瑾大师解释这一原则说：“佛法是智慧之学，不是盲目的迷信，也不是呆板的功夫，真正的智慧不是根据我们的意识妄想去推测。”

这个原则怎么用到生活中呢？其要点是：不要按猜测做决定。比方说，看见恋人跟异性有说有笑，心里就升起一堆疑问：她是不是移情别恋了？她是不是不爱我了？她是不是一直在骗我？她以前跟我说的话都是假的？这样猜来猜去，越猜越疑神疑鬼，然后不知不觉做出很多愚蠢的事来。

按猜测作决定，往往会把好事变成坏事。这是中国人的一个老毛病，无论做人做事做学问，都喜欢猜测，而不重视实证。相反，西方人就比较务实，有了某个想法，就踏踏实实去求证。比如，麦当劳公司在决定进军中国之前，先花了三年时间调查中国的市场情况：消费能力如何？消费习惯如何？据此进行市场定位、价格定位和服务定位，一上来就成功了。

另外，中国人还有一个毛病：依识不依智。比方说，同样一句话，如果是名人说的，就觉得有道理；如果是普通人说的，就觉得没道理。这就是失智了。只有保持自己的冷静判断，透过表面探究其实，才能得其真义。

做自己精神的主宰

庄子的道学，据说传承于老子。他们都认为道无声无形，存在于万事万物之中，不知不觉地对万物的生死荣枯变化发挥作用。但庄子讲的道，跟老子似有不同。老子讲的道，类于现在所讲的自然规律，基本上是属于唯物主义的。庄子所讲的道，就多了一点神秘色彩，基本上是属于唯心主义的。后世的道家以老子为宗，却走上了唯心的道路，事实上，他们如果把庄子奉为鼻祖，似乎更合适一些。

当然，我们似无必要议论庄子是唯物还是唯心，他“独与天地精神往来”的境界却值得我们欣赏。这句话的意思，不是说要做一个伟岸不群的世外高人，而是保持精神独立，顺应天地之道，在有为无为之间，顺其自然，平和地看待万事万物，清不喜、浊不嫌，不去责备世间的是是非非，不怨天、不尤人，宠辱不惊，不受世俗左右，也不排斥世俗，以便能与大众融洽地相处，身在红尘之中，心游天地之外。一个人达到了这种境界，他的心灵就获得了大自由、大自在。

如何达到这种境界呢？其要点有四：

第一，以平等心态看待每一个人。中国有过数千年专制统治，人们习惯于用高低贵贱来看待人，都想做人上人，这就难免经常心态失衡。所以，教育家陶行知先生说：“不要做人上人，不要做人下人，不要做人外人，要做人中人。”只有把自己放在与众人平等的地位，才可能保持平和的心态。

但是，人处在社会上，财富地位不均衡，是客观存在的事实，如何能获得平等的心态呢？

有人曾用农民洗红薯来比喻人生际遇，在南方农村生活过的朋友大都见过洗红薯的情景：将新挖的红薯放在竹箩中，浸到水里，左右摇晃，红薯便不停地浮上来，又沉下去。

人生也是这样啊！有时候，这拨人浮上来，那拨人沉下去；有时候，那拨人浮上来，这拨人又沉下去。社会是动态的，人生是动态的，其实，无论这只红薯浮上来，还是沉下去，都是一只红薯，大同小异；无论这个人地位高低，都是人中人，人格平等。想通了这个问题，你就会真正获得平等的心态。

第二，宠辱不惊，淡然处之。每个人的修养不同，有的人修养好，那是他的福分；有的人修养不好，那是他的不幸。在修养好的人面前，你可能得到友善对待；在修养不好的人面前，你可能得到粗暴对待。为此沾沾自喜或愤愤不平，毫无必要。一个人只要确定自己所言所行没有过错，不论别人的态度如何，都不妨淡然处之。

一位修女要为孤儿院募款，特意去拜访一位吝啬的富翁。当天富翁因为股票跌停，心情不佳，又认为修女来得不是时候，大为光火，就吐了修女一口唾沫。修女不动声色，微笑着站着不动。

富翁更恼火，骂道："怎么还不滚？"

修女说："我来这里的目的是为孤儿募款，我已收到您给我的礼物，但是他们还没有收到礼物。"

富翁因修女的态度大受感动，以后每个月自动送钱到孤儿院去。

对他人的态度淡然处之，显示了自己人格的力量，有时候，这种力量足以使一个最粗暴的人变得彬彬有礼。

第三，不执着于对和错。一件不好的事情发生后，人们习惯于争论谁对谁错。有时候，这种争论只会错上加错。所以，与其执着于对错，不如考虑如何改正错误。只要能使事情好转，即使一言不发又有何妨？

隋朝大臣牛弘，宽宏大度。有一次，他的弟弟喝多了酒，将他驾车的牛用箭射死了。弟弟害怕受到责罚，吓得躲起来。牛弘退朝回家后，妻子忙迎上去，将弟弟杀牛的事告诉他。牛弘若无其事地说："那就把牛肉做成肉脯吧！"

妻子做完肉脯，又来发牢骚："牛肉这么多，剩下的怎么办？"

牛弘淡淡地说："剩下的做汤。"

过了一会儿，妻子又过来唠叨。牛弘正在看书，连头也不抬，温和地说："我知道了！"

妻子见丈夫如此大度，自觉惭愧，再也不提杀牛的事了。他弟弟从此也收敛多了。

牛弘的弟弟自知有错，吓得躲起来了，这时再责备他错了，非常多余，可能还会因责罚不当引起他的逆反心理。牛弘以不责为责，反而让弟弟知错就改，结果不是更好吗？

第四，保持内心的平静快乐，不受外界境遇所左右。人生有顺有逆，把它们看成自然之事就可以了，用不着顺境时得意扬扬，逆境时垂头丧气。

宋神宗熙宁七年秋天，苏东坡调任密州知州。当时密州因连年收成不好，到处都是盗贼，吃的东西十分缺乏，苏东坡身为知州，还时常挖野菜作口粮。人们都认为东坡先生过得肯定很苦，不快乐。

谁知苏东坡在这里过了一年后，不但长胖了，已有的白头发有的也变黑了。这是为什么呢？苏东坡说，我很喜欢这里淳厚的风俗，而这里的官员和百姓也都乐于接受我的管理。于是我有闲自己整理花园，清扫庭院，修整破漏的房屋。在我家园子的北面，有一个旧亭台，稍加修补后，我时常登高望远，放任自己的思绪，作无穷遐想。我还可以自己摘园子里的蔬菜瓜果，捕池塘里的鱼儿，酿高粱酒，煮糙米饭吃，真是乐在其中。我之所以能每时每刻都很快乐，关键在于不受物欲的主宰，而能游于物外。过着老子所说的“甘其食，美其服，安其居，乐其俗”的生活。

人，一旦像苏东坡说的“游于物外”，官大官小不系于心，钱多钱少毫不在意，有名无名也不在乎，贫富得失淡然处之，怎么会不快乐呢？

找回遗忘的灵性

雪窦禅师曾写过这样一首诗："一兔横身当古路，苍鹰一见便生擒，可怜猎犬无灵性，只向枯桩境里寻。"意思是说一只兔子横躺在一条路上，老鹰在空中看到了，便冲下来把兔子叼走了。可怜的猎犬无灵性，跑过来闻了半天，只好向枯树根的空洞里拼命找。

南怀瑾先生说，雪窦禅师是禅宗的大师，骂世上这一班学禅宗的人，参公案啊，参话头啊，都像这个猎犬一样，只向枯桩境里寻。如果是有大智慧的人，则会像那个老鹰一样，空中一亮，就把兔子叼上去了，这个境界就空了。后面的猎狗拼命地跑，转啊转啊，跑啊跑啊，就在那里找这个境界，找一个空！

因此，一个学禅的人，一定不要误入歧途，钻故纸堆，而应该充分调动自己的灵性，让自己的生命在当下的生活中鲜活起来。通过改正错误、不掺杂念地行善积德，修身养性。

一个遗失了生命的灵性的人，是无药可救的人，因此，修禅从某种意义上说就是要找一个人作为人时所需要的灵性。

朱慈目居士对佛光禅师说："禅师！我念佛拜佛已经二十多年了，最近在持佛号时，好像不太一样。"

佛光禅师问："有什么不一样呢？"朱慈目说："我过去在持佛号时，心中一直有佛性，就算口中不念，而心中仍然觉得佛声绵绵不绝，就是不想持，但那声音仍像泉源会自动流露出来。"

佛光禅师说："这其实很好啊，表示你学禅已经到了找到自我真心的境界了啊。"

朱慈目说："谢谢禅师的赞叹，但我现在不行了，我现在很苦恼，因为我的真心不见了。"

佛光禅师疑惑地问："真心怎么会不见呢？"

朱慈目说："因为我与佛相应的心没有了，心中佛声绵绵不断的静念没有了，再也找不回来了。禅师，我为此很苦恼，请您告诉我，我到哪里去找我的真心呢？"

佛光禅师说："寻找你的真心，你应该知道，真心并不在任何地方，你的真心就在你自己的身中。"

朱慈目说："我为什么不知道呢？"佛光禅师说："因为你一念不觉和妄心打交道，真心就离你而去了。"

朱慈目听后，豁然开朗。

真心没有了，这就好像失落了自己，找不到自家的家门。人为什么会有各种各样的迷惑呢？原因就在于虚妄遮蔽了真心。

南怀瑾先生说，每一位佛都在放光，何以众生看不见呢？因为被自己的业力盖住了，所以看不见佛光。等你定慧到了，只要一定，自身光明随时都可以跟佛的光明相接。你们打起坐来，不管开眼也好，闭眼也好，黑漆一团，对不对？一团乌烟瘴气，这就证明地狱在你面前。因为你内心污染得厉害，自己的光明被遮盖住了，佛光想灌都灌不进来。念佛念了半天，没有愿力，只有一肚子的怨，怎么能见到光明呢？因此，一个人一定不要被社会污染得太严重，保持内心的纯洁，保持自我的灵性，才能获得一个幸福的人生。

个性天然自能悟道

在世人的眼中，禅的境界是很高的境界，可望而不可即，很玄妙。其实，古往今来的禅师反复强调，禅的境界就在人间，在每个人的身上。一个人，只要能够保持自己的本色，发挥自己的天然个性，就是禅的境界。

南怀瑾先生说，作诗、弄文，固然无关禅道，但如果从天性上自然流露，也正与弹指之事相同，何妨起用。能文的便文，能武的便武，各守本分也。

唐代时，有参学禅法的僧人不远千里，来到河北赵州观音院（今柏林禅寺）。早饭后，他来到赵州禅师身前，向他请教："禅师，我刚刚开始寺院生活，请您指导我什么是禅？"赵州问："你吃粥了吗？"

僧人答："吃粥了。"

赵州说："那就洗钵去吧！"

在赵州禅师的话语之中，这位僧人有所省悟。赵州的"洗钵去"，指示参禅者要用心体会禅法的奥妙之处，必须不离日常生活。这些日常的喝茶吃饭，与禅宗的精神没有丝毫的背离。法眼文益禅师上堂说法，给大家讲了一个故事：

从前有一个老头和一个小孩生活在一起，奇怪的是，这个老头从来不教孩子各种礼仪和做人的道理，只是让他自然而然健康地成长。

有一天，一个云游四方的僧人在老头的家中借宿，见孩子什么也不懂，于是教了他很多礼仪。

孩子很聪明，一学就会了。晚上，孩子见老者从外面回来，于是恭敬地走上前去问安。老者十分惊讶，就问孩子：“是谁教给你这些东西？”

孩子如实回答：“是今天来的那个和尚教我的。”

老者马上找到和尚，责备地说：“和尚你四处云游，修的是什么心性啊？这孩子被我捡来养了两三年，幸好保持了他一片天然可爱的本心，谁知道一下子就被你破坏了！拿起你的行李快出去吧，我家不欢迎你！”

当时已经是傍晚了，还下着淅沥的小雨，但是生气的老者还是将和尚赶走了。

是啊，小孩秉持天然个性成长，和尚却用俗礼污染，和尚不冤。有人请教大龙禅师：“有形的东西一定会消失，世上有永恒不变的真理吗？”大龙禅师回答：“山花开似锦，涧水湛如蓝。”多么美妙的一幅山水画啊！“山花开似锦”指山上开的花呀，美得像锦缎似的，转眼即会凋谢，但仍不停地绽开。“涧水湛如蓝”指溪流深处的水呀，映衬着蓝天的景色，溪面却静止不变。

这一对句，隐喻着世界本身就是美的，稍不经意，就将流逝消失。生命的意义在于生的过程。在我们这个物质世界，有一个时间之箭，任何东西都受它的强烈影响。花开了，注定要凋落，山花却不因要凋谢，而不蓬勃开放；清清的涧水不因其流动，而不映衬蓝天。时间之箭是单向的，我们这些有生命之物，都要把握住现在、今朝。

守住自己的本来面目，让自己的个性在岁月中自然流露，无论为文、为诗、为画，都是一种天然情趣，都会有一种生命独特的美丽。

第九课

藏锋敛锐，居功也不自傲

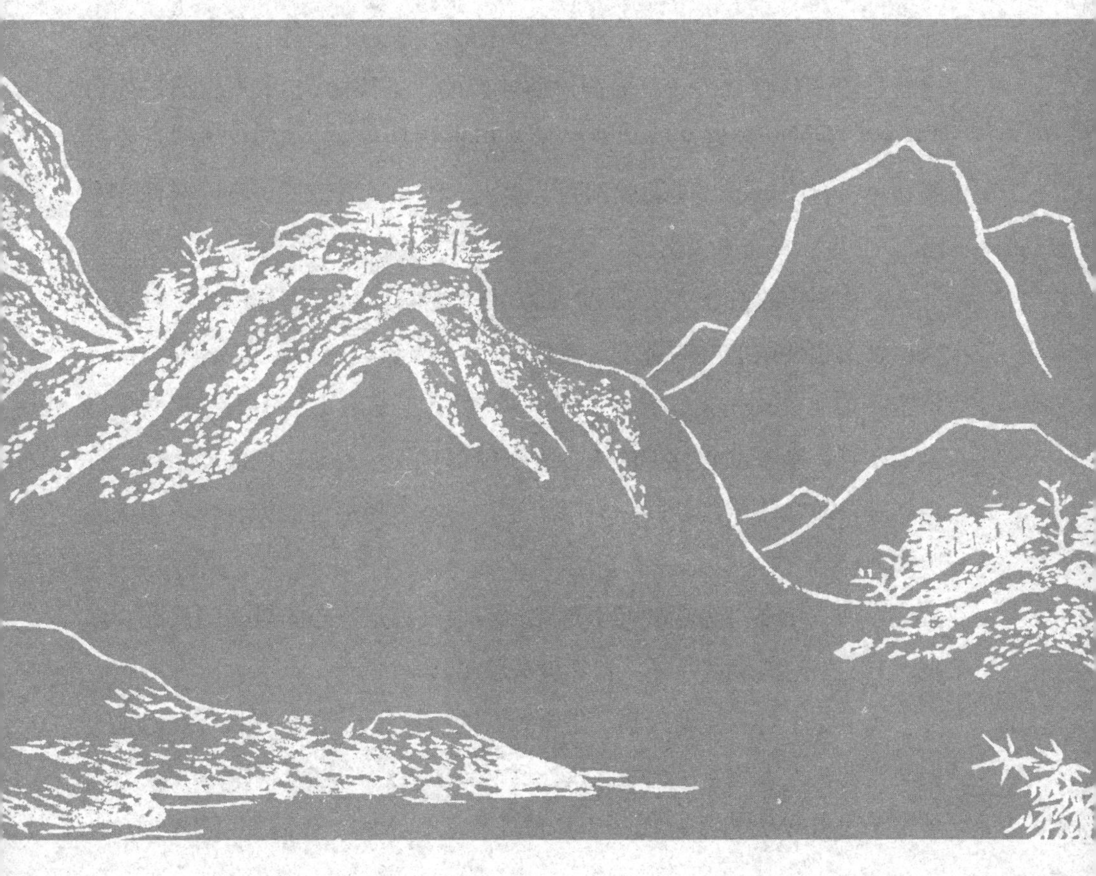

低调做人的哲学

老子的“慈”宝，多家注为“慈善”，有点令人费解。因为这属于世俗之德，与“仁”的含义相近。“仁者爱人”，包含了慈爱。《道德经》第三十八章说：“上德不德，是以有德；下德不失德，是以无德。”意思是说，高级的美德是不刻意表现美德，所以有美德；低级的美德是刻意表现美德，所以没有美德。第三十八章还说，“失道而后德，失德而后仁”，这就是说，慈善是失道、失德之后才有的“下德”，老子不应把其列为“三宝”之首。笔者怀疑“慈”字是后世传抄之误，应为“雌”，柔弱的意思，合于老子“柔弱胜刚强”之义。因为没有证据，所以译作“友善”，与生活真实比较贴切。

友善跟勇敢有什么关系呢？西方有句名言：“你以怎样的态度对待别人，别人也会以怎样的态度对待你。”待人友善，就会得到友善的对待，根本不担心受到伤害，自然变得“勇敢”，走遍天下都不怕。相反，待人不友善，动不动想打架的人，到哪里都有人想损他一把，那么他“行走江湖”时，睡觉都要睁一只眼，这种心态，与其说他勇敢，不如说他胆怯。

为什么用友善进攻战而必胜呢？因为友善是攻心的最好的武器，你把对方心里的武装解除了，自然就获胜了。

谦逊除了具有凝聚人心、集合众智的力量外，还是一种自保的手段。名利当前，人人想争，出头太快，反而会成为众矢之的。中国自秦汉起，曾经历过几个大混乱时代，大凡首先称王称帝的，最后都以灭亡告终，反而是跟在后面称帝的人得了善果。

我们知道，汉朝的“文景之治”，运用了道家的“无为”之学。汉文帝刘恒即位，并不是那么顺当，当时的形势很混乱，是福是祸难以预料，刘恒成功地运用了“不敢为天下先”的谦德，终于奠定了一生的富贵。

据南怀瑾大师介绍说：吕后专权时，把刘邦的几个儿子差不多都杀光了。吕后死后，陈平、周勃等削平吕家势力。大臣们要求找刘邦的儿子来继承帝位，结果只剩下一个代王刘恒，被封在西北边塞。刘恒为什么能躲过吕后的屠刀呢？因为他的母亲薄氏喜好道学，以“清静无为”为立身之本，防意如城，无欲无争。吕后没有把她放在眼里，她和儿子的性命才得以保全。

刘恒也跟母亲一样，喜好道学，性情朴实。他听说朝中大臣想迎请他当皇帝，非但没有欣喜若狂，反而有些犯愁。皇权人人想要，人家不争不抢，送到他手里，到底是真心还是假意？他拿不定主意，就去跟母亲薄氏商量。薄氏对道学修到比较高的境界，“无为无不为”，既没说该去即位，也没说不该去，而是建议儿子先派个人去看看再说。刘恒派老成持重的舅舅薄昭去长安了解情况。薄昭回来后报告说，天下人心仍然向着刘家，绝大多数大臣是支持刘家子弟即位的。这样，刘恒才动身去长安。

刘恒知道，这时候的生杀大权不在他手中，而是掌握在周勃的大将手中，稍微处置不当，那些将领一翻脸，不要说当皇帝，小命都难保，所以他必须谦虚谨慎。周勃等人率文武大臣来迎接他，跪在地上向他请安。他立即跪下来还礼。照说他是王，虽然尚未即帝位，也不必下跪还礼。但俗话说得好，“礼多人不怪”，宁可多礼，也不可失礼。

周勃将皇帝的玉玺奉献给刘恒，照规矩，这时刘恒就是皇帝了，可以发号施令了。但他却说：“今天我初到，还不了解情况。天下之事，不一定要由我来当皇帝，可以当皇帝的人很多，我现在只是先把玉玺代为保管，过些时日再说。”

大臣们都觉得这位新君道行实在太高了，是帝位的理想人选。人家不是说“伴君如伴虎”吗？这位新君看来不可能当暴君，那么伴在他身边，比伴在老虎身边安全多了，所以大家越发拥护他。虽然如此，刘恒还是没有立刻即皇帝位，也不敢住进皇宫，在客舍里住了九个月，等一切都观察清楚了，这才宣布即位。正如大家估计的那样，刘恒的道行确实很高，他只是一味谦逊而已，没有用任何暴力手段，就让大臣们服服帖帖。他只写了一封充满谦辞的信，就让谋反称帝的南越王赵佗自动取消帝号，向他称臣。至于他采用“与民休息”的无为之策，使天下走向繁荣，那又是另一种能力了。

莫学小鸟笑大鹏

蝉和鸴鸠嘲笑大鹏的话倒是很有趣，而且很耐人寻味。在生活中，确实有不少蝉和鸴鸠式的人，他们自己心无大志，却喜欢以嘲笑杰出人士为乐。你只要打开网络，查看一下，就会发现从古到今的杰出人士，几乎都被人且笑且骂，批了个遍。在他们眼里，刘邦是流氓无赖加无能之辈，全靠他人好心帮衬；刘备是伪君子，除了哭什么也不会；孔子是个背时鬼，讲得条条是道，找不到当官的机会；诸葛亮这也不行那也不行，把他当人物肯定有问题，至于那些贤臣名将什么的，根本不值一批。

批古人还好一点，反正他们已经飞上过九万里高空，到南海走过一回，根本不怕你们这些人说三道四。相对来说，现代的“大鹏”们承受的心理压力就大多了，他们只能在别人异样的眼光和嘲笑中准备自己的远大旅程。

“小鸟”们为什么喜欢笑“大鹏”呢？因为“大鹏”们身上必有一些杰出的素质，“小鸟”们看不懂他们有何杰出，只会用自己的标准衡量人，看见比自己高的，就觉得多余，恨不得帮你好心切掉一截，使你跟他一样好。如果你不肯切掉一截，他就觉得你这个人太傻，太可怜，甚至有点坏。那么他们当然要嘀嘀咕咕说些闲话，提些批评。

大致上，“小鸟”们会因为以下三种原因嘲笑大鹏：

第一种原因：以小才贬低大才。

但凡想成就一番事业的人，都需要某种或某些特殊才能，这种才能是没有远大目标的人不需要的，他们自然会认为是无用的才能。

有一个故事：

春秋贤士西闾过乘船渡河到东方去，船到中流时，不小心掉进河里。船夫把他拉上来，然后问：“您想到哪里去？”

西闾过说：“我要到东方去游说诸侯。”

船夫捂着嘴巴发笑，说：“你过河掉到水里，不能自救，怎么能游说诸侯呢？”

西闾过说：“不要用你的长处贬低人。你难道没有听说过和氏璧吗？它价值千金，但用它来砌墙，还不如砖瓦好呢！隋侯珠是国宝，但用它来弹鸟，还不如泥丸管用。良马驰骋，一日千里，但让它捉老鼠，还不如用一百个钱买来的猫。宝剑削铁如泥，但用它来补鞋，还不如用两个钱买来的锥子。现在您拿着桨，驾着舟，在宽阔的水面上劈波斩浪，这正是你的特长。如果让你到东方去游说诸侯，求见一国之主，你的蒙昧无知，跟一条还没开眼的小狗没有什么两样。”

在这个故事中，西闾过把小才与大才的差别说尽了。在生活中，当我们看见某个人在某些技能上不如自己，千万别急于轻视和嘲笑，先看看他是否有没有自己不具备的大才。如果像这个船夫一样，因一点小技就瞧不起别人，难免被人骂作“没开眼的小狗”。

第二种原因：以无德贬低高德。

有的人自己在品德上没有很高要求，甚至还装了满脑子错误观念，如“良心道德值几文钱”之类，看见别人表现出美德，非但不加赞赏，反而觉得他一定是个傻瓜，要不然为什么捡到手的钱还要送还给人家，自己揣进口袋里不好吗？别人的事瞎帮什么忙，自己轻松一点不好吗？这不是傻瓜是什么？

一般来说，如果某个地方的价值观混乱了，品德高尚的君子就难以在这里安生，可能被视为最没出息的人，甚至当成白痴或疯子。对这个问题，春秋时的赵简主作过精辟的结论。

有一次，一个名叫杨因的人求见赵简主，自我介绍说：“我在乡下被人驱逐过三次，当官有过五次辞职经历。听说您重视人才，特来求见。”

赵简主正在吃饭，听到通报，马上放下碗，慌忙出去迎接杨因，竟忘了站起来，爬地而行。左右的人说：“这个人在乡下被驱逐三次，说明不受大家欢迎；五次离开国君，说明缺乏忠心。他哪值得您这么重视？”

赵简主说：“你们不知道啊！美女是丑妇的仇人；品德高尚的君子，必然被乱世抛弃；正直的行为，必然受坏人憎恨。”说完，马上把杨因恭迎进来，待如上宾。

不久后，赵简主授给杨因宰相职位。赵国面貌因此焕然一新。

只有赵简主这样的“大鹏”，才认得杨因这样的“大鹏”。在一般“小鸟”眼里，所谓大鹏也者，不过是一只身体畸形、心理变态的怪鸟而已！

第三种原因：以成败论英雄。

“小鸟”们缺乏远见，很难看到三年以上的事情，甚至连三个月以内的事情都看不到。没有办法，在识人时，只能“以成败论英雄”，你有钱、有权、有名，我就觉得你行。至于说你有志向、有才华，我不否定，那也要等到你有钱、有权、有名时，我再来觉得你行。

就这个问题，南怀瑾大师讲了一个五代十国时期的故事：

南唐的朱温没有当皇帝之前，可怜得很；妈妈带他三兄弟给人家帮工，他自己也要去干活。老板一天到晚骂他：“你这个家伙个子这么高，活懒得干，还光吹牛。”

朱温给骂急了，就说：“你们这些人都是乡巴佬，光知道盖房子、置财产，我们大丈夫做事，你懂什么！”

老板很生气，要打他，老板的妈妈说：“不能打，这个孩子将来前途无量，要好好对他。”

老太太问朱温：“你这也不肯干，那也不肯干，究竟想干什么？”

朱温说：“我想借杆打猎的枪，到山里给你打打猎，弄点好菜给你吃吃。”

老太太说：“好吧，你要什么都行。”

后来朱温当了皇帝，对老板的妈妈好得很，把她同自己的妈妈一起接来，尽心照顾。

人生的变化难说得很。有富甲一方而倾倒的人，也有一贫如洗而发家的人；有权势灼人而落马的人，也有出身卑贱而显贵的人，哪能以一时境遇而定评呢？像小鸟一样嘲笑大鹏，就更无必要了！

当然，有“大鹏”般志向的人，也不必瞧不起那些追求普通生活的人。那也是一种追求，那也是一种生活。两者都是一种生活选择，无所谓好坏。

正如南大师所说：“一个人见解不高，他有所成就也有限，不是讲他没有成就，那成就，也同这个小鸟一样，腾飞跃个几丈高，在乱草上一站，随风摇啊摆啊，也很舒服嘛。你要来抓我，‘咚’地一跳，就跳到那棵树上去了，岂不是优哉游哉。人生的境界也是如此。所以目光短浅，知识范围狭窄，他活了一百岁，活得很快活，就像小孩子一样，茶杯里丢一片小小的树叶，或者弄一点黄豆壳壳在上面漂漂，‘你看我的船，开到哪里了？唉哟，开到纽约了，你看靠岸了，靠岸了’。然后用嘴‘呼，呼’地把它吹动，‘喃，大风来了！’两个小孩子这样可以玩上一天。他那个境界与做生意发了一千万美金的财，舒服的境界是一样的啊。如同爱吃辣椒的人，吃下去辣得满头大汗，那个舒服境界都是一样。”

俗话说：“牛吃青草鸡吃谷，各人自有各人福。”青草对牛来说就是美味，如果觉得大鱼大肉营养好，硬要塞给它吃，那会营养过剩而死的。最好的生活也许是：知道自己喜欢什么，并且努力去追求它们，同时享受追求的过程与结果。

很多人的麻烦在于：不知道自己真正喜欢什么，努力去追求别人认为好的东西。这正是烦恼的根源。

得意之时当思退步

老子的"功遂身退"，确为至理名言，但常被后世误读、误用。老子所谓的"功遂"，是指朝中高官，立了大功的人，已经使人生辉煌达于顶点，这个时候，就要开始想一想退路。一般人刚刚走到半路上，正宜继续努力，更上层楼。除非已经才不胜任，才需要考虑"身退"的问题，但也应该退而求学，增加前进的能量。有的人出了一点小名，就想当隐士；赚了一点小钱，就想退而享乐，这并不符合"天之道"。

即使是朝中高官，如果智慧、才能还能够帮助自己再立新功，而且还有新的事业目标，说明功尚未成，也不需要"身退"。如果在事业上不能再有所进步了，就应该把位置让给别人，否则会有危险。古代新王朝建立后，往往会发生屠杀功臣的事。这未必全怪帝王狠毒，也有迫不得已的因素。因为靠军事谋略或作战勇敢而立功的人，在和平年代这些才能已经用不上了，给他们一个重要职位，就像用屠夫当医生一样，很可能误事。想让他们让贤，他们肯定不干，甚至官给小了都有意见。如果强行撤他们的职，他们自己固然不服，也会让其他人觉得冤。左思右想，还是找个岔子，把他们干掉算了，以绝后患。而且这些立过大功的人，往往横行不法，要找一个杀他们的理由真是太容易了。如果他们真能老老实实做人，皇上倒也不是非杀他们不可。

此外，"身退"二字，也不是非得辞官不做不可，退居二线，把立功机会让给别人，不也是退吗？

至于贪图财富，或富贵而骄，才是真正的危险的事情。功成名就时，趋吉避凶之法大概有三种：

第一，谨小慎微，功成而不得意。

《说苑》认为，英明的领袖，有三件值得担心的事，一是处于尊贵地位却担心听不到别人批评自己的过失；二是春风得意时担心自己骄傲起来；三是听到聪明的道理却担心自己不能实行。

越王勾践大败吴军，兼并了九夷，在这个时候，他南面而立，身边的大臣有三个，远道而来的大臣有五个。他诏令群臣说："听到我的过失却不告诉我的人，一定要重惩。"这就是处于尊贵地位却担心听不到自己过失的人。

从前，晋文公和楚军作战，大获全胜，烧毁楚国的营垒，大火三天都没有熄灭。晋文公收兵后，神色忧惧。侍从问他："您大胜楚军，脸上却有忧惧的神色，这是为什么呢？"晋文公说："我听说打了胜仗能够心安理得的人，大概只有圣人吧！至于运用计谋打了胜仗的人，没有不危险的。我因此感到忧惧。"这就是春风得意时担心自己骄傲的人。

从前，齐桓公得到管仲、隰朋，欣赏他们论事的口才，喜欢他们讲述的道理。正月上朝时，齐桓公命令准备祭品，祭祀祖先。齐桓公行朋友之礼，面向西边站着，管仲、隰朋面向东面站着。齐桓公祷告说："自从我有机会听到二位先生的教诲，更加耳聪目明。我不敢独占，愿把二位先生的妙论推荐给祖先。"这就是听到聪明的道理却担心自己不能实行的人。

如果功成名就了，心里还有这三个担心，大概不会有危险吧！

第二，专心于事业，不做无益之事。

有一位作家说，自从他迷上写作后，无论与人交谈、看电视、出门旅行，或做其他事情，随时会想到写作方面的事，或者想到某个选题，或者记下某个素材。所以他的创作灵感源源不断。

从事其他职业的人，如果进取心强，也有这种特点。

春秋时，楚庄王特别喜欢打猎。大臣们担心他荒废正业，劝告说："晋国和楚国是敌对国家，楚国不想图谋晋国，晋国必定会图谋楚国。您怎么能沉溺于享乐之中吗？"

楚庄王说："我怎么敢忽视晋国的存在呢？我打猎是为了寻求人才，那入傣丛刺杀虎豹的人，我知道他是勇士；那徒手搏击犀牛的人，我知道他是力士；狩猎结束后能够与人分享猎物的人，我知道他是仁士。依靠这种方法，可以选拔到三种人才，楚国的安全就有保障了！"

楚庄王不愧为一代霸主，他即使在娱乐时也不忘事业，这样的人时时处于进步中，根本没到"身退"的时候。

第三，不挡他人之路。

假如有人比自己能干，因为担心他威胁到自己的地位而进行压制，是很危险的事情。这等于给自己树立了一个强敌。于公于私，都应该举贤荐能，必要时，甚至还需要主动给贤才让出路来。

秦穆公花五张羊皮买来了身为奴隶的百里奚，经过交谈，觉得他就像圣人一样。

宰相公孙枝听说这件事，马上回去拿了一只雁，向秦穆公表示祝贺，说："您得到了能安定社稷的圣臣，我祝贺国家的洪福。"

秦穆公很高兴地收下了。

第二天，公孙枝要求把自己的职位让给百里奚，并说："秦国地处偏僻，人民没有见识，愚昧无知，这是国家危亡的根源。我知道自己不配处在上位，请允许我让贤。"

秦穆公不同意。公孙枝又说："君王没有用接待嘉宾的礼节，却得到了安定社稷的圣臣，这是您的福分；我能见到贤士并有机会让贤，这是我的福分。现在您已经得到了福分，难道忍心让我失去福分吗？请满足我这个心愿吧！"

秦穆公还是不同意。公孙枝又说："我才德低微却处于高位，是您违反了政道。我才德低微又让您违反政道，这是我的过失。起用贤能的人，罢免不贤能的人，方能体现您的英明。现在我占据这个位置，败坏了您的美德，又违背了做臣子的美德，如果您不答应我的请求，我就要逃走了。"

秦穆公才接受了他的请求，任命百里奚为上卿，管理国家，公孙枝当他的副手，协助他工作。这两位贤臣相得益彰，秦国大治。

如果别人的才能更适合自己所干的工作，与其占住位置，最后被人想方设法搬走、踢走，不如主动让贤。很多人惹上灾祸，甚至连累家人、家族遭殃，并不是他命中当有此劫难，而是不知进退，自己招来的祸患。如果能像公孙枝一样为贤才让路，怎么可能会有危险呢？

第十课

志不强者智不达，言不信者行不果

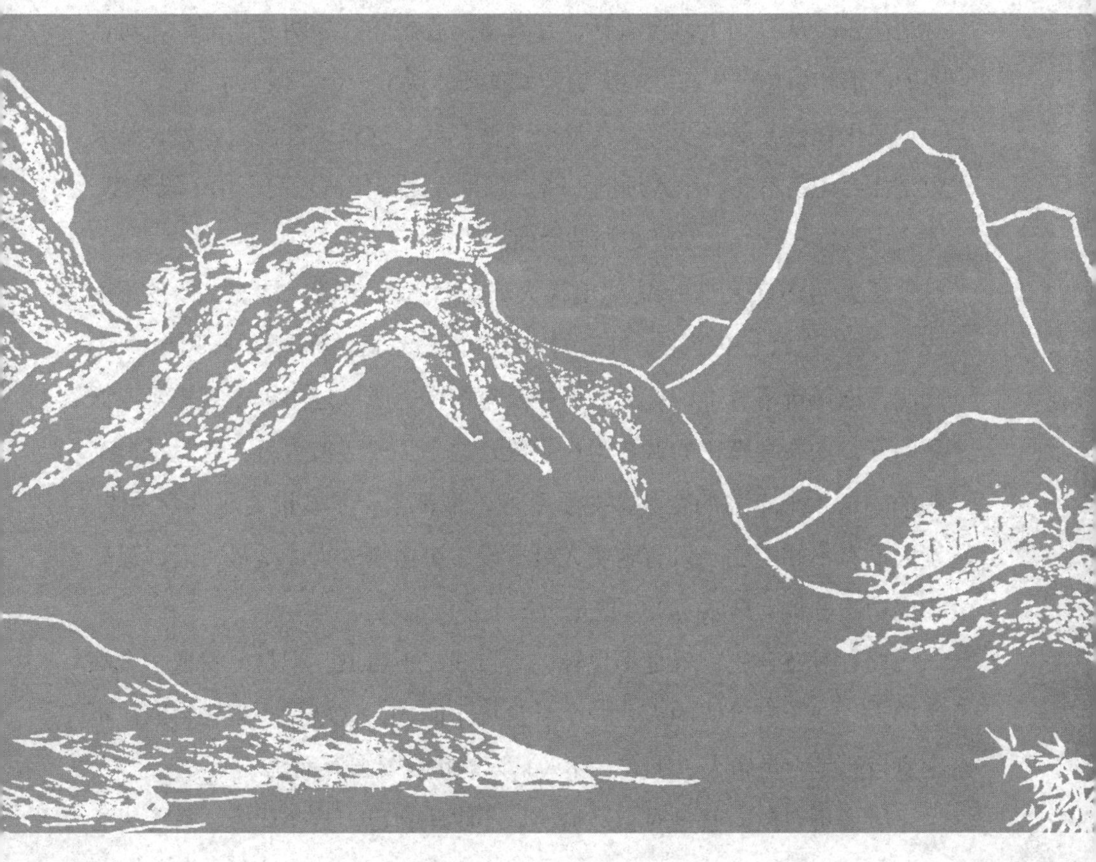

做人办事用真心

孔子的言论中，处处闪烁着诚、敬、信三个字，这正是做人做事的要点。

“诚”即用真心，真心对待他人，真心对待自己。

真心对待他人，从心态上，真心实意希望他人事业成功、生活幸福、心情快乐；从行为上，说真话，办真事。心态和行为两方面配合，对他人的心情和事情产生有益的影响，就真正体现了一个“诚”字。

现代社会，最缺少的就是这个“诚”字。这对谁都没有好处，结果只是社会动荡不安、个人烦恼不断。如果大家都凭诚意而不用手段做事，才会出现你好我好大家好的和谐局面。

正如南怀瑾大师所说：“现代人们流行的一句话，常说‘你少用手段’，尤其这六七十年来，每论团体或个人的经验，玩手段的一个比一个高明，谁都玩不过谁，玩到最后还是个笨蛋。所以还不如规规矩矩、诚恳的好，如果把真正的诚恳当作手段，这个手段还值得玩，这也是最高明的。这六十年来的变乱，对于手段，谁都学会了，谁要玩几套手段，别人没有不知道的。只有老实人最可爱，讲道德的人才是最可爱，最后的成功还是属于真诚的人，这是千古不移的道理。”

真心对待自已，就是不自轻、不自贱、不自欺。把自已看成一个高尚的人、一个有价值的人、一个堂堂正正的人，这就是不自轻自贱。不在意自己是否是庸人、小人、坏人，只能是自暴自弃而已。

所谓不自欺，就是对自己诚实，不哄骗自己。打个比方，每个人心里都对自己有一个期许，希望自己成为一个受人尊敬的人，成为一个有出息的人，等等。但是，有的人希望受人尊敬，却去做可能坐牢的事，这就是欺骗自己了；有的人希望有所作为，却从不付出努力，这也是欺骗自己。

“敬”，即敬自己，敬他人，敬自己所做的事。有人说：上等人敬人如敬己，因为他能从对方身上发现自己欣赏的东西；中等人敬人又敬己，因为他能以人为镜，通过对方认识自己；下等人轻人而敬己，因为他以自我为中心，不把别人放在心上。还有最下等人，轻人如轻己，既不爱惜自己也不爱惜别人。此言确实有理。

为什么要敬自己所做的事呢？因为你只有对这件事保持敬意，才会诚心诚意去做，然后才能做到最好。有的人对喜欢的、重要的事，会认认真真去做；对不喜欢、不重要的事，抱着无所谓的态度，马马虎虎应付。这是对做事缺乏正确理解的缘故。有一位古代皇帝，每天晚上写字，让太子给他磨墨。有时磨得很晚，太子困得眼皮都睁不开了，就问：“您为什么让我给您磨墨？”皇帝说：“我不是让你磨墨，我是让墨磨你。”太子恍然大悟。有些事的确不重要也不好玩，但养成认真做事的习惯却非常重要。

“信”，就是对他人守信，对自己守信，对自己所做的事守信。

对他人守信不难理解，能否做到，决定了一个人立身处世的根基，决定了一个团队乃至一个国家的命运。

当年周武王伐纣，进入朝歌后，听说有一个德高望重的隐士，就亲自去拜访他，向他请教商朝灭亡的原因。隐士说：“您如果想知道的话，请明天中午再来吧！”周武王和周公旦第二天提前赶到隐士家，隐士却已经搬走了。周武王很奇怪，觉得一个德高望重的人不应该有不讲信用的行为。这时，周公旦说：“我已经明白了他的意思！约定的事却不守信，说过的话却不兑现，这正是商朝灭亡的原因啊！”

不讲信用，哪怕像纣王一样拥有号令天下的权势都行不通，何况无权无势的人呢？

对自己守信也很难做到。比如，对自己说明天一定努力学习。到了明天，有件好玩的事，就把学习放到一边了。对自己说一定要努力赚钱，好好孝敬父母。可是赚钱不易，努力了几天就松懈，孝敬父母也是只好以后再说。当你屡屡失信于己时，你会变得越来越不敢相信自己，其负面影响将波及学习、工作、生活和交往的方方面面。

对自己所做的事守信，是什么意思呢？天下任何事，都需要相应的条件、需要付出相当的努力，还要遵循办这件事的自然规律。当你决定办这件事时，即是承诺实现这件事需要的条件，付出相应的劳动，并按规律去做。不讲条件、不花力气、不依规律，等于是对这件事失信了，肯定做不好。

有一句话说得好：成功一定有方法，失败一定有原因。事情的结果不尽如人意，通常不是因为运气差，而是因为你对这件事“失信”了。你不误事，事就不会误你，只要你打消投机取巧的念头，按事情成功本来的要求去做，坏运气即告结束，好运气已经开始。

忠诚胜于能力

《秦誓》相传是春秋时秦穆公派兵伐郑，在崤地被晋军击败后告诫群臣所作的誓词。但也有学者考证说，该文在“秦晋崤之战”之前就已经存在。不管它是不是秦穆公的誓词，里面所讲的用人之道是耐人寻味的，归结起来就是一句话：忠诚胜于能力。

正是因为忠诚，才会一心一意为大局着想，才会为“老板”得到人才贤士心生欢喜而不会嫉妒。但该文只讲了没有才能而有忠诚一种情况。假如既有才能又有忠诚，该如何当下属呢？哪些行为是不忠的表现呢？对这些问题，汉朝刘向的《说苑》进行了详尽的论述，因原文较长又晦涩难懂，故按原文翻译并节录如下：

做臣子的规则是，服从命令，完成任务后及时汇报，凡事不要专权独断，不要靠曲意逢迎来获得宠信，不要在其位而不谋其政，一定要对国家有贡献，一定要对君王有帮助。

做臣子的行为，有六正六邪。按“六正”去做，就会享有盛誉；按“六邪”去做，就会得到恶名。名声好坏，是祸福之门，不可不慎。

什么是六正六邪？

“六正”是：第一，事情还处于萌芽状态，就能清楚地看到成败的先兆，得失的要点，在祸事还没有发生就预先采取措施，使君王超然地立于显要尊荣的地位，天下都称赞他的贤能。像这样的人，叫作圣臣。

第二，虚心诚意，向往善政，用礼义勉励君王，劝谕君王实施长治久安之策，助成君王的优点，补救君王的缺点。事业成功了，事情办好了，把成绩归于君王，不敢独享功劳。像这样的人，叫作贤臣。

第三，吃苦耐劳，早起晚睡，不懈怠地推举贤才，经常用历史经验来劝勉君王，希望对国君有所补益，使国家安定繁荣。像这样的人，叫作忠臣。

第四，聪明练达，对事物洞察入微，能够预见事情成败，并有预防补救手段，因势利导，堵塞漏洞，断绝祸根，把祸转变为福，使君王转危为安。像这样的人，叫作智臣。

第五，谦逊有礼，遵纪守法，尽职尽责，胜任其事。辞让俸禄，推让赏赐，不接受赠送，衣服齐整，饮食节俭。像这样的人，叫作贞臣。

第六，国家政治混乱，君王办事不循正道，敢于冒犯君王的威严，当面批评君王的过失，即使有杀头的风险也在所不辞。如果自己死了，国家能得到安定，就不后悔自己的所作所为。像这样的人，叫作直臣。

“六邪”是：第一，贪图官位俸禄，谋求一己私利，无心办理公事，有智慧不表现，有才能不运用，不肯尽自己的职责，浑浑噩噩，随波逐流，左右观望。像这样的人叫作具臣。

第二，无论君王说什么，他都说“好”；无论国君做什么，他都说“行”。暗地里打听君王的喜好，然后投其所好，以博取君王的欢心。一味迎合君王的心意，只顾国君眼前高兴，不管君王后来的祸患。像这样的人叫作谀臣。

第三，内心奸诈，外表恭谨，巧言令色，妒贤嫉能。他想推荐谁，就只谈优点不谈缺点；他想打击谁，就只谈过失不谈功劳，使君王用人不当，赏罚不明，号令不行。像这样的人叫作奸臣。

第四，智慧足以掩饰自己的过失，口才足以推销自己的谬论，捏造事实，添油加醋，都能说得顺理成章。对内离间骨肉亲情，对外扰乱同僚关系。像这样的人叫作谗臣。

第五，专权擅势，把持国事，以抬身价。拉帮结党，既中饱私囊，又增加威势，善于假托君王的命令，来达到显扬自己的目的。像这样的人叫作贼臣。

第六，用邪道谄媚国君，使国君陷于不义，勾结党羽来蒙蔽国君，当面说的全是良言正理，背后的说法却大不一样，不分黑白，不问是非，顺我者昌，使奸人纷纷来攀附他，一起为非作歹，使君王的恶名哄传国内，邻国皆知。像这样的人叫作亡臣。

贤能的大臣，按“六正”去做，不用“六邪”的方法，所以，君王地位稳固，人民安居乐业，他们活着的时候受人民喜爱，死了受到人民的怀念。这就是做大臣的规则。

透过“义”字见大利

孟子主张先义后利，拿到今天，就是要先定下游戏规则，然后在一定规则之下追求利益。西方国家制定“反垄断法”、“反倾销法”，虽然是他们自己想出的理论，但跟孟子的理论是相通的，也是强调先义后利，避免弱肉强食的事搞得太过火，避免“不道德产品”扰乱市场。

孟子主张先孝后仁，拿到今天同样实用。你如果真有好心，先用到父母身上。父母是人一生中最大的恩人，你在他身上都不肯用，说明根本没安好心，只是趋利之徒而已。所以用“孝”字检验一个人的品德，是再准确不过的了。

孟子主张先义后忠，也是千古不变的道理。一个人对朋友都不忠实、不友爱，他怎么可能对自己的老板忠诚和友爱呢？既无忠诚和友爱，那就是因利相合。一旦背叛显得更有利时，他就可能毫不犹豫地背叛。

既然孟子的话都讲得有理，为什么说他就像在讲废话呢？跟无用之人讲有用的话，等于讲废话。南怀瑾大师在讲解这段文字，特意介绍了梁惠王的经历：

梁惠王是魏文侯的孙子。魏文侯是历史上一个有作为的君主，他的儿子魏武侯也很能干，曾和赵、韩联手，灭掉了晋国的智伯，三分其地。在当时，王、侯的爵位都是周天子分封的，代代相传，僭越不得。梁惠王的父、祖都是侯爵，他这个王位是谁封的呢？是他自己封的。他觉得称王比较有面子，就自封为王。起初叫做魏惠王，后来迁都大梁（今河南开封），改称梁惠王。从这件事，可以想到这是个不讲规矩的人，也就是孟子所说的先利后义的那种人。

梁惠王也想继承先辈的光荣传统，做出一番事业。他重用名将孙膑，发展武力，曾先后打败韩、赵、宋等国。但他打的几个仗都没什么道理，不像他的父亲、祖父那样师出有名。

梁惠王重武轻文，曾有一次，他去探视病重的大臣公叔痤。公叔痤乘机向他推荐门客公孙鞅，即商鞅，并说："此人是一个奇才，希望您重用他，绝对信任他，接受他的意见。"梁惠王听了，闷声不响。事后，他对身边的近臣说："公叔痤大概病糊涂了吧，他居然叫我把国家大事交给那个从卫国来的小子公孙鞅。"他非但不肯重用商鞅，甚至没有召见过一次。从这件事，可以想象他是一个多么自负又听不进他人意见的人。

后来商鞅投奔到秦国，受到重用后，实行了著名的"商鞅变法"。商鞅还说动了秦孝公，出兵打魏国，使魏国被迫割让河西之地求和，逼得梁惠王不得不迁都大梁以躲避秦国的锋芒。

孟子见梁惠王，正是梁惠王事业最失败、心情最苦闷的时候。他倒也想重金招揽人才，重振国威，但他骄傲自负的老脾气还是没变。所以他见到孟子的第一句话就是："叟，不远千里而来，亦将有以利吾国乎？"意思是：老头！你不远千里而来，有什么能为我的国家带来利益的好主意吗?

人家不远千里而来，他连一句客气的称呼都没有，"叟"这个字所透露的心理，跟现代某些老板"有钱还怕请不到人"的心理一模一样。哪怕公司举步维艰，都快倒闭了，还是觉得老板就是老板，应该由人才来求他，而不是他去求人才。这样能得到什么人才呢?

好在孟子修养高，一心只想推行"王道"，对自身遭遇并不放在心上。所以他还是跟梁惠王讲了"未有仁而遗其亲者也，未有义而后其君者也"这段道理。可惜再好的道理，讲给一个梁惠王这样的人听，就如一句俗语："鸭子背上泼一勺水。"所以说他讲的是废话。

孟子所讲的先义后利理念，多为后世所误解。孟子认为义和利都是重要的，就像忠和孝都重要一样，只是有主有从，有先有后。后世的腐儒却理解为只重义而不重利，并进而引发了公与私的争论。如南怀瑾大师所言："汉唐以来，儒家的义利之辨，大多混淆了私与无私之别，两者分不开来。所以谈义利之辨时，往往在逻辑上就会夹缠不清，而使我们现在的一些人仍然弄不清楚，乃至于产生'儒家思想没有什么了不起'的错觉。因为后世受此影响，每谈义利之辨，就成了谈有私与无私之辨。遂进一步牵涉到中国文化思想的中心，乃至牵涉到人类文化的中心，尤其是政治行为的中心——公与私之辨的问题。"

但孟子的义与利，谈的并不是公与私的问题，而是"大利"和"小利"的问题，如果只讲利不讲义，即使得了利，也会失去，这只是小利甚至无利。如果先义后利，就能可持续发展，这是大利。

我们往往把"义"字想象得很神秘，孟子的解释是：义者，宜也，也就是办事合乎道理，合乎方法。好比办一家公司，首先要制定完善的规章制度，要确定每个人的职权，总之要先把内部的管理搞好，然后才谈到市场上去竞争求利。抱着投机取巧的心理，抓住机会到市场上捞一把，因为内部竞争力不行，以后就难以为继。

另外，还要合理分配利益，使员工、客户、合作者等各方面都得到合理利益。俗话说："分赃不匀，打死人！"如果利益分配不合理，内外部就纷争不断，大家只顾争利，就没有心情去求利了。所以，李嘉诚说："有钱大家赚，利润大家分享，这样才有人愿意合作。"他又说："如果一单生意只有自己赚，而对方一点不赚，这样的生意绝对不能干。"台湾企业家林东岩也说："只有双方满意才是一笔成功的生意。如果只有我赚，别人亏，那就是不平等交易，就是一笔不成功的生意。"所有这些讲的都是先义后利。

再者，求利时除了考虑小圈子的利益外，也要考虑社会效益。受到社会欢迎的事往往能够成功，受到社会反对的事最终都会失败。诚如拿破仑·希尔所言："任何不是建立在真理和正义之上的事，既不可能成功，也不可能赚钱。"

以上观之，孟子义利之辨，着眼点还是一个利字。可以认为，他讲的并不是一个品德问题，而是一个智慧问题。如果一个人不能透过义字看到大利，缺少的也许不是品德，而是智慧。

别把真诚当作假仁义的面纱

有一种人我们都很讨厌，孔子也非常厌恶。这种人通常表面和善大度，对待他人永远只会表现他阳光的一面，而将他的阴暗、冷漠与自私等蒙上一层面纱。他们气量狭小却又故作宽宏。

《论语·公冶长》中孔子曾说："巧言、令色、足恭，左丘明耻之，丘亦耻之。匿怨而友其人，左丘明耻之，丘亦耻之。"这里孔子说，一个人讲一些虚妄的、好听的话，脸上表现出好看的、讨人喜欢的面孔，看起来对人很恭敬的样子，但不是真心的。用我们老百姓的话说更直白：嘴上一套，背地里是另一套。这样的人就叫"两面三刀"。接着孔子说这样的小人左丘明耻之，我也耻之。

南怀瑾先生解释说"匿怨而友其人"就是明明对人有仇怨，可是不把仇怨表示出来，暗暗放在心里，还去和所怨恨的人故意周旋，像这样的人，用心太奸险了。左丘明不屑于这样，我也不屑于这样。

这种人用心之险、之毒不是一般人所能达到的，凡夫俗子们通常都是把心情写在自己的脸上，哪里有那么多的精力用在工于心计上，这样活着的人未免太辛苦了。但是总有些人不是这样想的，比如，被南怀瑾先生称为历史上第一个"奸雄"的郑庄公，南老说曹操效法的似乎也是郑庄公。

郑庄公的母亲姜氏生有两个儿子，老大叫寤生，老二叫共叔段。姜氏对共叔段特别偏爱，几次请求郑武公立共叔段为太子，武公都没有同意。

武公死后，长子寤生继位，是为郑庄公。姜氏见扶植共叔段的计划失败，转而请求庄公将京邑封给共叔段，庄公不好推辞，只好答应了。

郑国大夫知道后，立即面见庄公说："分封的都城，它的周围超过三百丈的，就会对国家有害。按照先王的制度，规定国内大城不能超过国都的三分之一，中城不能超过国都的五分之一，小城不能超过国都的九分之一。现在将京邑封给共叔段，不合法度。这样下去恐怕您将不能控制他。"

庄公答道："母亲喜欢这样，我怎么能让她不高兴呢？"

大夫又说："姜氏哪里有满足的时候！不如早想办法处置，不要让祸根滋长蔓延，蔓延了就很难解决，就像蔓草不能除得干净一样。"

庄公沉吟了一会儿，说："多行不义必自毙。你姑且等着吧！"

其实，郑庄公心里早已有了对付共叔段的方略。他知道自己现在力量还不够强大，共叔段又有母后的支持，要除掉共叔段还比较困难，不如先让他尽力表演，等到其罪恶昭著后，再进行讨伐，一举除之。

共叔段到了京邑后，将城进一步扩大，还逐渐把郑国的西部和北部的一些地方据为己有。公子吕见此情形十分着急，对庄公说："国家不能使人民有两个君主统治的情况出现，您要怎么办？请早下决心。要把国家传给共叔段，那么就让我奉他为君，如果不传给他，就请除掉他，不要使人民产生二心。"

庄公回答说："你不用担心，也不用除他，他将要遭受祸端的。"

此后，共叔段又将他的地盘向东北扩展到与卫国接壤。此时，子封又来见庄公，说："应该除掉共叔段了，再让他扩大土地，就要得到民心了。"

庄公说："他多行不义，人民不会拥护他。土地虽然扩大了，也一定会崩溃的。"

共叔段见庄公屡屡退让，以为庄公怕他，更加有恃无恐。他集合民众，修缮城墙，收集粮草，修整装备武器，准备好了步兵和战车并与母亲姜氏约定日期作为内应，企图偷袭郑国都城，篡位夺权。

庄公对共叔段的一举一动早已看在眼里，并有防备。当他得知共叔段与姜氏约定的行动日期后，就命大将子封率领二百辆战车提前进攻京邑，历数共叔段的叛君罪行，京邑的人民也起来响应，反攻共叔段，共叔段弃城而逃，后来畏罪自杀。他的母亲姜氏也因无颜见庄公而离开宫廷。

这一段故事来自于左丘明的《左传》，学过这篇文章的人应该还能记得文章的标题《郑伯克段于鄢》。注意标题中的“克”字，这就是春秋笔法，微言大义。也就是说从这样非常简单的一个字，我们可以看出来左丘明的态度，他是不赞成郑庄公这个人的。因为“克”字是对敌人才用的字眼，这样类似的情况在《左传》中还有很多。

如果按照孔子的思想他是讲究兄弟友爱的，也就是说弟弟再有过错你也不能放纵他继续错，更不能杀了他，而是应该给他讲道理，要他做好自己的本分，毕竟是血浓于水的亲兄弟。但是郑庄公不仅没有规劝，反而用了假装糊涂与欲擒故纵的计谋，他表面上装作很有肚量，对他的弟弟和母亲也是一忍再忍，可背地里早已经做好了杀弟逼母的准备。从这一点上来讲他也不愧是历史上第一个“奸雄”。也许有人会认为皇室从来就没有夫妻情，也没有父母子女情，又谈什么兄弟情呢？他们生来就是为权力和地位斗争的，谁输了谁就是阶下囚，也许比这个还惨烈。

不过，我们作为一个普通的凡夫俗子，还是要本着仁爱的精神，爱他人才会被他人所爱。想一想，郑庄公的内心肯定不会快乐。他成了名副其实的孤家寡人，失去了胞弟，也失去了母亲。这样的人就算是能呼风唤雨又如何？毕竟他再也呼唤不来与他流着一样血液的亲人。活着，还是简单一点好。对他人好，对自己也好，这就是幸福人生的开始。

君子守义，小人贪利

南怀瑾先生认为“君子”一词在儒家的理论里几乎是完美人格的象征，孔子说：“君子喻于义，小人喻于利。”君子做事情只会看它是否符合道义，儒家思想非常讲究仁义道德。如果一件事是坏的，是违背道德的，那么就算你告诉君子，这件事他会得到多少好处，他也不会去干的。小人就不一样了，“小人喻于利”，这句话就是说小人在做一件事时，他只会考虑利害关系，凡是能从中得利的他就去做。所以中国有句古话叫作：“杀头的生意有人做，亏本的买卖没人干。”还有一句话说“重金之下必有勇夫”，也可以从侧面印证小人喻于利的现实。

所以，君子常常取义，而小人往往得利。君子做事情时考虑仁义道德，最低层次也是我们老百姓平时最爱说的“对得起自己的良心”，小人绝对不会这样，他们唯利是图，哪里还有仁义道德的位置？我们常说读史能明志，看古人的为人处世就能明白君子小人古而有之，原本就不足为怪。

晋国大夫文子曾遇到过投奔谁的难题。

文子流亡在外，经过一个县城。随从说：“此县有一个啬夫，是你过去的朋友，何不在他的舍下休息片刻，顺便等待后面的车辆呢？”文子说：“我曾喜欢音乐，此人给我送来鸣琴；我爱好佩玉，此人给我送来玉环。他这样迎合我的爱好，无非是为了得到我对他的好感。恐怕他也会出卖我以求得别人的好感。”于是他没有停留，匆匆离去。结果，那个人果然扣留了文子后面的两车人马，把他们献给了国君。

人们常说的世态炎凉、人走茶凉，就是针对这样的势利小人而言。当你得势的时候，小人会对你百般巴结；可是人的一生总会有不如意的时候，等到无酒也无肉时，他们就会树倒猢狲散。经历苦难，我们才能得知谁才是我们的真朋友。那些在我们顺境之时也许从未来"表示"的人，也许正是孔子眼中的君子，而当我们失意时可能就是这些我们平时料想不到的人来安慰和鼓励我们。这样的人刚正不阿，是真君子，也是"君子取义"所说的大丈夫。平时有酒肉招待的"朋友"，一旦看你失意而生怕你找他借钱的人，就是"喻于利"的小人。

第十一课

通达机变，直在曲中求

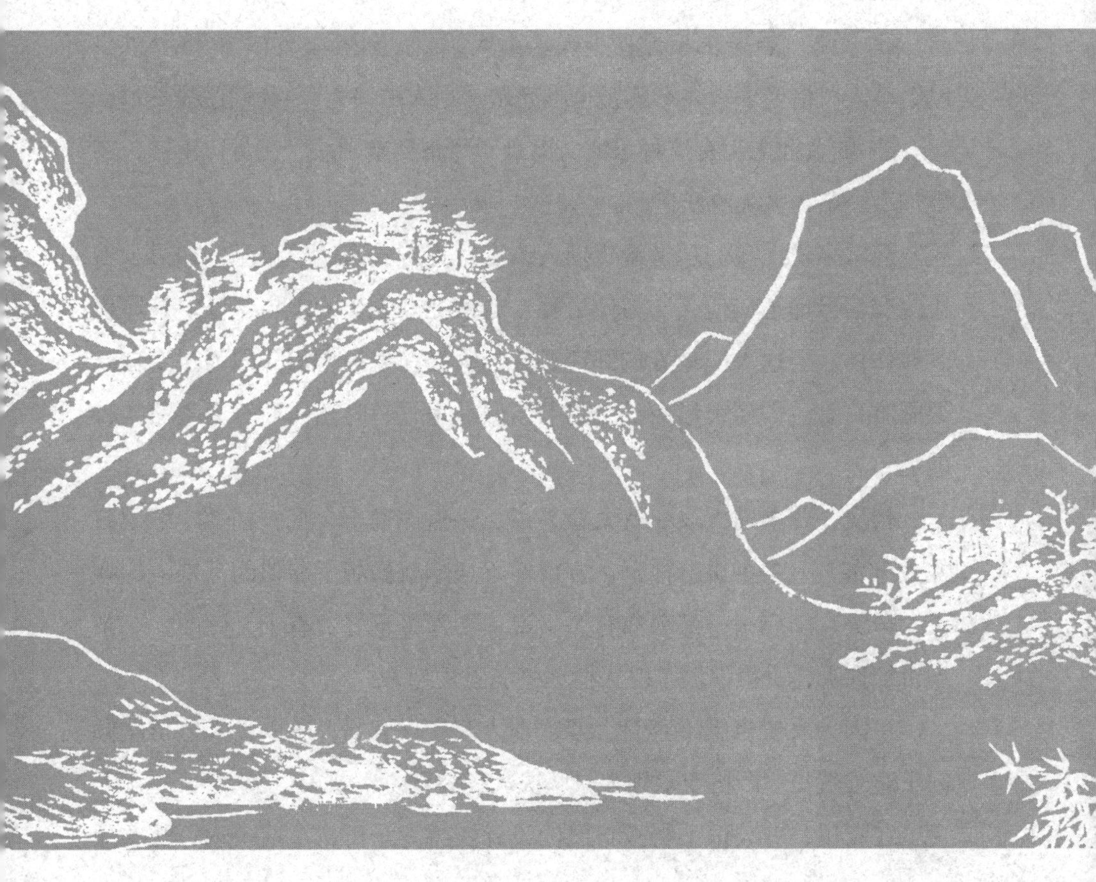

改变别人不如改变自己

人与人相处，就像齿轮与齿轮的互动。齿轮咬合得好，关系就融洽，心情就变好了；齿轮咬合不好，关系就出现障碍了，心情就变坏了。好在人是一种可塑性很强的动物，只要进行改变，任何人际障碍都可以消除。但应该由谁改变呢？这才是关键。

孔子说："君子求诸己，小人求诸人。"意思是说，君子严格要求自己，小人严格要求别人。其实也不光是"小人求诸人"，我们这些不那么"小人"的普通人也有这种习惯。而且"严格要求别人"还觉得不够，还要加上一条：坚决放任自己。

通常来说，我们总是希望别人改变行为方式来适应自己，却很少考虑改变自己而适应他人。为什么呢？若按孔老先生的观点，肯定是坏思想在作怪。但这可能是人们好逸恶劳的天性在发挥作用。因为改变自己很困难，有时需要跟形成已久的习惯做斗争，有时还需要努力学习某种能力。

相反，要求别人改变就太容易了，讲道理谁不会呢？抽烟不好，有九大危害，一条条讲给你听，讲得你不戒烟就像犯了罪似的，别人的咽炎、鼻炎、肺癌……都跟你有关。说话不简练不好，有十大弊端，一条条讲给你听，讲得你恨不得买把锁将嘴巴锁起来。

正因为改变自己不容易，要求别人改变很容易，所以，人们自然倾向于避难就易，严格要求别人，坚决放任自己。

在家里，老公恨不得按自己的设计图将妻子重新塑造一遍，既要漂亮大方，又要温柔体贴。不但会做家务，还不爱花钱，在别人面前要贞洁自爱，在自己面前却要打情骂俏句句甜……正好妻子那里也有一张设计图，是为改造老公准备的，改造项目并不比老公那张图少。双方都想帮助对方改变，自己却没有整改计划，感情就出现问题了。两人打打闹闹，过了一二十年，如果还没打折翅膀、打断姻缘的话，棱角相互被锤打得差不多了，两个齿轮这才比较吻合，开始和谐运转，白头到老。

在公司里，老板要求员工勤奋、敬业、听话、有能力、不爱钱；员工呢，希望老板仁慈、慷慨、重视人才、要求不太高。双方都想对方迁就自己，利益就发生冲突了。双方斗智斗勇，斗了一二十年，如果这家公司还没有斗垮的话，企业各项行为规范逐步变得适于双方所需，开始进入稳定成长期。

世上的矛盾冲突，都是人们这种“严格要求别人、坚决放任自己”的习惯造成的。孔子看到了这一点，所以他强调自修，强调通过改进自己来带动他人改变，使事情向好的方向转化。所谓“带动他人改变”，不是说要把对方变成一个完人，主要是改变他的心情，使他的心情变得好起来。

世界上的事，常常是因心情变化而发生变化。心情好，事情就可能向好的方面转化；心情坏，事情也可能向坏的方面转化。人的心情又是互为影响的，一个人哭，会让周围的人流泪；一个人笑，会让周围的人都受感染；一个人发牢骚，会让周围的人心情变坏；一个人信念坚定，会让周围的人勇气倍增。所以世事经常很玄妙，明明是好事，偏偏变成了坏事；明明是坏事，偏偏变成了好事。明明是弱势的一方，却战胜了强者；明明是强势的一方，却输给了弱者。明明可以成功的事，偏偏失败了；明明不可能发生的事，偏偏发生了。

对一个有头脑的人来说，当然不会等待别人来改变自己的心情。他会主动改变自己，去影响别人的心情。他也因此掌握了自己的命运。

孔子还提出了主动改变自己的最低要求：一是端正仪容，二是和颜悦色，三是语言温和。能够做到这三点，已经可以算是一个有修养的人了。在一个有修养的人面前，对方也会变得彬彬有礼，这样不就可以和谐相处了吗？

以出世态度做人，以入世态度做事

为什么“天行健”，就要“自强不息”呢？为什么“地势坤”，就该“厚德载物”呢？因为道家的观点如老子所言：“人法地，地法天，天法道，道法自然。”人效法天地，这就把握了成功规律。

天地万物、世态人情都处于变化之中，这就像那句现代流行语所说：唯一的不变是变。在一个变化的世界里，人应该认清变化，以变应变，与时俱进，这才不至于落伍。

有的人却不喜欢变化，在观念和行为上都是如此。首先，他们的头脑中装满了只能这样、不能那样的观念，这些条条框框限制了思想的自由。他们总是在条条框框之内思考问题。有些人现在的观念跟十年前几乎没有太大变化，一方面说明他们疏于学习，另一方面说明他们不太关注外面的变化，头脑僵化太久了。

其次，在做事方面，不喜变化的人总是按部就班，用最省脑力的方式做事。但是，世界在前进，社会在发展，我们周遭的环境也在发生变化。他们却感觉不到这种变化，仍然照惯性做事，终于越做越艰难，直至遭到淘汰。

再次，在事业方面，他们很容易满足，有一点小小成就便沾沾自喜，不再努力奋斗。只要生活还过得去，只要走在人前还算有面子，他们就不思进取，在安逸中消磨自己的生命。他们经常搞不懂这样的问题：比尔·盖茨已经有那么多钱，他为什么还要每天辛辛苦苦去赚钱？因为他们头脑中只有享乐的观念而不追求人生价值的实现。在他们眼里，那些自强不息的人都是傻瓜。不喜变化的人，无论他们起步时走在别人前面还是后面，最终都会变成落伍者。

汉武帝时，有一个名叫汲黯的官员，早年立过功，但此后十多年官职未变。一些原来职位比他低的人，渐渐成了他的上级。汲黯对自己的境遇很不满意，一天，他对汉武帝说："陛下，您用人好比堆柴草，总是把后来的放在上面，把压在下面的忘了。"

汉武帝说："并不是我把你忘了，而是国家不断地需要新人才。你每天按部就班地工作，优哉游哉地过日子，何曾在学习上用过一点心？人不能没有学问，也不能不长学问啊。听了你刚才讲的话，我觉得你近来更没有学问长进了！"汲黯听了，惭容满面。

汲黯不愿居于人下，却不努力让自己的才能和业绩居于别人上面，不是逆道而行吗？依道而行、追求变化的人，生命力是强健的、圆通的，他们以追求人生价值为目标，永不满足于现有成就，也永远不会安于现状。

有一位学习音乐的年轻人，最初不名一文，只能到街头拉小提琴卖艺赚钱。很幸运，他和一位黑人琴手一起争到了一个最好赚钱的地盘——一家商业银行的门口。过了一段时间，年轻人赚到一些钱，就和那位黑人琴手道别，去大学进修。

十年后，年轻人路过那家商业银行，发现昔日老友——那位黑人琴手，仍在"最好赚钱的地盘"拉琴。黑人琴手高兴地问他："兄弟啊，你现在在哪里拉琴啊？"年轻人回答了一个很有名的音乐厅的名字。黑人琴手又问："那家音乐厅的门前也是个很好赚钱的地盘吗？"他哪里知道，年轻人现在已经是一位国际知名的音乐家，经常应邀到各个著名的音乐厅登台献艺，而不是在门口拉琴卖艺！

富兰克林人寿保险公司前总经理贝克曾告诫年轻人说：“我希望你们绝不要满足。我希望你们永远迫切感到不仅需要改进和提高你们自己，而且需要改进和提高你们周围的世界。”这正是一种成功者的思路。大人物永远向上，他们不会像小人物一样死守着“最好赚钱的地盘”，他们永远向更高的目标出发。

自强不息是创业的要诀，那么守业呢，就要厚德载物。《淮南子》说：治理天下光用智力来操纵是不够的，仅凭聪明认识是不行的，只靠功业来统治是不足的，只凭仁术来收买人心是不够的，依靠强权是无法取得最后的胜利的。这五点，反映了人的才能。如果人的品德不深厚，也难以成功。这个道理，好比盖房子，基础深厚，无论房子盖得高还是低，都没有危险；如果基础不厚，盖得再高也没有用。比如，在沙滩上盖房子，盖得越高越危险。

这是什么原因呢？事业的成败绝不仅仅取决于我们个人的努力，成功的愿望在我们自己心里，成败的钥匙却经常握在别人手里。因为干事业绝不只是自己的事，肯定会跟他人、跟社会发生关系，要么得到助力，要么遇到阻力。大家都希望你失败，阻力太大，就算你有楚霸王“力拔山兮气盖世”的能力也没有用；大家都希望你成功，助力大了，哪怕你手无缚鸡之力，也可移泰山、填沧海。

别人的态度，又取决于你的态度。你品行不端，对人有害无益，别人就会给你制造阻力；你品行良好，对人有益无害，别人就会给你提供助力。成败就在这一害一利之间。

化复杂为简单

中国人喜欢“曲径通幽”，喜欢绕弯子、转圈子。在某些不得已的情况下，这种方法是达成目标的明智之举，但在多数情况下，这是缺乏效率的做法。前面明明有一条笔直的大路，又没有敌人的阻击，也没有强盗劫路，交通塞车等障碍，直接通过就行了，何必绕上几十公里呢？下面介绍几种走直路的方法：

第一，我们办任何事，事先考虑环境条件，然后采用最简便的方法，就能达到理想的效果。

秦汉时的大儒叔孙通是一个善于变通的人，他非常善于适应和利用周围的条件来办事。

汉高祖刘邦打下天下后，却不太知道怎么“坐”天下。因为他本人原先是个小亭长，不拘小节，坐没坐相，站没站相。他最得意的三大“人杰”，萧何是县吏，韩信是游民，只有张良是贵族子弟，他手下那些将军，大多是一些屠夫、吹鼓手之类的市井人物。总之，从上到下，都是一些不懂“礼”的人。汉朝初建时，没什么礼仪规矩，群臣相聚时，饮酒争功，拔剑击柱，跟过去一样。

刘邦一看不像话，就请叔孙通传授礼仪。叔孙通是儒生，儒家在礼仪方面是最讲究的，有所谓“礼仪三千，威仪八百”之说，要让这些读书不多的文武官员来学，可谓勉为其难。于是，叔孙通杂采古礼和秦制，制定了以简易为特征的汉代礼仪，大体上就是由一个传令官喊一下，再由一个司令官引导一下，排列时分出文武、先后。至于穿什么衣，步子怎么走，手怎么放，几跪几叩头之类就没那么讲究了。刘邦及官员们一看就懂，一学就会。后来文武百官上朝，就照此行礼，简单而大方，也有模有样，像个朝廷了。

如果叔孙通不考虑刘邦等人的接受程度，一味照搬古书，搞出一套很复杂的礼仪来，刘邦等人学不会、用不好，又有什么用呢？

第二，按目标设计解决方法。

盯紧目标去做事，往往是最有效率的。

好比雕琢师想得到一块纯净的美玉，得把玉石中不纯净的部分剔除掉，这块美玉就出现了。事情就是这么简单而合乎逻辑。

第三，以利益点为突破口。

世界上的问题，主要是利益纷争。把利益问题解决好了，其他的问题往往迎刃而解。

草海是黔西一个高原湖泊，这里栖息着黑颈鹤等多种濒临绝种的珍贵鸟类，被列为国家级自然保护区。

草海周围居住着 2 万多农民，在湖中捕鱼是他们的主要副业。人鸟争食，不免使黑颈鹤的生存环境受到破坏，因此，当地政府严令禁止捕鱼。但是，湖区农民对政府禁令置若罔闻。政府工作人员深入基层，反复进行宣传说服工作，终归无效。于是，有关部门出动警力，将正在湖中捕鱼的农民包围起来，饿了一天，所有渔网都被捣毁。附近的农民得知这一消息，群情激愤，拿着镰刀、斧头，驾着小船，从四面八方蜂拥而来。政府工作人员不得不鸣枪示警，夺路突围。自此，双方更加对立，想管的不敢管，被管的不服管，草海环境进一步恶化。

后来，一个保护鹤类的组织——“国际鹤类基金会”派人到草海来调查，得知当地农民生活条件极差，有时连土豆都吃不上。如果失去了捕鱼的收入，他们的生活将更加困难。于是，该基金会跟当地农民谈判，向他们发放扶贫贷款。农民们拿着扶贫款，纷纷干起了其他营生，日子好过了，既没工夫捕鱼，也没心情跟政府禁令作对了。自此，草海环境得到根本解决。

考虑对方利益，是解决问题的第一要义。威逼不如利诱，以利益诱导对方按自己的意愿行事，是最高明且最有效的手段。

第四，有多大能力做多大事。

每个人都只能做力所能及的事。与其向力所不及的事挑战而一无所获，不如在力所能及的范围内，做多少算多少，把事情做好。

一位青年曾豪情万丈地为自己树立了许多目标，可是几年下来，依然一事无成。他找到智者倾诉苦恼。智者一笑说："请你先帮我烧壶开水！"

青年看见墙角放着一把极大的水壶，旁边是一个小火灶，可是没有柴火，于是出去找。他在外面拾了一些枯枝回来，装满一壶水，放在灶台上烧起来。由于壶太大，那些柴火烧尽了，水也没开，于是他又跑出去找柴火。这回他找到了足够的柴火，终于把水烧开，时间却过去了大半天。

智者忽然问他："如果没有足够的柴火，你怎样把水烧开？"

青年想了一会儿，说："可以把壶里的水倒掉一些！"

智者笑道："世界上的事情都是这样啊！"

青年顿时大悟，他知道自己应该怎么做了。

我们做任何事情，都需要资源，或是物质资源，或是智力资源，或是人际资源。每个人的资源都不是绝对充足的，也不是绝对贫乏的。利用现有资源做力所能及的事，是最明智的，何必贪大求多呢？

第五，谁的事谁负责。

生活中的很多麻烦，是因为我们总想把别人的麻烦揽过来。比如，家长包干孩子所有的家务，领导包干员工所有的思考工作。结果肯定是费力不讨好。各干各事，岂不省心省力？

杜克父子创办了“奇美草坪养护公司”，主要承接私家花园的草坪养护业务。养护员需要到客户家里去工作，如何控制他们的服务质量和工作态度呢？杜克父子的高招是：不进行控制。他们相信员工能尽职尽责，不需要经常对他们指指点点，更不需要像个监工似的紧盯着他们。为了让养护员更方便地跟客户打交道，杜克父子将一个经理应该做的事全部交给他们，比如，何时派车运送肥料，何时浇水施肥，何时收款付款，以及为工作失误谈判和理赔等，都由养护员自主。杜克父子只负责评定养护员的业绩，并按业绩给他们支付报酬。

养护员们都将工作真正当成了自己的事，遇上麻烦也会自行设法解决，从不推诿给公司。不仅如此，他们还想方设法为公司揽生意。奇美公司成立十年后，每年的业务达到数亿美元，成为美国最大的草坪养护公司之一。

员工的事本来就是他们自己的事，领导者何必揽过来呢？孩子的事本来就是他们自己的事，父母何必揽过来呢？别人的事本来就是他们自己的事，我们何必揽过来呢？想通了这些问题，生活就变得简单多了。

第六，求助于专业人士。

每个人都不是通才，用不着强求自己把任何事情都做好。对一些自己做不好的事，不妨交给专业人士去做。

有一个年轻女孩，在报社当实习记者。一次，总编安排她去听一场由著名音乐家克莱斯勒主办的音乐会，然后写一篇评论文章。女孩对音乐理论一窍不通，根本没信心写好这篇评论。她想，既然自己是外行，要想圆满完成任务，只能向内行请教。谁对现场演奏的音乐理解最深？当然是克莱斯勒大师本人。所以，音乐会结束后，女孩立即跑到后台去找克莱斯勒请教。这位小提琴家很乐意跟一位聪明的女孩谈谈音乐。于是，他向女孩详细讲解了那首新曲的精义，还谈到了音调的共鸣以及弱音的运用……女孩详细记录了这次谈话，写出了一篇绝对专业水准的优秀评论。

要治病，找医生；要吃饭，找厨师。在很多事情上，我们不是行家，却有可能做得像行家一样好，其方法当然是求助于行家。

用创新头脑做事

刘向在《说苑》中说：聪明人做事，先观察土地，然后决定使用什么工具；先观察民情，然后决定事业目标；先综合大家的意见，然后制订具体措施。

任何东西都会陈旧，任何方法都会过时，任何制度都会落伍。唯有创新求变，才能适应社会变化，跟上时代潮流，获得人生成功。

但是，创新不是一件简单的事，变什么？如何变？不是可以简单决定的事。因为我们创新的目的是为了得到更好的结果，不是为变而变。为了得到好结果，要遵循如下几个要点：

第一，学会打破常规。凡事都有解决办法，当常规方法行不通时，打破思维定式，难题也许迎刃而解。

一个人如果能打破常规，摆脱“不可能”三个字的局限，创新能力将提高至少一个等级。

第二，立足于当地文化，入乡随俗。文化是一种渗透到人们的灵魂中，以及日常言行中的东西，任何创新的事物，如果跟当地文化相冲突，生命力是不长久的。但是，一味迎合当地文化，丢了自己的特色，生命力也同样不长久。

季羡林大师在谈东西方哲学时，以做菜为例说：“到了今天，烹制西餐，在西方已经机械化、程序化，连煮一个鸡蛋，都要手握钟表，计算几分几秒。做菜，则必须按照食谱，用水若干，盐几克，油几克，其他作料几克，仍然是按钟点计算，一丝不苟……而在中国，情况则完全不同……我从来没见哪一个掌勺儿的大师傅手持钟表，眼观食谱，按照多少克添油加醋。他面前只摆着一些油、盐、酱、醋、味精等作料。只见他这个碗里舀一点，那个碟里舀一点，然后用铲子在锅里翻炒，最后在一团瞬间的火焰中，一盘佳肴就完成了。据说多炒一铲则太老，少炒一铲则太嫩，运用之妙，存乎一心，谁也说不出一个道道来。

“老外观之，目瞪口呆，莫名其妙。其中也有哲学，这是东方基本思维模式——综合的思维模式在起作用。有‘科学’头脑的人，也许认为这有点模糊。然而，妙就妙在模糊，最新的科学告诉我们，模糊无所不在。

“听说，若干年前，一位著名的美籍华人学者的夫人，把《随园食谱》译成英文，也按照西方办法，把《食谱》机械化、数字化了，也加上了几克等。有好事者遵照食谱，烹制佳肴。然而结果呢？炒出来的菜实在难以下咽，谁都不想吃……”

在“入乡随俗”时，应该迎合其形式而保留自己的精神内核，这位翻译菜谱的夫人连形式与内容一起西化，还是中国菜吗？这不是入乡随俗，而是入乡变俗，变成美国佬了。真正的入乡随俗是什么样的呢？我们不妨看一个例子：

日本山内豆腐公司是一家老牌企业，它决定进军美国市场时，先派人员到美国去实地考察。调查人员除了搞清美国豆腐市场容量和竞争对手情况外，还了解到一些重要信息：美国人主要是在超市购买食品；许多人之所以不买豆腐，主要是认为它不易携带或不知道吃法。

根据调查结果，山内豆腐公司作出决策：在美国设立豆腐厂，产品包装必须适应美国超级市场的销售方式，而且在媒体上频频打广告，还通过各种途径向消费者介绍豆腐的烹调技术，同时聘请医生介绍豆腐的营养价值和保健作用，以增强说服力。

几年后，山内豆腐公司成为美国最大的豆腐供应商，月销豆腐100万块。

山内豆腐在形式上完全美国化了，但不管怎么包装，仍然是山内豆腐，这才是真正的入乡随俗。

第三，运用之妙，存乎一心。世界上没有绝对的好制度、好方法，能赢就是好的。过去的规章制度、实施办法，无论怎样完美，如果不能带来成功，就有必要抛弃它或改变它。

宋朝时，宋军对辽、金作战，讲究布阵，阵图往往是事先拟好的，有些直接出自中枢，将帅必须按阵布防，“阵而后战”，不得违背。但是，由于设计者没有亲临战地，阵势常常不适于战场的地理人文状况。而宋军的常规阵法基本适用于步兵，遇到了契丹、女真的骑兵就不行了，结果屡战屡败。岳飞用兵，却懂得随机应变。他说：“阵而后战，兵法之常，运用之妙，存乎一心。”岳家军采取步、骑配合的灵活战法，多次击败金军强大的骑兵，屡建奇功。

无独有偶，普鲁士腓特烈大帝当年根据战局需要，改变欧洲军队传统的横队队形，代之以斜线式队列，其精髓在于“集中兵力于决定性地点”。由于腓特烈大帝屡屡获胜，他的斜线式队列后来为各国效仿，把它变成了教条却不知变通。在拿破仑战争中，普鲁士军队死抱着斜线式队列战术不放，结果在耶拿和奥尔施泰特会战遭到惨败。

任何方法都应该根据具体情况而设定，如果不依时势迁移而变通，过去的成功方法就会变成现在的失败教训。

第四，要有从常败到大胜的耐心。一个新事物能否诞生？它是否有生命力？这是一个事前很难准确判断的问题。只能“摸着石头过河”，先尝试，探出路来。在尝试过程中，失败在所难免。爱迪生发明一个新产品，往往要经过几百次、上千次失败。每一次失败都是一次尝试过程，并非没有价值。

这一原理用到其他方面，也是同样的道理。比如，商业上有一条原则：新产品少进试销。如果消费者对这款新产品不感兴趣，就只好放弃，再试其他新产品。每一次尝试都可以说是一次失败，但试到后来，总会试出消费者的喜好，这时就可大批经销，大赚其钱了。不是又得到了大胜的结果吗？

正因为尝试的必要，我们想大胜人生，就要敢于做一个“常败将军”。

康熙皇帝曾问重臣周培公：“什么是用兵呢？”

周培公回答：“战无常例，兵无成法，要在运用之妙，存乎一心。”

康熙又问：“照这么说《孙子兵法》也无用了？”

“不，《孙子兵法》乃千古不变的用兵道理。但敌我双方，皆读此书，却有胜有败。所以不能死守兵法，要善于随机应变。”

“那你愿做个什么样的将军呢？”

周培公一语惊人：“臣愿做善败将军！”

康熙惊问：“为什么？”

周培公回答：“小败之后连兵结阵，透彻敌情，就可再造胜势，一鼓而定。这样的善败将军，比那项羽虽然百战百胜，却在乌江一败涂地，不是要好得多吗？”

康熙恍然大悟，连夸他说得好。

经常失败并不一定都是坏事，只要你是为了成功而进行尝试，失败多少次都不是真正的失败。从某种意义上来，每一次失败都是登上成功的一个台阶。

第十二课

身处困境，心在顺境

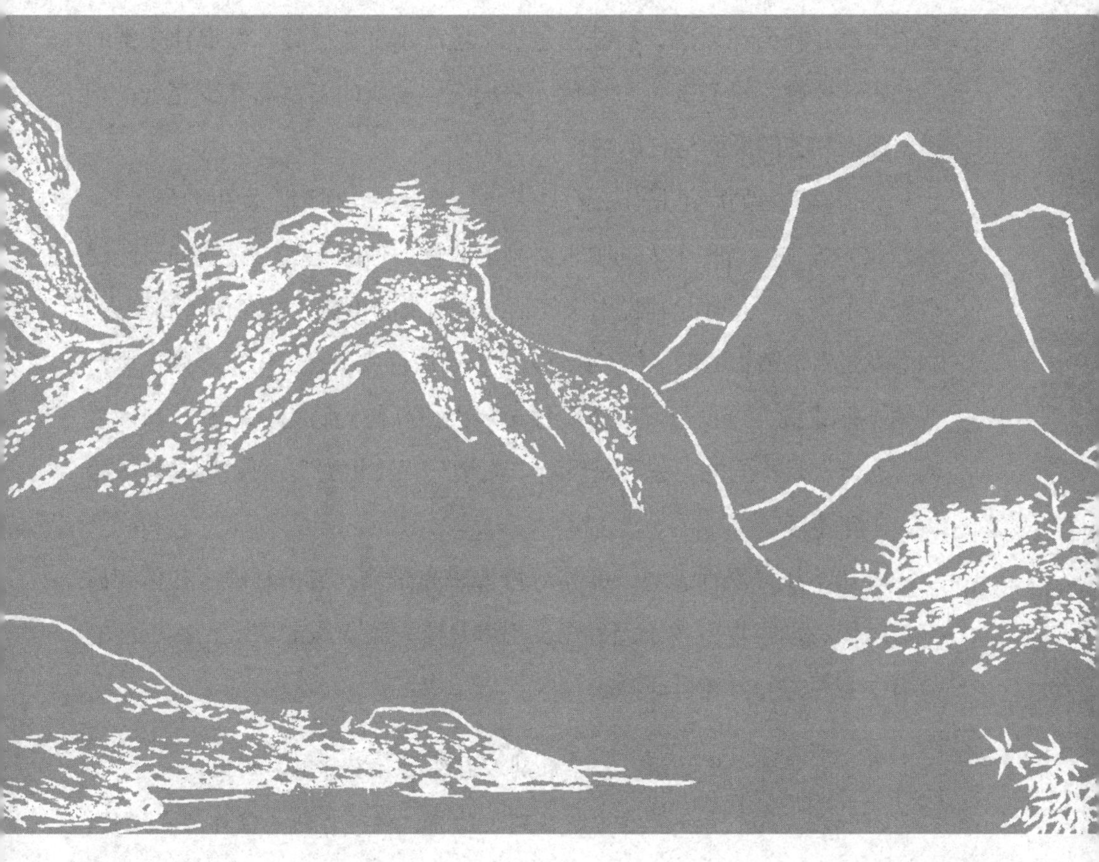

忍辱不是做缩头乌龟

世界是不圆满的，不圆满就会有不如意，不如意就会有辱。在佛家看来，一切不如意就是辱，一切痛苦就是辱。

南怀瑾先生说，所谓忍辱，包括了人世间一切的痛苦，一切的烦恼，忍到没有忍的观念，没有忍的心理，忍到无所忍，这才是忍辱到达波罗蜜的程度。社会在发展，科技在进步，生活水平在提高，但唯独人类的辱和古代一样，没有变化。现代人并没有因物质的丰富而减少痛苦，相反，焦虑和苦闷反而与日俱增！

那么，受辱的后果是什么？是嗔心！嗔是一切逆境上发生的憎恚心，为恶业的根本。当一个人的嗔恨心来的时候，他的无明怒火就把自己烧得坐立不安了，此时此刻说出来的话或做出来的事情，都会伤害到别人。忍辱就是对治嗔恨心的。《金刚经》说一切法行成于忍，无忍辱则布施持戒均不能成就，可见忍辱的重要性了。大德高僧们认为“忍耐”与六度的“忍辱”是不同的，忍辱是没有“人相”、“我相的”，忍耐则是君子报仇，十年不晚。

既然不能轻易地忍辱，就将辱慢慢研究研究，很多时候，在你想研究的时候，你根本就找不到辱了。忍辱是比忍耐更深的层次，在下面的故事中有深刻的体现。

有个青年脾气很暴躁，经常和别人打架，大家都不喜欢他。

有一天，这个青年无意中游荡到大德寺，碰巧听到一位禅师在说法。

他听完后发誓痛改前非，于是对禅师说："师父，我以后再也不跟人家打架了，免得人见人烦，就算是别人朝我脸上吐口水，我也只是忍耐地擦去，默默地承受！"

禅师听了青年的话，笑着说："哎，何必呢？就让口水自己干了吧，何必擦掉呢？"

青年听后，有些惊讶，于是问禅师："那怎么可能呢？为什么要这样忍受呢？"

禅师说："这没有什么能不能忍受的，你就把它当作蚊虫之类的停在脸上，不值得与它打架，虽然被吐了口水，但并不是什么侮辱，就微笑地接受吧！"

青年又问："如果对方不是吐口水，而是用拳头打过来，那可怎么办呢？"

禅师回答："这不一样吗！不要太在意！这只不过一拳而已。"

青年听了，认为禅师实在是岂有此理，终于忍耐不住，忽然举起拳头，向禅师的头上打去，并问："师父，现在怎么办？"

禅师非常关切地说："我的头硬得像石头，并没有什么感觉，但是你的手大概打痛了吧？"

青年愣在那里，实在无话可说，火气消了，心有大悟。

禅师告诉青年的是"忍辱"，并身体力行，青年由此也会有所醒悟，禅师是心中无一辱，青年的心头火伤不到他半根毫毛。这就叫离相忍辱。

《金刚经》让我们忍辱时要离四相："须菩提。忍辱波罗蜜。如来说非忍辱波罗蜜。是名忍辱波罗蜜。"指示说，要"无我相。无人相。无众生相。无寿者相"。是故"菩萨应离一切相"。这就是说：忍辱也是多余的，根本就没有辱，你忍的是什么？行菩萨道，就要觉悟、平等、慈悲。受辱生嗔，斤斤计较，哪有什么慈悲可言？

但说归说，现实中一旦遇到挫折和打击，人们还是嗔念顿起，怒火中烧，这个时候，想想佛祖的忍辱告诫吧。忍辱不是叫你做缩头乌龟，而是要学习乌龟的精神。忍辱不一定能成佛，但忍辱一定能消解你许多的烦恼。

把辱骂当作大声的喝彩

南怀瑾先生说，忍辱不是完全讲侮辱，一切的痛苦能够忍的都是辱。只要已经树立起远大的理想，就要坚持不懈、不畏艰难地坚持下去。辱骂也罢，羞辱也罢，权当作为你喝彩加油的精神食粮。无论从表面看起来你的行为多么不合常理，无论众人看你的眼光多么怪异，无论别人对你的评价多么低俗，都要昂头挺胸，勇敢地走下去。套用一句佛家的话，就是："难忍能忍，难行能行。"

月船禅师就是这样一位"为了理想把侮辱当饭吃"的人。

月船禅师不仅是一位有名的禅师，而且是一位绘画高手。他的画气势磅礴，但却贵得出奇，并且他还有一个习惯，就是要先收钱再作画。

有一天，一个女子请月船禅师作画，月船禅师问："你能付多少酬劳？"女子回答："你要多少就付多少，但要在我家当众作画。"

月船禅师答应跟着前去，原来那女子家中正在宴请宾客。月船禅师当众作画之后，拿了酬劳正想离开。那女子却对客人说道："这位画家只知道要钱，画得虽好，但其中却透着金钱的污秽，这种画是不值得挂在客厅里的，它只能用来装饰我的一条裙子。"说着便将自己的一条裙子取来，当众要月船禅师在上面作画。

月船禅师仍不动声色地问道："你出多少钱？"女子答道："随便你要。"月船禅师又要了一个高价，然后平心静气地在那女子裙子上作起画来，作完之后又若无其事地离开。

别人听说此事后非常纳闷，月船禅师衣食无忧，为什么如此看重金钱？只要给钱，好像受任何侮辱都无所谓，真是不可思议。原来，月船禅师所居之地常发生灾荒，而富人不肯出钱赈灾，因此他准备建造一座粮仓，以备不时之需。

同时，月船禅师之所以这样，也是想完成师父的遗愿——建造一座寺院，但他又不愿一味等待他人的布施，只好以作画筹集资金。此愿望完成之后，他便退隐山林，不再作画。

故事中的月船禅师，明确地知道自己是为什么而作画，知道自己的行为对别人的意义，因而，即使那个请他作画的女子当众侮辱他，他依然不为所动，只是坚持着自己的理想。也许这是因为月船禅师的修养极好，能够容忍他人对自己的侮辱；也许是因为他认为自己的行为有意义，因而不在意别人的侮辱，一心一意为了实现理想。

事实上，为了实现理想，最能忍的要数春秋时的越王勾践。为了复国报仇，他以曾经的帝王之躯，屈膝为奴。

周敬王二十七年（公元前493年），越国被吴国打败，吴王夫差同意了越国的求和。但提出要越王勾践夫妻去吴国做人质。为了生存，更为了日后的复国大计，勾践遵照夫差的要求，前往吴国当人质。

到了吴国以后，勾践住低矮的石屋，吃糠皮和野菜，穿着连身体都遮不住的粗布衣裳，每天像奴隶一样，勤勤恳恳地打柴、洗衣、养猪，且毫无怨言。

一天，勾践听说夫差生病了，就向太宰伯嚭请求探望。伯嚭奏请夫差，获得准许后，带着勾践来到了夫差的病榻前。勾践一见到夫差，就赶紧伏地而跪，说：“听说大王病了，我心中万分着急，特意奏请前来探望。大王对我恩宠有加，我略懂一些医术，可以为大王诊断病情，希望能得到大王的允许，也可借此表我的效忠之心。”这时，正赶上夫差如厕。勾践等人都退到屋外，再次回到屋内时，勾践拿起夫差的粪便，放进嘴里仔细品味。品尝后，勾践伏地称贺："大王的病就要痊愈了。我刚才尝出大王的粪便是苦味，这预示您的病情要好转了。"

夫差很感动，当即表示：病好后便送勾践回国。

就这样，勾践以惊人的毅力和忍劲，忍耐了三年的屈辱折磨，尝尽了亡国之君的种种辛酸，终于得以返回故国。回去后，更是励精图治，以忍耐实现了复国强国的理想。

生活中，我们每一个普通的人很少遇到勾践那样的大"辱"，然而小"辱"却时有发生，我们应该如何去做呢？人生在世，总得有点追求。无论身处多深的苦难中，只要找到生存的意义，找到可以为之奋斗的目标，树立自己的理想，那么，再大的困难也无法将你击倒。

暴力使人畏惧，忍辱使人心服

世间什么力量最大？忍辱的力量最大。拳头刀枪，使人畏惧，但不能服人，唯有忍辱才能感化强者。诸葛亮七擒孟获，廉颇向蔺相如负荆请罪，此皆忍辱所化也。南怀瑾先生讲到忍辱的时候说，我们要想学佛，要想修行成就，“忍”是最难做到的，就像打坐修证，为什么定不住啊？两条腿痛，你就忍不住了，这个忍就是忍辱里的一忍啊！

佛陀说：“若不能忍受侮辱、恶骂、毁谤、讥评，如饮甘露者，不能名为有力大人。”在人际交往中，竞争不能阻止竞争，仇恨不能平息仇恨，以怨报怨只能使事情进一步激化，导致更大的仇怨。反之，忍之、耐之，以不争息争，以德报怨，使人不能与之争，使人无法与之恨，就能很好地缓解人际关系的紧张和矛盾，进而使问题得以顺利解决。

人生究竟应该以德报怨，以怨报怨，还是以直报怨呢？在佛的观念看来，应该以德报怨。唐代的娄师德就是以德报怨的典型代表。

娄师德的弟弟要出任官员，临行前来向哥哥问询为人处世之道。娄师德问他：“如果有人骂你，并且往你的脸上吐口水，你打算怎么对他呢？”

他的弟弟大概以为自己的修为很好，非常自信地说：“无论他怎么骂我，我都不还口。他吐口水我也不骂他，我把口水抹掉就是了。”

娄师德一听，觉得弟弟的涵养还没有那么高，于是告诉他：“别人往你的脸上吐口水就是对你有怨恨，他是借口水来泄愤。如果你把口水给抹掉了，那么他泄愤的目的就没有达到，你不但不能抹去，还应该把你的另外半边脸伸过去。”

这正是“以德报怨”的观念：你对我坏，我还是对你好，你打了我的左脸，我就把右脸也凑过去，直到最终感化你。

有一位修行的禅师住在山中茅屋，散步归来，眼见自己的茅屋遭到小偷光顾，找不到任何财物的小偷要离开时在门口遇见了禅师。原来，禅师怕惊动了小偷，一直站在门口等待，且早把自己的外衣脱掉拿在手中。

小偷遇见禅师，正感到惊愕之时，禅师说：“你走老远的山路来探望我，总不能让你空手而归呀！夜深了，带上这件衣服走吧！”

说着，就把衣服披在了小偷身上，小偷不知所措，低着头溜走了。

禅师看着小偷的背影消失在山林之中，不禁感慨地说：“可怜的人！但愿我能送一轮明月给他，照亮他下山的路。”

第二天，禅师睡醒后，看到他披在小偷身上的外衣被整齐地叠好，放在门口，禅师高兴地说：“我终于送了他一轮明月！”

禅师送了小偷一轮明月，这轮明月照亮了小偷黑暗的心房。有人开玩笑地说：“以德报德是正常现象；以怨报怨是平常现象；以怨报德是反常现象；以德报怨是超常现象。”以怨报怨，最终得到的是怨气的平方；以德报怨，除非真的到达一定境界，否则只会让你心中不知不觉存积更多的怨。

释迦牟尼佛说：“以恨对恨，恨永远存在；以爱对恨，恨自然消失。”是的，只有宽容才能化解世间的仇恨，所以冤冤相报何时了，只有宽容才能成为慰藉心灵的良药。戴尔·卡耐基也不主张对人以牙还牙，他说：

“要真正憎恨对方的简单方法只有一个，即发挥对方的长处。”憎恶对方，恨不得剥他的皮，吃他的肉，而其结果则只能是使自己焦头烂额，心力交瘁。卡耐基的“憎恶”是另一种形式的“宽容”，憎恶别人不是咬牙切齿，而是把对方的长处化为自己强壮身体的钙质。

吃亏是一种长线投资

俗话说:“好汉不吃眼前亏。”许多人都把“吃亏”看作是一种非常愚蠢的行为。然而，很多时候，我们的判断都是错误的，一些“亏”只不过是事情的表象而已。有时，一件看似很吃亏的事，往往会变成非常有利的事。宽容、忍让是一种美，也是一种幸福。下面故事中的主角就是宁愿自己吃点小亏的人。

东汉时期，有一个名叫甄宇的在朝官吏，时任太学博士。他为人忠厚，遇事谦让。

有一次，皇上把一群外番进贡的活羊赐给了在朝的官吏，要每人分得一只。

在分配活羊时，负责分羊的官吏犯了愁：这群羊大小不一，肥瘦不均，怎么分群臣才没有异议呢?

这时，大臣们纷纷献计献策。

有人说:“把羊全部杀掉吧，然后肥瘦搭配，人均一份。”

也有人说:“干脆抓阄分羊，好不好全凭运气。”

就在大家七嘴八舌争论不休时，甄宇站出来了，他说:“分只羊不是很简单吗? 依我看，大家随便牵一只羊走不就可以了吗? ”说着，他就牵了一只最瘦小的羊走了。

看到甄宇牵了最瘦小的羊走，其他的大臣也不好意思专牵最肥壮的羊，于是，大家都捡最小的羊牵，很快，羊就被牵光了。每个人都没有怨言。

后来，这事传到了光武帝耳中，甄宇因此得了“瘦羊博士”的美誉，称颂于朝野。

从表面上看，甄宇牵走了小羊吃了亏，但是，他却得到了群臣的拥戴、皇上的器重。实际上，甄宇是得了大便宜。

正所谓“吃亏是福”，聪明的人往往能从吃亏中学到很多的智慧，一个人若能真正懂得“吃亏”中的利害关系，那么，他一定能在“吃亏”中获得不小的“福分”。

古时有一位尚书，他福德颇多，子孙满堂。在他临终时，子孙跪在面前请求训示，他道：“没有别的话，你们只要学会吃亏就行了。”

有人说，世界上有三种人一点儿也不肯吃亏。一种人肚量小，吃了亏就想不开，茶不思饭不想，好像被剜了肉一样。一种人火气太大，吃了亏就要双脚跳，轻则破口大骂，重则大打出手，把事情弄得不可收拾。还有一种人心眼太小，吃了亏就要睚眦必报，常常让别人怨声载道，让自己因小失大。

事实上，如果你能够平心静气地对待吃亏，表现自己的肚量，往往能够获得他人的青睐。如果过于斤斤计较，往往得不到他人的支持。要从长远的角度思考问题，要知道吃亏实际上就是一种商业投入，吃亏就是福！

因此，当我们在人际交往或者是生意场上感觉自己吃亏的时候，不要去抱怨，要以平和的心态去对待这一切。

贵在此时此刻的坚持

“沧浪之水清兮，可以濯吾缨，沧浪之水浊兮，可以濯吾足。”当年渔父的一首《沧浪歌》，虽隔了千年，音犹在耳。从中我们可以悟出一个道理，即一个人无论身处清世抑或浊世，都要刚直进取，要有豁达的心胸。

南怀瑾先生感慨孟子的遭遇，称赞其因生不逢时，郁郁不得志，但始终为人伦正义、为传统文化的道德政治奔走呼号的品格。他明知不可为而为之，将自己的人生价值发挥到了最大化。直至老之将至，坦然面对自己的失败，传道授业，著书立说，就如寒梅般，在冰雪中怒放。

这就是一个生不逢时之人的典范。虽然大家都说上天是公平的，但这也只是自我安慰，上天不会眷顾每个人，而命运无常才是真。因此，与其把人生寄托在上天的安排上，不如把握在自己的手里，无论是生逢其时，还是生不逢时，都要扼住命运的咽喉，与其抗争到底，绝不轻易言败，绝不妥协。因为妥协就是生命的枯萎，就是人生的大悲哀。

屈原是生于楚国的贵族。公元前340年诞生于秭归三闾乡乐平里，他自幼勤奋好学，胸怀大志，26岁便升至楚国左徒兼三闾大夫。起初他颇受楚怀王的信任，官至左徒时，主张授贤任能，彰明法度，改良内政，联齐抗秦。但是，楚怀王的令尹子椒、上官大夫靳尚和他的宠妃郑袖等人，暗中受了秦国使者张仪的贿赂，不但阻止怀王接受屈原的意见，并且用计使怀王疏远了屈原。结果楚怀王被秦国诱去，囚死在秦国。顷襄王即位后，屈原继续受到迫害，并最终被放逐到江南，郁郁不得志。公元前278年，秦国大将白起带兵南下，攻破了楚国国都，屈原的政治理想破灭，对前途感到绝望，虽有心报国，却无力回天，只得以死明志，就在同年五月初五这天投汨罗江自杀。

屈原认为：“安能以皓皓之白，而蒙世俗之尘埃乎？”愤然跳进滚滚江水，一生思想与抱负付之东流，从此只有鱼儿与他做伴。其实清者自清，浊者自浊，以死来表示自己的清白高洁，确实有些不值得。既然你无力改变“举世皆浊”的世态，就应该傲然面对，做自己能做的，岂不更好！

杜甫，中国文坛一座难以攀登的高峰，用他的一生谱写了一部悲壮的历史。当强大的唐朝走向衰弱的时候，他成了人间苦难的首席歌者，唱出了历经动乱后的悲凉之音。

作为一个胸怀大志的才子，杜甫可谓生不逢时。“安史之乱”的浩劫，打破了唐王朝繁华盛世的局面，也打碎了杜甫心中的美好蓝图，从此他走上了一条与残酷现实抗争的荆棘之路。困守长安达十年之久而无所作为，他的理想之火不灭；遭受幼子饿死之痛，一家老小甚至沦为难民，他也没有放弃信念；被叛军俘虏，沦为阶下囚，他还是对国家忠心耿耿。直到大历五年（770年），在一个非常寒冷的冬日，一叶行在潭州到岳阳江面上的孤舟，带走了诗人五十九年的生命。

作为一位历经磨难的诗人，杜甫一生漂泊，他游历了国家的大好河山，也看尽了百姓生活中的痛苦，从而写出了“三吏”、“三别”这样忧国忧民、脍炙人口的诗篇。

杜甫虽生不逢时，却依然故我，心忧天下，为天下苍生而奔走。他这种身在饥寒之中而心忧天下的可贵品质是贯穿其一生的，而这种至高至洁的伟大人格让人感动，正是：“历千万祀，与天壤而同久，共三光而永光。”

因此，只要思想高洁，“举世皆浊我独清，众人皆醉我独醒”，即使曲高和寡又何妨？不能“留取丹心照汗青”，为千秋思念，为万世传颂，也要活他个虎虎生威、有滋有味，这才不白活一回。

第十三课

方圆之道，深浅有度

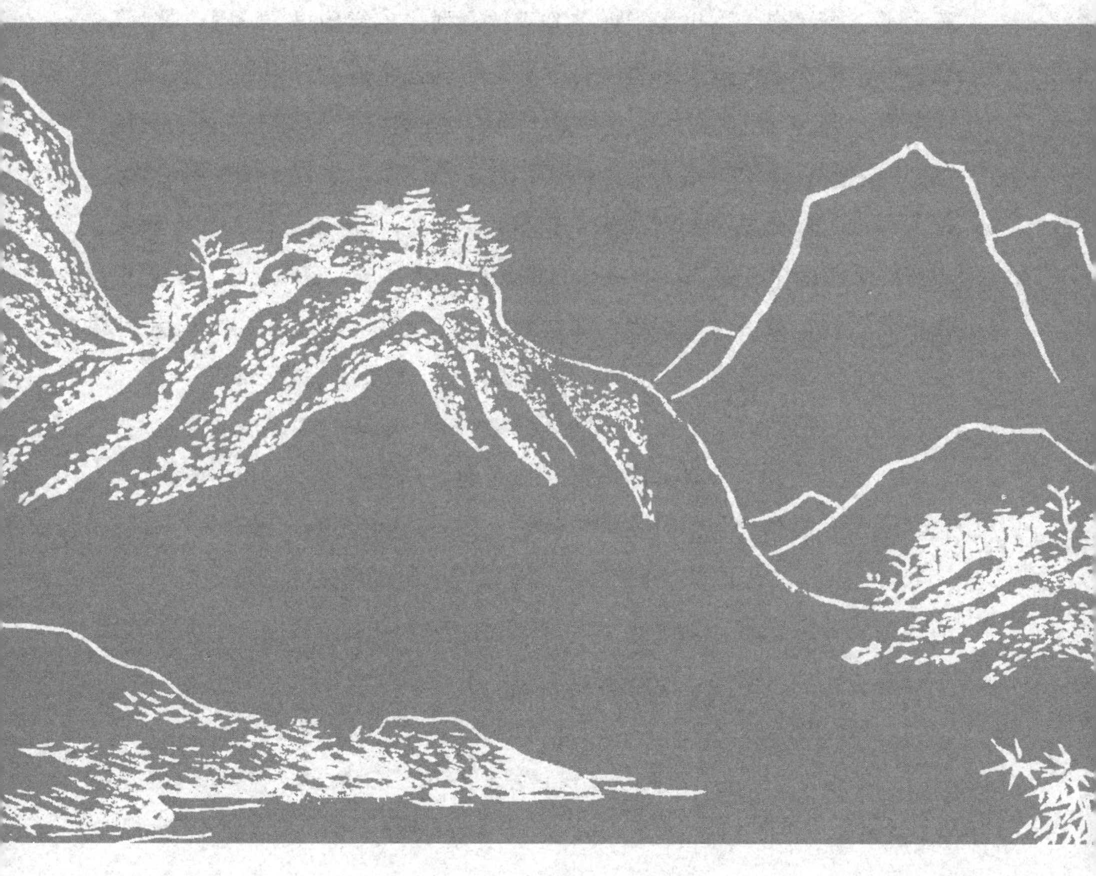

做人最难规矩二字

《庄子·内篇·应帝王第七》中说："然后列子自以为未始学而归，三年不出，为其妻爨，食豕如食人。"南怀瑾先生幽默地娓娓道来，庄子上面的故事讲，列子见了有神通的神巫以后，同吃了迷幻药一样，心就被迷住了。本来列子对老师壶子怀疑了，很想另外投师去。结果壶子表示了三个境界，这也等于禅宗的三关，列子感觉到糟了，跟了老师那么多年，根本连一点皮毛也没有学到，所以很难过。这不是灰心，也不算惭愧，觉得自己窝囊透了。于是干脆不玩聪明了，就回家去闭关三年，"为其妻爨"，在家里给妻子当佣人，做家务。所以世界上怕老婆的人是第一等人，就是从列子开始做的榜样。其实这种说法是代表老老实实、规规矩矩做一个人，人应该做什么事，就做什么事，这就是道。譬如说，我不会做饭，我不会做衣服，那就要想办法学会。人活着，到了某个时候，就是需要这些的。所以列子老老实实回家帮妻子持家三年。

"食豕如食人。"三年中有什么感觉？嘴巴吃荤吃素，没有味道的分别了，这里是说列子吃猪肉觉得同吃人肉一样难过，所以也不吃肉，专门吃素了。南怀瑾先生开玩笑似的说："如果觉得吃猪肉跟吃人肉一样，那么再过一年，恐怕他要去吃人了。"我们这里应该关注的是：第一，学道最难是男女饮食，列子对于饮食没有分别了，当然对男女也没有分别了；第二，列子给妻子做佣人也无所谓了，因为他觉得一切平等，不认为因为自己是一家之主，就要"夫为妻纲"，摆大丈夫的威风。

话音到此，南怀瑾先生认为，《应帝王》的关键之处就在于此，入世之道也在于此。庄子在前面讲得道的境界，从《逍遥游》开始，把道形容得天都装不下了，虚空都装不下了。讲大，大得无边无际；讲小，小得肉眼不见。庄子形而上的道也讲，怎么修养也讲，讲得“天花乱坠”，最后道成功了，才是“大宗师”。大宗师要救世救人，普度众生，积极入世，然而，入世怎么入？庄子在前文中一直没有给出定论，在这里，他下了最终的结论——规规矩矩做人。

从前有一个“聪慧”的杂耍艺人，他出生于意大利，青年时来到美国学习杂耍，成了世界知名的艺人。后来，他决定退休，返回家乡定居。他变卖了所有财产，买了一颗钻石和一张返回意大利的船票。登船后，他向一位男孩表演如何能同时抛耍六个苹果。不久，一批观众聚拢过来，此刻的成就使他扬扬自得，他拿出那颗珍贵的钻石，向观众解释说这是他毕生的积蓄，随后便开始抛耍那颗钻石。不久，他的表演愈来愈惊险，钻石越丢越高，观众皆屏息以待。众人知道钻石的价值，都在劝他不要再继续了。但由于当时的刺激，他再次把钻石丢得更高。观众再次屏息，然后在他接住钻石的那一刻松一口气。

艺人对自己和自己的能力充满信心，告诉观众他将再丢一次，这次他将把钻石抛到一个新的高度，甚至它将暂时从众人眼前消失。他不顾旁人的劝告，凭着多年经验产生的自信，把钻石高高抛向空中。钻石真的消失了片刻，然后又在阳光照耀下闪烁着光芒。就在这一刹那，船倾斜了一下，钻石掉入海中，消失得无影无踪……

如同故事中的人物一样，我们有时也在把玩着自己的生命，我们相信自己和自己的能力，相信过去成功的经验，炫耀着自己的技巧……却不知道船将在何时倾斜，而我们将永远失去机会。

没有规矩，不成方圆。无论世事怎样变化，多少沧海变为桑田，生活会将正确答案告诉你，只有时间能证明一切。做人、做事的道理长篇累牍，并且都有其屹立不倒的理由和根据，但褪尽浮华，你会发现，做人之道其实只有四个字：规规矩矩。

方圆之道，深浅有度

颜阖要去做太子的师父，蘧伯玉告诉他做大事业的人应有的修养。你外表给人的印象要亲近，可是你的内心要外圆内方。内心要和平，自己要调和，不能随便。要想改变一个人很难，你外表跟着他，心里却不能随之改变。南怀瑾先生说，内方，外圆，人们都很难做到，即便做到了也要关注一个更重要的原则：不能深入，恰到好处。“和不欲出”，自己内在心地要光明磊落，保持端正和平，但外表不能显露。

外圆内方，并非精于世故、老谋深算者的处世哲学。圆，是为了减少阻力，是方法；方，是立世之本，是实质。船头不是方形而是尖形或圆形的是为了劈波斩浪，更快地驶向彼岸。人生也像大海，处处有风浪，时时有阻力。是与所有的阻力正面较量，拼个你死我活，还是积极地排除万难，去争取最后的胜利？生活这样告诉我们：事事计较、处处摩擦者，哪怕壮志凌云、聪明绝顶，也往往落得壮志未酬泪满襟的结果。

老子的理想道德是自然，是天地，天圆地方；孔子的理想道德是中庸，是适度，是不偏不倚。外圆内方、深浅有度是一门微妙的、高超的处世艺术，使人们在正义和生活的天平上保持着微妙的平衡。

蘧伯玉告诉颜阖的为官之道，不由让人想起许多历史人物，如南怀瑾先生一直推崇的冯道。他曾事四姓、相六帝，在时事变乱的八十余年中，始终不倒，令人称奇。首先，此人品格行为炉火纯青，无懈可击，清廉、严肃、淳厚、宽宏；其次，深谙方圆处世之道，深浅有度，中正平和，大智若愚。冯道有诗云：“莫为危时便怆神，前程往往有期因。须知海岳归明主，未必乾坤陷吉人。道德几时曾去世，舟车何处不通津。但教方寸无诸恶，狼虎丛中也立身。”

修道的功夫，修到不表现出来的程度，内在方直而外面曲成，慢慢升华，这样就是所谓为人处世的“外圆内方”，外面圆融，内在方直。真正的“方圆”之人是大智慧与大容忍的结合体，有勇猛斗士的威力，有沉静蕴慧的平和。真正的“方圆”之人面对大喜悦与大悲哀能泰然处之。真正的“方圆”之人，行动时干练、迅速，不为感情所左右；退避时，能审时度势、全身而退，而且能抓住最佳机会东山再起。真正的“方圆”之人，没有失败，只有沉默，是面对挫折与逆境积蓄力量的沉默。

古语道:“处治世宜方，处乱世宜圆，处叔季之世当方圆并用；待善人宜宽，待恶人宜严，待庸众之人当宽严互存。”处在太平盛世，待人接物应严正刚直，处天下纷争的乱世，待人接物应随机应变、圆滑老练，处在国家行将衰亡的末世，待人接物要方圆并济、交相使用；对待善良的人，态度应当宽厚，对待邪恶的人，态度应当严厉，对待一般平民百姓，态度应当宽厚和严厉并用。

黄炎培先生有几句深刻的座右铭:“理必求真，事必求是；言必守信，行必踏实；事闲勿荒，事繁勿慌；有言必信，无欲则刚；如若春风，肃若秋霜；取象于钱，外圆内方。”方圆之道，深浅有度，恰如其分是为人处世的最高境界，过于锋芒毕露往往为世俗所不容，过于委曲求全又会被视为软弱，只有外圆内方、刚柔相济，才能在纷繁复杂的人际关系中周旋有术，游刃有余。

人生在世，运用好“方圆”之理，必能无往不胜，所向披靡；无论是趋进，还是退止，都能泰然自若，不为世人的眼光和评论所左右。

真正的伟大与平凡

南怀瑾先生解释，“至人无己，神人无功，圣人无名”是老子所讲的真正的“无为”。庄子提到了“至人”，“至者，到也”。人要是能够把握自己的生命，即称之为“至人”。那么，怎样才能达到“至人”的境界呢？“无我”即忘记自我。道家讲，能够“乘天地之正，御六气之辩，以游无穷者”，才能做到至人无己。

当世上发现了铁的时候，大树们就忧虑着未来的命运……它们质问上苍：“既生树何生斧，是谁发明了这种恶魔般的凶器？”上苍回答：“如果不是树提供了斧柄，光是这块铁怎能伤害得了你们？”噩运形成的缘起，往往是因为自己，最大的敌人往往是自身。

无我之境，乃至境；忘己之人，乃至人。

一天，一老一少两个陌生人来到一座大山前。年长者仰头看看山，问路旁的一块石头：“石头，这就是世上最高的山吗？”“大概是的。”石头懒懒地答道。年长的没再说什么，就开始往上爬。年轻人对石头笑了笑，问：“等我回来，你想要我给你带什么？”石头一愣，看着年轻人，说：“如果你真的到了山顶，就把那一时刻你最不想要的东西给我，就行了。”

年轻人很奇怪，但也没多问，就跟着年长者往上爬去。斗转星移，不知又过了多久，年轻人孤独地走下山来。

石头连忙问：“你们到山顶了吗？”

“是的。”

“另一个人呢？”

“他，永远不会回来了。”

石头一惊，问：“为什么？”

“唉，对于一个登山者来说，一生最大的愿望就是战胜世上最高的山峰，但当他的愿望真的实现了，也就没有了人生的目标，这就好比一匹好马折断了腿，活着与死，已经没有什么区别了。”

“他……”

“他自山崖上跳下去了。”

“那你呢？”

“我本来也要一起跳下去，但我猛然想起答应过你，把我在山顶上最不想要的东西给你，看来，那就是我的生命。”

“那你就来陪我吧！”

年轻人在路旁搭了个草房，住了下来。人在山旁，日子过得虽然逍遥自在，却如白开水般没有味道。年轻人总爱默默地看着山，在纸上胡乱抹着。久而久之，纸上的线条渐渐清晰了，轮廓也明朗了，后来，年轻人成了一个画家，绘画界的一颗耀眼的新星正在升起。接着，年轻人又开始了写作，不久，他就以他的文章回归自然的清秀隽永一举成名。

许多年过去了，昔日的年轻人已经成了老人，当他对着石头回想往事的时候，他觉得画画、写作其实没有什么两样。最后，他明白了一个道理：其实，更高的山并不在人的身旁，而在人的心里，忘我才能超越。

比“至人”更进一步的是“神人”，从佛学而论，到达菩萨境界，叫“无功用地”，一切都无所功用了，即达到了老子所说的“无为”。南怀瑾先生通俗地讲解，无论上帝、耶稣，还是菩萨，他拯救万物众生，人们看不到他的功劳，而他自己也并不居功，不需要人跪拜祷告、感激涕零，他认为你应该感谢自己，与他无干。无功之功是为大功，如同浩日，普照天下，又理所当然。真正的“圣人”，不需要“名”，大善无痕，行善不与人知，这样的人才是真正的圣人。

“随其成心而师之，谁独且无师乎？”一个人，如果依照自己的生理和心理意识，建立一个观念“而师之”，认为这个才是最高明的，然后根据这个高明的观念解释一切，那么，就会谁都看不起。按自己的想法来判断一切、观感一切，认为自己就是大师，愚者都是如此。只有倒空了自己，才会发现虚无。《易经》六十四卦中，没有一卦全好，也无一卦全坏，只有一卦算是六爻皆吉，那就是谦卦。彰化大佛，中间架空，便显示出佛家空灵、谦抑和慈悲的真意，中空才能包容、接纳，犹如钟鼓，中空以待，方有厚重回响。真正谦虚到了极点，便是佛教的中心课题“无我”，方能真正体现大慈大悲。

“满招损，谦受益”是古圣先贤留给后人的一句可以千年护身的箴言。谦恭有礼、虚怀若谷，好比打开心灵之门，迎来更广阔、更完美的人生境界。虚怀若谷，不仅是佛学的禅义，更是人生的至理名言。心太满，什么东西都进不去；心不满，才能有足够的充实空间。放空自我，以平凡之态示人，才是真正的伟大。

坚守“戒”与“慎”的正身之法

庄子在《庄子·内篇·人间世第四》中讲了一段话：“善哉问乎！戒之，慎之，正汝身也哉！”这里以为官之道讲解处世之法。当颜阖提及为人臣之道，问到如何与太子处事，蘧伯玉语重心长地告诫了他一番。

蘧伯玉是卫国的老臣，清楚太子的秉性，他说颜阖你问得好，这个任务太难了，你必须要“戒之，慎之”。随时要警诫自己，随时要谨慎讲话处事。处处要言行“戒之，慎之”，看似简单的人生处事，但大多数人都做不到。一辈子做人做事，“正汝身”最难。你自己要站得正，尤其在颜阖所处的这么一个复杂的政治环境里，要做一个正人君子，还要把事情做好，非常难。

为人处世，既要“戒”，又须“慎”，关键在于内心的修为。南怀瑾先生提到过明末一位读书人的一句话：“世界上任何一个人，活了一辈子只做了三件事，不是自欺，就是欺人，再不然被别人欺。”人生在世，如果真的能够逃出了这三件事，也就跳出了三界外。

有一个地方长官去拜访白隐禅师，想知道佛门常说的地狱与极乐究竟是真实的还是一种理想，并希望禅师能带他参观到真实的地狱与极乐。白隐禅师立即用所能想象出的最恶毒的话辱骂他，这位长官十分惊讶。刚开始时基于礼貌的关系，长官没有回嘴。最后实在忍不住了，就随手拿起一根木棍，并大喝：“你算什么禅师？简直是个狂妄无礼的家伙！”说着拿木棍就往禅师身上打去，白隐跑到大殿木柱后，对着面露凶相，从后追赶而来的长官说：“你不是要我带你参观地狱吗？你看！这就是地狱！”恢复自我的长官，觉察到自己的失态，急忙跪地道歉，请禅师原谅他的鲁莽。白隐禅师道：“你看，这就是极乐！”

时时警戒，处处谨慎，居正不倒，方能成为正人君子。有人曾说过：“诸葛一生唯谨慎，吕端大事不糊涂。”的确，诸葛亮谨慎的个性使他成为中国历史上非常少有的能完身完名的托孤权臣，避过了历代无数带兵重臣身败名裂的结局，但从另一个方面来说，他恰恰又犯了“慎”与“戒”的错误。由于国力不强，战争应该“谨慎”发动，要选准时机，平时多积蓄实力，以备待机而发，而诸葛亮则反其道而行之，在发动战争上缺乏谨慎，虽然有些是不得已的防卫战，但大多都是其主动兴起的北伐，六出祁山无功而返，劳师动众大减了国力，最后落得病死五丈原的结局。诸葛亮一生谨慎，但“谨慎”仍有不到之处，在不该谨慎的战术上裹足不前延误战机，在应该谨慎的战略上又有些急功近利，或许是为了不辜负白帝城托孤的一片赤诚吧，名心情结，不易跳脱。总之，戒与慎，是一个很难做到的人生课题，而戒慎不及，又何谈修身?

提到正身做人，想到了雕砚。砚石最初都是工匠从溪流里涉水挑选而来，石块呈灰色，运回后首先需要暴晒，因为许多石头在溪流中十分精致，但却有难以察觉的裂痕，只有经过不断的日晒雨淋才能显现。未经打磨的石头，表面粗糙，不容易看出色彩和纹理，只有在切磨打光之后，才能完全而持久地呈现。雕砚最重要的一步就是修底，因为底不平，上面不着力，就没有办法雕好，无论多么细致的花纹与藻饰，都要从最基础的地方开始。

做人也是如此，无论表面怎么拙陋，经过琢磨，都会呈现出美丽的纹理。从生活中历练，正如同在雕砚时磨砺，外表敦厚内心耿介的君子，经过心志与肌肤的劳苦之后，方能承担大任。修底与磨砺都是正身的过程，戒与慎则是正身的方法。

真正的大用看似无用

南怀瑾先生幽默地讲解过“神木”的故事，也让我们心有所悟，受益匪浅。若不是看似无用，那树木怎能活上千百年，成为参天的古木呢？这难道不是最大的“用”吗？

人又何尝不是如此呢？看似无用，有时却是大材，老子曾说：“良贾深藏若虚，君子盛德容貌若愚。”

有一位纪先生，以训练斗鸡而闻名于世。齐王听说这个人以后，重金聘他到宫中训鸡。纪先生才养了十天鸡，齐王就不耐烦地问：“养好了没有？”纪先生答道：“还没好，现在这些鸡还很骄傲，自大得不得了。”过了十天，齐王又来问，纪先生回答说：“还不行，一看到人影晃动，就惊动起来。”又过了十天，齐王又来了，当然还是关心他的斗鸡，纪先生说：“不成，它们还是目光犀利，盛气凌人。”十天后，齐王已经不抱希望了，但还是来看他的斗鸡。不料这回纪先生却说：“差不多可以了，它们虽然有时候会啼叫，可是不会惊慌了，看上去好像木头做的鸡，精神上完全准备好了。其他鸡都不敢来挑战，只能落荒而逃。”原来，呆若木鸡不是真呆，只是看着呆，而实际上已经成了英勇善战的斗鸡了。活蹦乱跳、骄态毕露的鸡，不是最厉害的，目光凝聚、纹丝不动、呆似木头的鸡，才是斗鸡中的高手。

人的各种表现就像这斗鸡的各个阶段，将能力表露在外面是人的天性。但貌似强悍、威风凛凛的人并不是最有能力的，真正有本领的人懂得保护自己的实力，不会轻易将才艺外露，做到韬光养晦才是聪明人之所为。“大智若愚”，从某种意义上讲，是有智谋的人保护自己的一种处世计谋。因为任何有所图谋的人，都有可能从事情刚开始筹划时便被识破。一旦发现有人独具慧眼，那么为了保全自己的一切，必会千方百计，不择手段地加以掩盖，散布流言，捏造罪名，甚至谋杀。历史上古今中外，这样的事多得不胜枚举，所以一些真正有智慧的人，一般都采取“守拙”的方法保护自己。

真正的大用看似无用，实则抱愚藏拙，能包容一切人的长处，而自己以“无用”的面目示人，比如，高祖刘邦、三国时的刘备、梁山聚义的宋江，无用之人揽有识之士，天下英雄尽入我囊中，皆是深谙此道。

第十四课

俯仰无愧于天地，躬行不怍于做人

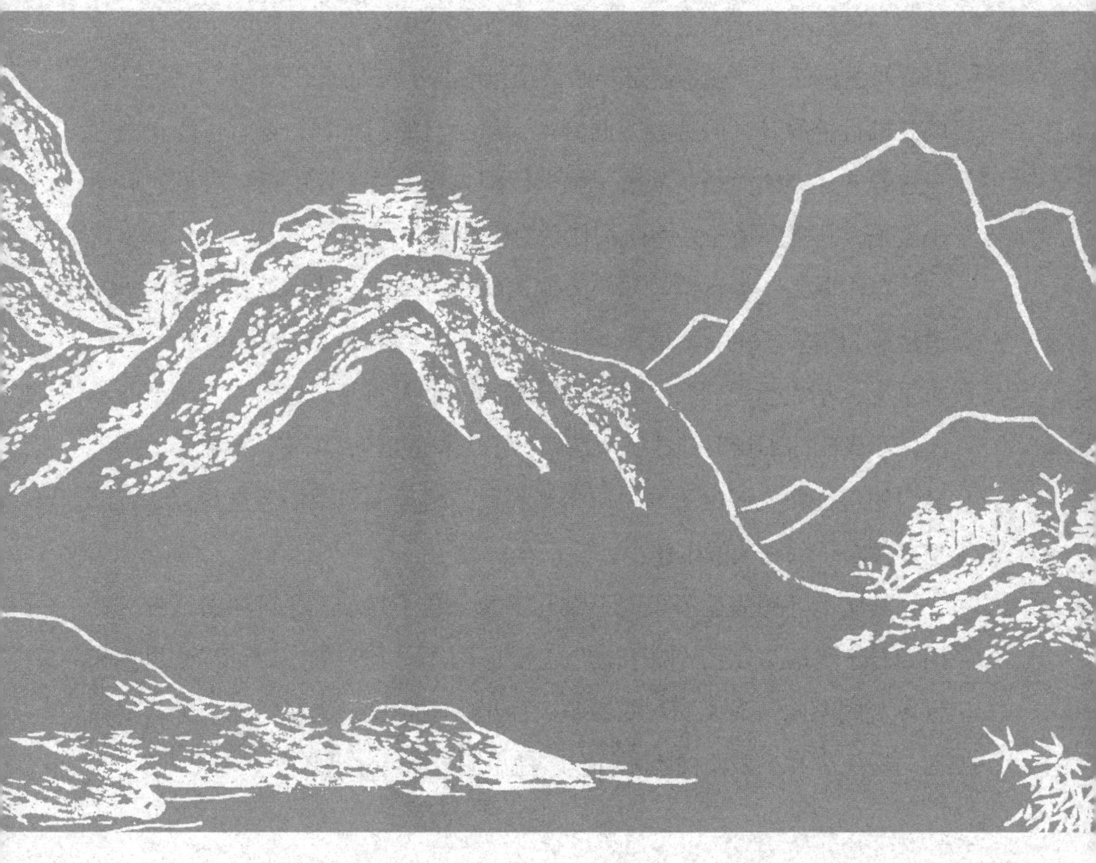

君子之争与小人之争

南怀瑾先生曾经针对孟子的际遇心生感慨道：“自古以来，政治上的倾轧，都是如此。小人与小人之争，是为了权势利害；君子与君子之争，则是因为思想意见不同。历史的成败关键，往往就在于此。古今中外，都跳不出这个圈子，深为可叹！”

为何有此一说？这是因为南怀瑾先生分析孟子在齐国时，齐宣王左右反对孟子的人很多，甚至开始怀疑包括“不治而议论”的稷下先生们，以及推行合纵计划的苏秦方面的人，孟尝君的门下客，都有可能向齐宣王进谗言，诬陷孟子。从孟子强调“国人皆曰可杀”的话，可见他们攻击孟子，几乎到了非去之而不甘心的程度。

自古以来，关于君子与小人的论断与事例不胜枚举，其中以孔子的说法最为精妙。在《论语》中孔子有多处细论君子和小人的哲言。“君子喻于义，小人喻于利”，“君子和而不同，小人同而不和”，“君子周而不比，小人比而不周”，“君子坦荡荡，小人长戚戚”，等等。把君子与小人各自的特征及二者的不同说得相当到位，后世人只要悟透这些，就可以把握住君子与小人的本质了。

其实南怀瑾先生所说的很像孔子关于君子与小人之论的白话版，就因为君子坦荡荡，且“喻于义”，“和而不同”，所以君子之间只有思想和世界观的不同，而无私利的纷争。而小人正相反，更多的是为了满足眼前的蝇头小利，表面一团和气，暗地里明争暗斗，互不相让。

秦始皇死后，权臣赵高与李斯合谋伪造诏书，逼秦始皇长子扶苏自杀，另立胡亥为帝。他们都是胡亥的心腹，但是这两个阴谋家却很快产生了矛盾，赵高决定彻底铲除李斯。

赵高是胡亥的近臣，具有安排其他臣子觐见皇上的特权，于是他利用这一特权开始行动。他首先告诉李斯，皇上（秦二世）现在大造宫殿，民不聊生，你身为丞相应该劝谏。李斯马上认同，但表示这种触碰龙鳞的话不能在公开场合说出。赵高称会给他安排单独觐见的机会。

于是，只要秦二世在后宫饮酒作乐、斗鸡斗狗的时候，赵高就会马上通知李斯说皇上目前有空，你可以来参奏。这样几次，小皇帝开始厌烦起来，认为李斯别的时候从不来进谏，偏偏在自己玩得正高兴的时候来，是故意倚老卖老欺负自己，非常气愤。

赵高认为时机成熟，便在秦二世面前开始诬陷李斯。当然，他诬陷的内容绝对能打动小皇帝，即诬陷李斯的威望高于皇帝，国人只知道丞相而不尊敬皇帝，又诬陷李斯大儿子时任蜀中太守的李由谋反。结果胡亥中计，诛灭了李斯三族。

几年之后，刘邦、项羽兵临咸阳，赵高为了保命，对秦二世下了毒手，理由居然也是诬以谋反，即称秦二世的先君始皇帝谋反周王朝。几天后，赵高被杀。

李斯妒杀韩非，与赵高合谋害死秦始皇长子扶苏，真乃小人也。他与赵高为权力而谋，最后死在争权夺利的过程中，正是小人之争的一个写照。

君子和君子、君子和小人、小人和小人之间的交往各不相同，他们之间的友情和纷争也大相径庭。而君子之争，往往展现出了其坦荡的一面。

司马光比王安石长两岁，两人才华横溢，且相互仰慕，一度是好友。

两个人同升翰林学士的时候，同样受到了宋神宗的赏识，然而也就在这个时候，他们却因政见不同而渐渐开始争吵、疏远甚至决裂。

由于当时官吏过多，俸禄颇高，整个大宋的国家财政已经入不敷出，出于对国家财政的考虑，宋神宗大胆起用一直以来在地方上享有盛誉、干脆果断且深知百姓疾苦的王安石为参知政事，让他主管变革事宜。王安石一上任，立即显示出了他非凡的行政才能和魄力，对旧有制度进行大刀阔斧的改革，可是王安石确立的新制度一出台，立即受到以司马光、文彦博等为代表的一大批正直文人的强烈反对。其实司马光反对的并不是王安石变法，而是他急功近利的改革方式。司马光认为改革必须循序渐进，稳妥进行，而不可能立竿见影，不然会带来很多负面的影响。

司马光与当时身居高位的王安石政见不同，曾有很多人劝他弹劾王安石，然而司马光却一口回绝了他们，他认为王安石变法没有任何私利，没必要这样做。面对身为副宰相的王安石的如日中天，司马光毫不犹豫地选择了退让，回家开始了那场令世人惊叹的浩瀚之举，历经数十年之光阴，终于写出了《资治通鉴》。

多年后，王安石宰相之职被免，告老还乡。一向支持王安石的神宗皇帝在继续施行了近十年的新法之后驾崩，十岁的哲宗即位，由太后垂帘，时年六十六岁的司马光被召回开封，出任宰相，开始大刀阔斧地起用旧臣，恢复原有制度。尽管其在政治上全盘否定了王安石，可在王安石死后，他仍然吩咐手下要善待王安石的安葬事宜，由此足见其作为君子的坦荡之处。而且他在所著的《资治通鉴》中将社会对王安石的偏颇之言给予了斧正，他说世人都说安石奸诈，这是过分之言。

司马光和王安石大有英雄相惜之情，只是他们思想主张不同，但他们以独特的人格魅力征服了世人，同样受人景仰与崇拜，也为后人留下一段君子之争的佳话。

君子争义，小人争利。因此古往今来，用人者、成就大事者，都懂得在无害于大局的情况下满足各种人的利益要求，从而获得人心，获得人才。古代谋略家黄石公说："贪者丰之，欲者使之，畏者隐之，谋者近之。"意思是说，贪利的可以给他丰厚的收入，想立功的可以让他去冲锋陷阵，有隐私的要替他隐瞒，有谋略的要对他亲近信任。曾国藩则说得更加直截了当：武人给钱，文人给名。以众人之私，成一人之公。做争义的君子，还是做争利的小人，按照正常的道德标准，其答案不言而喻。

气节铸就人魂

民族气节是一个民族的灵魂，一个没有气节的民族是可悲的。一个民族没有了灵魂，也就没有了思想。

南怀瑾先生认为中国历史上的“君道与国共存亡，臣节尽忠死国事”这不易的原则，是中国特有精神之所长，关系一个民族立国立基的根本精神所在，应该将其发扬光大。

值得注意的是，这些节操的养成与帝王民主的政体关系不大，并不是说在帝王养士的体制之下，才有忠臣义士的作风，在民主体制的时代，同样需要民族气节。因此，民族气节、爱国主义绝不是老生常谈，这是一个国家自立、发展的根本。

中华民族自古就有“宁为玉碎，不为瓦全”，“时穷节乃见”的传统美德，这种气节观与爱国思想深深地浸入了我们的国格和人格之中，也在审美意识和生活情趣中得到了充分的体现。人们不仅喜爱松、竹、梅这“岁寒三友”，还热情赞美“出淤泥而不染”的莲花，欣赏凌霜傲雪的蜡梅，寄情“要留清白在人间”的石灰，这种“名节重泰山，利欲轻鸿毛”的精神在中华民族历史上绵延不断，哺育了无数重气节、讲立身、脊梁直、骨头硬的仁人志士，“时穷节乃见，一一垂丹青”。

在中国有一个流传千古的关于民族气节的故事，就是苏武牧羊。

苏武是汉朝人，当时中原地区的汉朝和匈奴的关系时好时坏。公元前100年，匈奴的新单于即位，汉朝皇帝为了表示友好，派遣苏武率领一百多人，带了许多财物，出使匈奴。不料，就在苏武完成了出使任务，准备返回自己的国家时，匈奴上层发生了内乱，苏武一行受到牵连，被扣留下来，并被要求背叛汉朝，臣服单于。

最初，单于派人向苏武游说，许以丰厚的俸禄和高官，苏武严词拒绝了。匈奴见劝说没有用，就决定用酷刑。当时正值严冬，天上下着鹅毛大雪，单于命人把苏武关入一个露天的大地窖，断绝食品和水，希望这样可以改变苏武的信念。时间一天天过去，苏武在地窖里受尽了折磨。渴了，他就吃一把雪，饿了，就嚼身上穿的羊皮袄。过了好几天，单于见濒临死亡的苏武仍然没有屈服的表示，只好把苏武放出来了。

单于敬重苏武的气节，不忍心杀他，可又不想让他返回自己的国家，于是决定把苏武流放到西伯利亚的贝加尔湖一带，让他去牧羊。临行前，单于召见苏武说："既然你不投降，那我就让你去放羊，什么时候公羊生了羊羔，我就让你回到中原去。"

在寒冷的贝加尔湖畔，唯一与苏武做伴的，是那根代表汉朝的旄节和一小群羊。苏武每天拿着这根旄节放羊，盼着回家的那一天。这样日复一日，年复一年，使节棒上面的装饰都掉光了，苏武也须发皆白了。

十九年漫长的岁月匆匆而过，当初下命令囚禁他的匈奴单于已去世了，汉朝的老皇帝也死了，老皇帝的儿子继任皇位。这时候，新单于推行与汉朝和好的政策，汉朝皇帝立即派使臣把苏武接了回来，同时接回来的，还有他那根永远也不弯曲的旄节。

黑格尔曾说，民族精神是认识自己和希求自己的神物。鲁迅指出，唯有民魂是宝贵的，唯有它发扬起来，中国才能进步。正是中国的许多英雄人物所彰显的爱国精神，铸就了我们民族精神的精华，它是我们民族的代表，是民魂。正是有了这种精神的传承，我们的民族才能自立于世界民族之林。

金庸有句名言：侠之大者，为国为民。在战争年代，我们呼唤能够带来和平的大英雄。以东林党人、“戊戌六君子”等为代表的政治烈士和以邓世昌、张自忠等为代表的爱国将领都是最杰出的爱国者，他们的姓名和事迹理应被千秋传颂。但是，人们在对动乱时期的爱国者推崇备至的同时，却忽略了和平年代的爱国行为。其实，和平年代比动乱时期更需要爱国精神，要成为和平年代的爱国者，就需要每个人有心忧天下的胸怀，并从身边的小事做起。

爱国、民族气节，不是苍白的口号，而是实际的行动，我们应该多多关注我们的经济政策、法律体系、社会福利等与人们生活息息相关的东西，去思考、去尝试解决我们身边的社会问题，从微不足道的小事开始，孜孜不倦，聚沙成塔，把自己微薄的点滴力量汇入改革与发展的滚滚洪流中，只有这样做，才是国之幸、民之幸。“大人者，不失其赤子之心者也。”孟子如是说。

养浩然正气，做上品人

自古做人难，做一个有一身浩然正气的人更难，因为这是一个需要自我修行的过程。《菜根谭》中有语：“欲做精金美玉的人品，定从烈火中煅来；思立掀天揭地的事功，须向薄冰上履过。”

南怀瑾先生认为，对于养气修心的功夫，能够修到纯粹精湛的，非孟子莫属。

儒家思想中关于人的修养有“内圣外王”之说，孟子就此修养之道，指出“可欲之谓善，有诸已之谓信，充实之谓美，充实而有光辉之谓大，大而化之谓圣，圣而不可知之谓神”。孟子首先说明养气修心之道，虽爱好其事，但一曝十寒，不能专一修养，只能算是但知有此一善而已。必须要在自己的身心上有了效验，方能生起正信，也可以说才算有了证验的信息。由此再进而“充实之谓美”，直到“圣而不可知之之谓神”，才算是“我善养吾浩然之气”的成功。

修身养性，就是这样一个不断克服自身缺点、不断进步的过程。要想达到大境界，必须在修身养性上下苦功，时时拂拭心灵，处处反思行为，莫让自己蒙尘。

赵概是宋朝南京虞城人，曾与欧阳修同在馆阁任职。赵概性情敦厚持重，沉默寡言，欧阳修很看不起他。欧阳修任知制诰（为皇帝起草诏令）之职后，以赵概没有文采为理由，将其贬官为天章阁待制。赵概清静淡泊，对此并不计较。

后来欧阳修的外甥女与人淫乱，忌恨欧阳修的人借题发挥，以此事来诬蔑他。皇帝震怒，没人敢为欧阳修辩护，只有赵概为欧阳修上书，说："欧阳修因文才出众才成为皇上的近臣，皇上不能随便听信谗言，轻易诬蔑他。"有人问赵概："你不是与欧阳修之间有嫌隙吗？"赵概说："以私废公，我不能做这种事。"

最终皇帝并没有听赵概的话，欧阳修仍旧被贬官滁州。赵概后来执掌苏州，接着又辞官守丧，守丧期满后，被授职翰林学士，他再次上书，要求先为欧阳修恢复官职。

虽然赵概的请求没有被朝廷采纳，但当时的人们都非常赞赏赵概宽厚大度、不计私怨的品行。欧阳修也认识到了赵概的崇高德行，对其非常佩服，两人从此成为莫逆之交。

赵概的德行如此高尚，这得益于他平时能够严谨克己修身。为了严格要求自己，他曾准备两个瓶子，如果起了善念，或做了好事，他就把一粒黄豆投入一个瓶子中；如果起了恶念，或做了不好的事，他就会把一粒黑豆投入另一个瓶子中。刚开始的时候，黑豆总是比黄豆多。后来随着赵概对自己的磨砺，时时内省，努力克制自己，改过迁善，瓶子中的黄豆渐渐多了，黑豆也随之减少，赵概终于成为德行高尚的人。

赵概通过自我有意识的修行，从而达到令身边人称颂的境界，这就是在自己身上起到效验的阶段。按照南怀瑾先生的说法，修身养性的最高境界是善养浩然正气。何为浩然正气？其实就是至大至刚的昂扬正气，是以天下为己任、担当道义、无所畏惧的勇气，是君子挺立于天地之间、无所偏私的光明磊落之气，这三气构成了浩然之气。这种浩然正气体现着一种伟大的人格之美。中国历史上具有一身浩然正气的英雄有很多，文天祥就是其中一个。

文天祥本来是个文官，为了保卫家国，他勇敢地走上了战场。那时元统治者派出大军，要消灭南宋，文天祥听到消息，拿出自己的家产，招募起三万壮士，组成义军，抗元救国。有人说：“元军人那么多，你只有这些人，不是虎羊相拼吗？”文天祥则说：“国家有难而无人解救，是令我心痛的事。我力量虽然单薄，也要为国尽力！”

后来，南宋的统治者投降了元军，文天祥仍然坚持抗战。他对大家说：“救国如救父母。父母有病，即使难以医治，儿子还是要全力抢救啊！”不久，他兵败被俘，坚决不肯投降，还写下了有名的诗句：“人生自古谁无死，留取丹心照汗青。”表明自己坚持气节至死不变的决心。他拒绝了元军的多次劝降，最终舍身报国，慷慨就义。

文天祥以身殉国，表现出了“富贵不能淫，贫贱不能移，威武不能屈”的傲然品格，正如其诗中所说，一片丹心照汗青，从此，中国历史上多了一位可以大书特书的“善养浩然正气”的英雄。

浩然正气是人的精神“脊梁”，是抵御歪风邪气的“屏障”。正气长存，则邪气却步、阴霾不侵；正气长存，则清风浩荡、乾坤朗朗。要保持浩然正气，就必须“一日三省”，做到自重、自省、自警、自励，时时处处以激浊扬清、弘扬正气为己任，使正气日盛，邪气渐消，引领整个社会不断走向正义和文明。这才是君子之道。

人总有一天会走到生命的终点，金钱散尽，一切都如过眼云烟，只有精神长存世间，所以人生追求的应该是一种境界。修身养性，做上品人，一生以养浩然正气为人格修养大目标，也许下一位圣人就在这种修养过程中渐渐浮出历史的水面了。

靠自己站着的人最坚强

人生多苦，只要活着，就无法逃避，因此不如坚强地面对，自立自强，做生命的水手，与滔滔浊浪勇敢搏斗。

一次，滕文公请教孟子：“滕，小国也，间于齐楚。事齐乎？事楚乎？”我们滕国是一个小国家，东临齐，南接楚，是应该向齐国靠拢呢，还是应该投向楚国？孟子告诉他只有一条路可走，即“凿斯池也，筑斯城也，与民守之，效死而民弗去，则是可为也”。也就是说，加强你的国防设施，挖深护城河，加高加厚城墙，和全国的百姓同心协力，保卫自己的疆土。要自立自强，即使战死，也不逃离，甚至宁可亡国，也不向任何一个大国投降。先有这样的准备，才可能有所作为。

这正是两大之间难为小，滕这个小国受着齐国与楚国的夹板气，无力反抗，也不敢反抗，于是孟子给他开了自立自强这个药方。南怀瑾先生由此联想到为人处世，他说：“个人做人也是一样，不自强，不自立，不从自己本身想办法，在两大之间，怨天怨地，希望得到别人的同情来为自己解决困难，天下不会有这样的事情。个人事、国家事、天下事的原则是一样的，只有自立自强，才是唯一的生存之道。”

挪威戏剧家易卜生说过：“在这个世界上最坚强的人，是孤独的只靠自己站着的人。”人，要想经风雨，而立于不败之地，必须学会自立。也许蜡梅并不喜欢严寒霜冻，也许青松并不喜欢悬崖峭壁，也许海燕并不喜欢狂风暴雨，但它们不甘心放弃，自己做自己的救星，它们为自己奏响了生命乐章。

人要学会自立，遇到困难时，不可畏缩，但是要想战胜困难，换取人生一片坦途，自立只是第一步，还要学会自强，欲成事，先壮大自己的力量，练就一身真本领。

西晋时期，司马家族的统治极其腐败，致使国力衰弱。北方匈奴乘机入侵，消灭了晋军主力，攻陷了晋都洛阳，俘虏了晋愍帝。

晋愍帝先被匈奴百般羞辱，最后又为匈奴所杀。在匈奴的统治下，百姓生活在水深火热之中。其时，一位名叫祖逖的爱国志士，发誓要收复失地，拯救受苦难的百姓。他与好友刘琨住在一起，每日凌晨鸡鸣之时，两人就起床练剑。在皎洁的月光下，两位热血青年身姿矫健、比翼对舞。多年来他们坚持“闻鸡起舞”，无论酷暑严冬、刮风下雨，从不间断。就这样，他们练就了高强的武艺，磨砺了坚定的意志。

公元 317 年，司马睿在建康（今南京市）建立了东晋政权，史称晋元帝。东晋朝廷苟安于江南一隅，并没有收复失地的意图。祖逖为此十分焦虑，专程从沦陷区赶到建康求见司马睿，要求领兵北伐，收复中原。

司马睿没有办法拒绝祖逖的要求，就任命祖逖为豫州刺史，却不给他一兵一卒，只拨给他一千人的粮食和三千匹布，要他自己招兵买马，建立军队。

虽然得不到朝廷的全力支持，可祖逖并没有放弃北伐的决心。他带领几百名志愿北伐的壮士，渡江北上。船到江心，祖逖敲着船桨，大声地发誓：“北伐如不成功，我祖逖绝不再踏入这条大江。”随行的人听了祖逖的豪言壮语，一个个热血沸腾。

过江以后，祖逖一边召集人马，打造兵器，一边与敌人作战。中原的老百姓给他们送来了粮草。军民同心协力，浴血奋战，祖逖很快就收复了黄河以南的大部分土地。

“天行健，君子以自强不息。”无论是想在世上安身立命，还是想实现宏图大志，都需要自立、自强。要想真正做到自强，有三个条件：一是要自觉。做任何事情，尤其是要实现自我设定的目标时，只有自觉，才能获得主动权，只有主动，才思进取。二是要勤奋。只有勤奋，才不会满足，只有不满足，才能保持旺盛的斗志。三是要有毅力。实现目标的过程，就是克服困难的过程，没有百折不挠的毅力，只会半途而废。没有这三条，自强终究是一句空话。南非总统曼德拉说：“人生最美的光环不在于人的升起，而是坠下后还能再升起来。”人生就是如此，风风雨雨，充满曲折，在我们坠下后，就要自立、自强，再升起来，学会自己救自己。

盲人过路亦如此，你帮得了他一时，帮不了一世。没有谁能永远做你的救星，除了你自己。失败并不可怕，可怕的是你没有走向成功的勇气；受挫并不可怕，可怕的是你没有自立、自强的决心。做自己的救星，相信风雨过后，一定是鹰击长空的壮景；相信荆棘过后，一定是铺满鲜花的康庄大道。

第十五课

与世推移不合污，周旋尘境不流俗

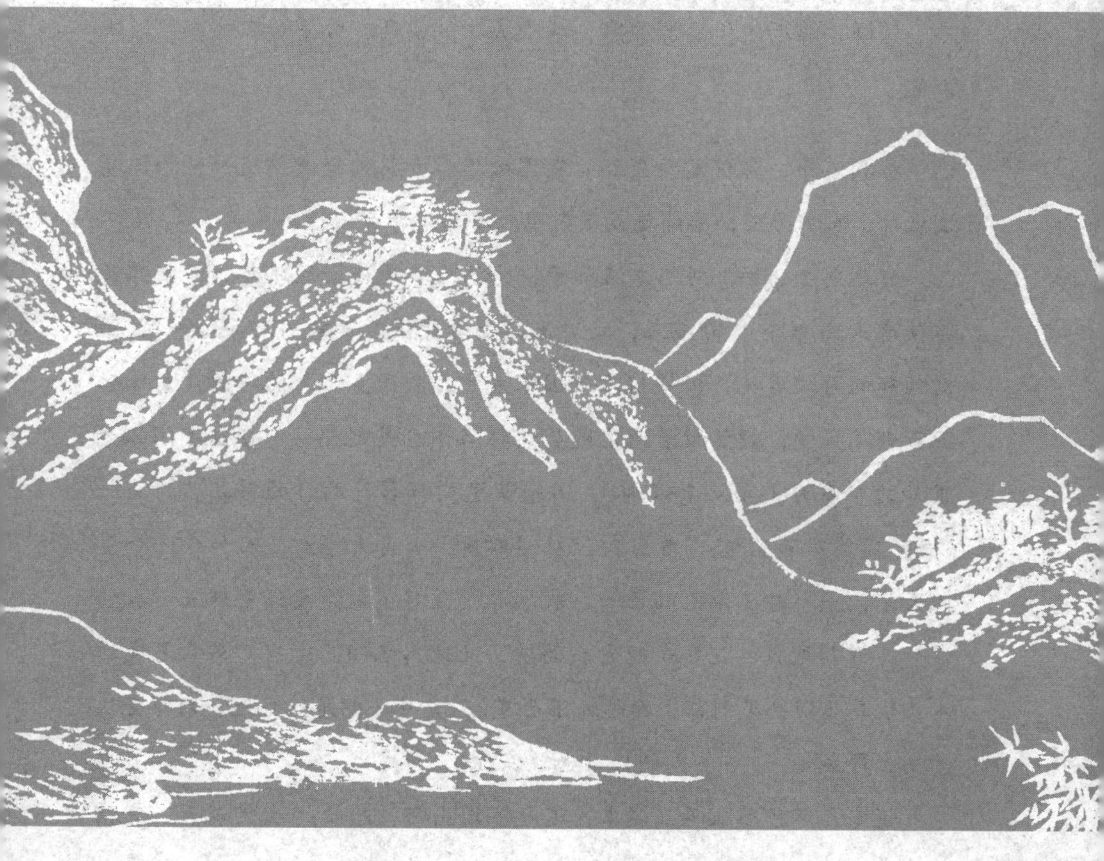

舍生取义，拓展生命的深度

虎啸深山，龙潜海底，驼走大漠，雁排长空，万物都有它的极致之美。人生亦然，也有自己的极致。人生匆匆，如白驹过隙，如流星滑过，但短暂不是放弃的理由。我们不能选择生命的长度，但我们能够拓展生命的深度。

怎样才算活出生命的深度，活出人生的极致，以下故事或许可以告诉你。

秦朝末年，韩信发兵袭齐。齐军败退，齐将田横悲愤交加，为图复国之计，自立为王，率部属五百人隐入海岛（即今田横岛）。

公元前202年，刘邦建汉称帝，为消灭各地残余反抗势力，刘邦又派使者来岛招降："田横来，大者王，小者封侯，不来则举兵加诛。"面对刘邦的再次召见，田横出于"国家危亡，利民至上"的思想，为保全五百部属性命，毅然带着两名随从前往洛阳朝见刘邦。但行至洛阳三十里外的尸乡时（今河南偃师），田横获悉刘邦召见的目的旨在"斩头一观"，愤然对随从说："当初我和刘邦都想干一番大事业，而如今一个贵为天子，一个却要做他的臣子，我忍辱负重只不过是想保全这五百人的性命，刘邦见我，无非是想看我面貌，此地离洛阳三十里，若拿着我的人头快马飞驰去见刘邦，面貌还不会变。"言外之意是：我死，刘邦会认为岛上群龙无首，500人的性命也就保住了。

说完，不顾随从再三跪求，遥拜齐国山河，悲歌："大义载天，守信覆地，人生遗适志耳。”慨然横刀自刎。田横自杀后，二随从急将田横之首送至洛阳，刘邦看到田横能为五百人自杀，感动落泪说：“竟有此事，一介平民，兄弟三人前仆后继为齐王，这能说不是贤德仁义之人吗？”遂派两千禁军，以王礼葬田横于河南偃师，并封田横的二随从为都尉。二随从不被官位所动，埋葬田横后，随即在其墓旁挖坑自尽。留岛的五百兵士听说田横自杀后，深感“士为知己者死”，田横为保全属下性命而去洛阳，他们为表达对田横的忠义之心，遂集体挥刀自刎。

田横为民谋利殚精竭虑、捍卫国家坚贞不屈、大义载天守信覆地、舍生取义甘抛头颅的大无畏精神，真乃大英雄也。司马迁曾对田横评价说：“田横之高节，宾客慕义而从横死，岂非至贤！”唐朝的韩愈也这样说过：“自古死者非一，夫子（田横）至今有耿光。”像田横这样的人，算是活出了人生的极致。

这正是孟子所说的舍生取义的道理。“生，我所欲也；义，亦我所欲也，二者不可得兼，舍身而取义者也。”几千年前的孟子面对心灵的选择，毅然发出了舍生取义的呐喊，是心灵的选择激发出了先哲的思想火花，这将是一条亘古不变的古训。只有将义定义为人生大利的人，才可能成为真君子、伟丈夫。

孟子不仅仅用这条标准来要求自己，他还以之教化君王，他一直和梁惠王强调“亦有仁义而已矣”，只要有仁义就够了。主张行仁由义，极力宣扬仁义的美德。南怀瑾先生认为，孟子所说的这种仁义之道，即是人生的大利。不管是什么伟大的义理，都是力行于义，才能有利于成其为君子，才能够活出人生的极致。

活出极致，就是融个人之“小我”于社会之“大我”中。中国古代向来不缺这种舍生取义，活到极致的人。战国时廉颇、蔺相如“将相和”的故事，是一段传颂千古的美谈。

蔺相如是战国时期赵国的大臣，他不畏秦国的强权，甘冒生命危险，以自己的聪明才智，将“和氏璧”完璧归赵，使赵王免于受辱。归国后，他因功封为上卿，位居廉颇之上。廉颇是赵国大将，自认对赵国劳苦功高，不甘屈居蔺相如之下，愤慨之情溢于言表，数次侮辱蔺相如。蔺相如以国家安危为重，以容忍谦让对待，终使廉颇愧疚悔悟，负荆请罪，二人遂成为至交。

蔺相如的这种处世态度，是基于国家的利益，他这种“大我”的胸怀，诠释了活出极致的内涵——舍私利求大义。和平年代，很难遇到田横为 500 士而牺牲自我的考验，也不会有太多人遇到廉颇和蔺相如为国家大利负荆请罪的美谈。但是鉴前世之兴衰，考当今之得失，历史可以渐行渐远，精神却不能忘却。在人生路上，修身养性，反躬自省，多行仁义，君子之名成矣，人生大利存焉。

人生在世，应当大义为先、舍己为公、舍生忘死。舍得贪婪，高枕无忧；舍得名利，乐得清静；舍得自我，活出极致。

仁义，伪君子的暗箭

中国几千年来奉行的儒家思想以“仁义”为核心，然而南怀瑾先生指出：仁义的确是一种好德行，但是这德行用久了，便会成为人们用来争权夺利的一种工具。道家思想对仁义持批判的态度，其原因就在于此。他们并不是否定道德观念，而是从反面论证。老子曾说，道德颓废，才有礼仪之说。庄子也说：“圣人不死，大盗不止。”“仁义者，先王之蘧庐，可以一宿，不可以久处。”为何有如此一说？因为在春秋战国时代，各国诸侯的征伐口号，大体上也都是标榜仁义，而实际上并不是真行仁义，只是利用仁义的美名，以达到争权夺利的目的。

这些以仁义为幌子而图谋自身利益的人，就是所谓的伪君子。与今人憎恨的小人形象颇有不同，小人行事，众人已知其邪，故能得而防患；然而伪君子者，其口蜜腹剑、满腹经纶与道理，事事讲得条条有理，但做来却违背良心，本以为他光明坦荡，却在不知不觉中，坠其陷阱，受尽欺骗和侮辱。

王莽乃汉元帝皇后王政君之侄。幼年时父亲王曼去世，不久其兄也去世。王莽孝母尊嫂，生活俭朴，饱读诗书，结交贤士，声名远播。

王莽对其身居大司马之位的伯父王凤极为恭顺，因此王凤临死嘱咐王政君照顾王莽。汉成帝时公元前22年，王莽初任黄门郎，后升为射声校尉。王莽礼贤下士，清廉俭朴，常把自己的俸禄分给门客和穷人，甚至卖掉马车接济穷人，深受众人爱戴。其叔父王商上书愿把其封地的一部分让给王莽。

永始元年（公元前16年）王莽封新都侯，骑都尉，光禄大夫侍中。绥和元年（公元前8年）继他的三位伯、叔之后出任大司马，时年三十八岁。翌年，汉成帝薨。汉哀帝继位后丁皇后的外戚得势，王莽退位隐居新野。其间王莽的儿子杀死家奴，他逼儿子自杀，得到世人好评。公元5年，王莽毒死汉平帝，立年仅两岁的孺子婴为皇太子，太皇太后命王莽代天子朝政，称“假皇帝”或“摄皇帝”。从居摄二年（6年）翟义起兵反对王莽开始，不断有人借各种名目对王莽劝进称帝。初始元年（8年）王莽接受孺子婴禅让后称帝，改国号为新。

王莽托古改制，由于贵族、豪强破坏，改制没有缓和社会矛盾，反使阶级矛盾激化，又对边境少数民族政权发动战争，赋役繁重，横征暴敛，法令苛细，终于在公元17年爆发了全国性的农民大起义。公元23年，新王朝在赤眉、绿林等农民起义军的打击下崩溃，王莽也在绿林军攻入长安时被杀。

唐代诗人白居易的诗说得最是精彩：“周公恐惧流言日，王莽谦恭未篡时。向使当初身便死，一生真伪复谁知。”是啊，伪君子就是这样，表面满嘴仁义道德，暗地里却任意妄为。

伪君子是阴险的道德家，说着言不由衷的谎话，干出欺世盗名的勾当。他们有蜜糖般的谎言，有处心积虑的幌子，以及儒雅的外表和夸张的表情。他们有着慢条斯理的言辞、文绉绉的腔调，甚至连举止都是做作的。伪君子用他们的肮脏，摆开了一个比世界上任何真正的战场都令人恐怖的混乱方阵，使再勇猛的斗士都只能退避三舍。

因此，做人，须防伪君子。

用和平成就“全利”

南怀瑾先生有感于乱世离乱给人民造成的痛苦。他引用了台湾诗人王松的诗“不合时宜知多少，生逢乱世做人难”，来说明千百年来，由于战乱，百姓生活困苦，直接面对死亡的威胁，过着非人的生活。孟子用短短几句话就描绘出了一幅乱世图画，即“狗彘食人食，而不知检。涂有饿莩而不知发”。“争地以战，杀人盈野；争城以战，杀人盈城。”

战乱对于百姓来说就是人间的地狱，因为它是死神的盛宴。李白在《战城南》中对战争的描述最是触目惊心：“秦家筑城备胡处，汉家还有烽火燃。烽火燃不息，征战无已时。野战格斗死，败马号鸣向天悲。乌鸢啄人肠，衔飞上挂枯树枝。”战争是对生命最可怕的摧残。

公元前262年，为了谋取六国，秦攻取韩国野王（今河南沁阳），使韩国上党郡完全与韩本土隔离。韩国想献出上党向秦求和，郡守不愿降秦，他把韩的上党郡十七县献给赵国。秦国派兵攻赵。赵将廉颇驻守长平，筑垒固守，相持三年，不分胜负。公元前260年，赵王急于求战，中了秦的反间计，不满廉颇凭险固守以疲秦军的战略，起用赵括代替廉颇，率兵大举进攻。只会纸上谈兵的赵括，正当年轻气盛之时，急于取胜，结果中了秦军诈败之计，在长平被包围，当时秦国的将领便是历史上有名的大将白起。

在极端困难的条件下，赵军广大将士进行了艰苦卓绝的抵抗，他们顽强地坚持了四十六天，终因断粮以致自相残杀，求生无门。最后时刻，赵括将主力部队分为四队，组织轮番突围，在武讫岭上，赵军遭遇秦将白起的阻截，根本无法突破重围。赵括见状，亲率精兵发起猛烈冲击，不幸中箭身亡。见首领被杀，群龙无首，数十万赵军只得向秦军投降。这数十万赵军降卒被白起分散隔离，然后在毫无防范间，全部被坑杀。为了震慑赵国，白起有意将其中伤、病、残者二百四十人释放回赵国，长平之战遂告结束。这一场战争秦军也是伤亡惨重，据白起后来描述说，秦参战的百万兵士“卒死者过半”。

长平一战，上百万人化为白骨。不管交战的哪一方，都是鲜活的生命，曾经在父亲的严厉管教和母亲的小曲中，蹒跚学步、奔跑、欢笑、成长，以至娶妻生子，而瞬间便是战马嘶鸣、短兵相接、厮杀，然后凄然倒下，一腔热血流进黑色的土地里。承欢父母膝下、经营自己的家庭、享受天伦之乐已经成了一个遥远而奢侈的梦想。

战争不仅仅是将士的噩梦，它也是平民的梦魇。平民何罪？他们却要为战争埋单。这种残酷又怎能言传！前事不忘，后事之师，历史用它鲜血淋漓的身躯向后世昭示了和平的可贵。作为后来人，我们怎能不关注、不反思？抚今忆昔，过去的千年，人类社会有了很大的进步，从愚昧走向了文明，从落后走向了繁荣，从幼稚走向了成熟，然而，战争的幽灵始终跟随着我们。人类创造了历史，也引发了战争；战争改变着历史，也改变着人类。历史长卷里的每一页，都浸透了人类生命的血和泪。

在今天，在这用生命和鲜血换来的来之不易的和平年代，我们要更加理智。只有远离战争和灾难，让和平鸽在蓝天下自由地飞翔，把橄榄枝传递到每一个有生命的角落，才能成就全人类的最大利益。

成功者应具备的两种人格特质

南怀瑾先生认为："孟子继承孔子的传统精神，以及中国文化道德政治的哲学观念，和孔子的文化思想一样，也成为由古到今，甚至将来颠扑不破的真理。"孟子为温良恭俭让的儒家思想注入一股阳刚之气，儒家思想从此刚柔相济，进退自如，上可以辅君王，下可以安黎民，进可以兼济天下，退可以独善其身，既有"铁马冰河入梦来"的壮烈，又有"闲花落地听无声"的静谧。

谦谦君子是孔子的人格特征，而孟子则为后世人提供了铮铮汉子这一阳刚的形象。"谦谦君子，温润如玉"，以玉喻君子，取其圆润，不尖锐。佛家有一个词，圆融，是跟这种成熟的圆润颇为相似的境界。是以佛家讲求戒嗔、戒痴、戒贪，无欲无求，而后能不动声色、不滞于心。谦谦君子的圆润亦同此理。修成佛、修成仙是尘世之人遥不可及的梦想，但磨去棱角、收敛光华、修成谦谦君子却并非太难的事情。容人之量是修成谦谦君子的前提，斤斤计较、小肚鸡肠修不成君子，开阔的心胸、通透的眼光，才是君子的气量。

铮铮汉子就像一树寒梅，挺立风雪中，傲然绽放。他们敢于仗义执言，绝不妥协。他们不苟且，不油滑，不世故，不屈不挠；他们有志气，有勇气，有骨气，有胆有识。他们立世一尘不染，对人一片冰心，一箪食，一瓢饮，却敢于担荷一切苦难。正如古诗所云：冰雪林中著此身，不同桃李混芳尘。忽然一夜清香发，散作乾坤万里春。

谦谦君子与铮铮汉子，作为两种人格特征，是不具有可比性的，无论做到哪一点，都可以让人心生敬佩。而最能体现两者区别的当属鲁迅和胡适，两位中国现代文学史上的大家。

鲁迅与胡适既是北大同事，又为《新青年》同人，在五四运动中并肩战斗过。

五四运动后期，随着《新青年》杂志的分裂，胡适与鲁迅日渐分道扬镳，走进了不同的营垒。胡适的“多研究些问题，少谈些主义”，“整理国故”，“钻入研究室”乃至后来的“好政府主义”主张皆为鲁迅所侧目。在《华盖集》正续编，以及之后的每本杂文集中，我们几乎都不难读到鲁迅对胡适这些主张的愤慨与讽刺。最严厉的谴责是他不点名地称胡适为“向日本人献上‘攻心菜’的学者”，愤怒之情溢于言表。甚至以胡适为灵魂的“新月社”被国民政府查封了，鲁迅也没有只言片语的同情或慰问，反而说他们是焦大，被贾府塞了一嘴马粪。这并不是一个文人简单的谩骂，而是一个坚持自己思想的知识分子的磊落之言。鲁迅自己也说他所有的批评都是对事不对人，敢于“横眉冷对千夫指”，也能“俯首甘为孺子牛”，一身铮铮铁骨，绝不妥协。

而胡适却对此抱宽容的态度，并且批评、规劝苏雪林等当时批判鲁迅的人，表现了一代学术大师的卓越风范。鲁迅逝世了，尽管鲁迅与自己生前政见相左，恶言有加，但胡适不仅不否定鲁迅的思想，还为他恢复名誉。胡适的这个态度，宽容、大度、雅量、明智，确实是常人难以做到的“绅士风度”。如果说鲁迅的光明磊落让人由衷敬佩，那么，胡适的这种“绅士风度”也同样让人高山仰止。

鲁迅和胡适体现出了“中国知识分子的两种不同选择”。与鲁迅的思想深刻、毫不妥协、坚韧不拔诸多品质相比，胡适表现出来的是一种平常心态，是渐进的、理性的。正如世界有好就有坏，有前就有后，有强势就有弱势，有激进就有保守。如果把鲁迅的犀利、深刻看作激进思想的表达，那么不妨把胡适看作是介于激进与保守之间的温和派。

胡适先生如同一位温和的、善为他人着想的谦谦君子，而鲁迅先生就是一身正气、绝不与现实妥协的铮铮汉子。处当今之世，生活瞬息万变，人事纷繁复杂，若想成就普通人的平安与幸福，只修谦谦君子之人格，或者钟爱一身铮铮铁骨，最终很难如意。所以，为人还需讲究方圆之道，修铮铮汉子的一身正气，心中方方正正，处世有底线，为人讲原则；取谦谦君子的圆融为人，左右逢源，在熙熙攘攘的人世间游刃有余。

人生若达此境界，无论朗朗乾坤，抑或滔滔浊世，于我又有何妨！

为人有善行，为政有德行

南怀瑾先生认为，《黄帝内经》中不仅讲求心态，也讲求行为，因为两者是紧密相连的。

“邦有道，危言危行；邦无道，危行言孙。”这是《论语》里面的一句话，也是孔子对于时局和政事的看法。南怀瑾先生认为，孔子在这里要告诉学生一个非常重要的问题：在国家太平的时候与社会动荡的时候怎么做人做官，换句话说就是在治世和乱世怎么做到既能保住自己的身家性命，又能尽到为人臣子的责任。

南怀瑾先生解释说这个“危”字就是正的意思。“孙”字古代与“逊”字通用，逊者退也，就是谦退的意思。孔子说，社会、国家上了轨道，要正言正行；遇到国家社会乱的时候，自己的行为要端正，说话要谦虚。

历史上还有一个备受争议的人，他就是冯道。南怀瑾先生对于这个人推崇备至，认为他不仅品行端正，而且是一个会做官会做人的人，做到了孔子说的治世与乱世做官的原则。在唐宋之间，五胡乱华几十年间，换了好几个皇帝，都是胡人来统治。五个朝代，都请他出任要职，活了七十三岁，晚年号为长乐老人。我们可以断定他一定是一个品行无懈可击的人，否则何以能事五朝？他认为在那个时代中，都是豺狼当道，不须向谁尽忠。只是要保存中国文化的精神、中华民族的命脉，等待自己国家有真正的人才出来领导，用不着为胡人尽忠。他等了好几十年，直到他死后才出了一个赵匡胤。这个故事说明冯道在当时那么乱的时代，确实是做到了“危行言孙”。说到冯道，在这里我们可以看看他的一次经历。

冯道在后晋石敬瑭手下担任宰相，因为石敬瑭为求得契丹出兵援助自己打败后唐，夺取天下，不仅割卢龙一道和雁门关以北地区为厚赂，而且自称臣、称儿。事定后，需要派一名重臣为礼仪使到契丹，为契丹主耶律德光和萧太后上尊号。

石敬瑭心中的理想人选是冯道，但考虑到此行可能有去无回，感到难以启齿，便叫几名宰相商议决定。捧着诏书的文书小吏一到中书省便哭出声来，因为自己的皇帝对外藩称儿、称臣实在是太屈辱了。

冯道正和几名同僚商议政务，见状大惊。待明白来意后，几名宰相都吓得面无人色，唯恐这桩既危险又屈辱的差事砸到自己头上。

冯道看出了大家的意思，也不说话，很镇静地在一张纸上写下“道去”两字，其他人看后既感到解脱又替他难过，有的人甚至当场落泪。

冯道出任礼仪使到了契丹后，契丹主对他很重视，本想亲自出去迎接，后因有人劝他“国君不应迎宰相”才作罢。

给契丹主和太后上过尊号后，冯道便被契丹主留下来为官，契丹族的风俗只赐给贵重大臣象牙笏，或在腊日赐牛头，有一样就是特殊宠幸，冯道却全得到了。他还为此作诗一首:“牛头偏得赐，象笏更容持。”

契丹主知道后大为高兴，暗示要长期留他在契丹为官，冯道说:“南朝为子，北朝为父，我在两朝做官，没有什么分别。”契丹主听了更是喜欢。

冯道把得到的赏赐都用来买木炭，对人说:“北方寒冷，我年纪大了，难以忍受，不得不多做些准备。”摆出一副扎根契丹的架势。

开始契丹主唯恐留不住冯道，待见他如此，不仅不再怀疑他的忠诚，反而觉得自己的儿皇帝那里更需要这样忠诚有名望的大臣辅佐，便让冯道回石敬瑭那里。

冯道三次上表推辞，表称自己眷恋上国，不忍离去，契丹主一再催促强迫，冯道才显得百般不情愿地上路了。他先在驿馆中住了一个月，然后慢腾腾向回返。一路上到一个地方便停下来住宿，一点也不着急，契丹主派人查探后，愈加放心。冯道一直走了两个月，才出了契丹国境。

冯道身边的人问他:“我们能逃出虎口，返回家乡，恨不得身生双翅，您却走走停停，却是为何？”冯道笑着说:“急有什么用？我们如果走快了，契丹主用快马一天就可以把我们追回去。我们走得慢，他们难以觉察我们的心思，这样才能安全返回。”左右的人听后，都恍然大悟，钦佩不已。

一个真正的大丈夫不仅要行得端，站得直，还要学会弯曲的哲学。不论是做人还是做官，要做到“能伸”很容易，但是要做到“能曲”就不是那么简单的事情了。不管是为官还是为人，屈伸和正直公正有德行从来都不是矛盾的，行善有时候也要采取迂回的方式，这样才能保证对方的尊严。

第十六课

欲立事，先立志

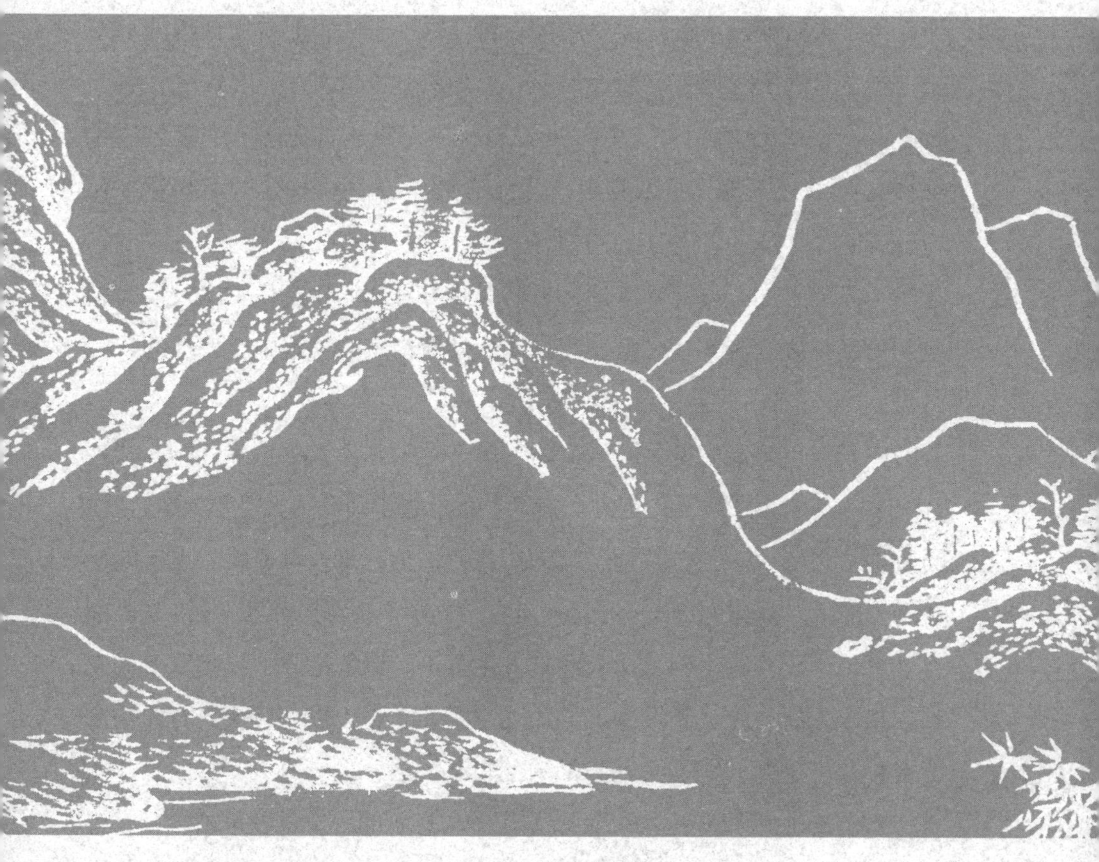

天生我才必有用

庄子跟惠施（又称惠子）是朋友，一个是道家的代表人物，一个是名家的代表人物。所谓名家，据南怀瑾大师说："这个'名'就是逻辑，所谓'名理'，表示名称、思想和观念的意思，任何一个思想、名称和观念，都要合乎条理才行，即后世西方的逻辑学。"

惠施大概就是庄子所谓"德合一君"这一类人，他曾出任魏国宰相十二年，是战国时期著名的政治家、思想家、论辩奇才，名家的代表人物之一。据南大师说，"名家"即逻辑学家。惠施曾提出一个著名的无限概念："一尺之捶，日取其半，万世不竭。"他还提出了"山与泽平"、"卵有毛"、"鸡三足"、"犬可以为牛"、"火不热"、"矩不方"、"白狗黑"、"孤驹未尝有母"等悖论，它们对西方思想界也产生了比较大的影响。可惜惠施的著作多已亡佚，只能从其他诸家的论述中看到他的言行片段。

庄子与惠施走的是不同的道路。庄子主张"外天下"、"外物"、"外生"（《庄子·大宗师》），走的是出世道路；惠子则以"天下"为事，"逐万物而不反"，执"有情"而"泛爱万物"，走的是入世道路。惠子的学说在当时为"显学"，学习者众。而庄子的学说在当时属于"冷门"，曲高和寡。由于观点不同，两人经常发生争论。但争论并不影响双方的友谊。惠子死后，庄子慨叹道："自夫子之死也，吾无以为质矣，吾无与言之矣！"可见惠子是庄子一生唯一的知己。

本节选录的"大瓠之辩"，就是庄子与惠子的一次重要争论。

惠子对庄子说：“魏王送给我大葫芦的种子，我种下后，结出的葫芦有五石大的容积。用它来盛水吧，它质地太脆，无法提举。切开当水瓢吧，又太大了，没有哪只水缸能容下它。我不是嫌它大，因为确实无用，就把它砸了。”庄子说：“你真不善于使用大物啊！宋国有个人善于制作防止手冻裂的药，他家世世代代都以漂洗丝絮为业。有个外地人听说了，想用一百金买他的药方。这个宋国人召集全家商量说：‘我家世世代代漂洗丝絮，一年所得不过数金；现在一次就能靠药方赚到百金，请大家同意我卖掉它！’客人拿着药方去游说吴王。正逢越国挑起战事，吴王就命他为将，在冬天跟越军水战，并大败越人，吴王就割地封侯来奖赏他。同样一个防止手冻裂的药方，有人靠它得到封赏，有人却只会用于漂洗丝絮，这是因为使用方法不同啊！”

惠子从实用的角度出发，认为大葫芦无用，隐喻庄子的学说大而无用。庄子却从另一个角度，论证大葫芦不是无用，而是惠子不善于使用。庄子的观点看似有理，其实包含了一些逻辑错误，但却具有很强的迷惑性。

第一个逻辑错误只是小毛病。惠子所说的是大葫芦，而且他说明了这个葫芦“以盛水浆，其坚不能自举”，质地是很脆弱的，用这么一个易碎的东西去“浮游江湖”，安全就难以保障了。怎么敢把生命寄托在一个并不结实的葫芦上呢？

不过庄子认为惠子“拙于用大”的观点并不错。比方说，这个葫芦竟然有五石大，是世上难得的一个稀罕物，摆在那里让人参观，肯定观者如堵。这样的用途庄子不是想不到，但肯定不好意思说，因为惠子原本就认为他的学说只能看，不能用。正因为观点没错，只是引证错误，所以说是个小毛病。

第二个逻辑错误就比较大了。那个外地人买到药方，去游说吴王，当了将军，立了战功，封了侯，好像很合乎逻辑。但其中忽略了一个问题：这个外地人凭什么受到吴王信任？难道仅凭药方吗？假如吴王仅仅对药方感兴趣，花大价钱买下来就是了，怎么会任命他为将军，把战争成败和士兵们的生命交在他手里呢？很显然，外地人主要靠自己的口才、见识和用兵才能而获得重视。他为什么能打胜仗？主要靠自己的指挥才能和将士们的勇敢精神，而不是靠药方。试想，武器尚且不能成为战争的决定因素，何况一个药方呢？

不可否定，有些东西，有些才能，在不同的人手里确实能发挥不同的作用，但我们不要过于强调它们的价值，更不要依赖它们。世界上任何事业的完成，都是多种人、多种资源、多种才能共同促成的，一个人通常不具备所有成功要素，因此要强调合作。有的人挟一技之长，傲视天下，轻视合作，这种人是不可能太有出息的。

那么，在大葫芦的问题上，到底是惠子的观点正确，还是庄子的观点正确呢？其实都无所谓正确或错误。因为他们没有就这个问题设定前提条件：在什么情况下用。一般而言，凡物必有其用，但在特定条件下，有些东西有用，有些东西无用。好比将一个大车轮胎安在小车上，肯定没有用。如果不设定条件，就无法作出正确的结论。

但两人的观点对我们很有启示意义。庄子的观点，可以帮我们肯定自己是个有用的人。不少人对自己到底是不是人才产生过怀疑，就连英国大文豪莎士比亚也曾认为自己是个百无一用的人。庄子的观点可以帮助信心不足者作出肯定回答：天下没有无用之人，人人都是人才。惠子的观点则提醒我们，在一个特定的环境下，无论从某项工作，还是做某件事情，都需要跟这项工作、这件事情要求的条件相适配，大而无当，不如小而有用。

心量决定能量

庄子那个时代的科学知识有限，他以为大鹏是借风力飞上九万里高空，然后坐在风上飞行，就像人坐在船上航行一样。实际上大鹏必须在风中飞行，或者说必须在空气中飞行。空气固然会带来阻力，如果没有阻力，大鹏就无法飞行。

中国古代的文人有一个老毛病：用想象而不是用实验解释科学道理，有时会错得离谱。他们再用想象的科学道理解释人生之道，难免存在很多观念误区。庄子的“莫之夭阏”就是一个观念误区。他认为大鹏远飞的条件是无阻无碍。以之喻人生，要实现远大的理想，必须借助某种强大的势力升到很高的地位，要使前进道路上没有障碍，但这是不可能的。据说楚威王曾诚心礼聘庄子出任宰相，这等于把他托上九万里高空，但庄子拒绝飞行。原因可能是障碍太多，无论朝廷君臣还是在野平民，都醉心于名利，每一个人的贪欲对他的“无为”之道都是一个障碍。

就像大鹏只能在阻力中前进一样，人类也是在解决问题中前进的。如果没有问题，人类就不会进步。所以，一个追求远大理想的人，不能害怕问题而要欢迎问题。庄子要求“莫之夭阏”，那么他的理想三万年也不会实现的。后世很多文人受庄子的影响，在生活中，在事业上稍遇挫折就想放手，躲到一边做旁观者，还认为自己洒脱，还认为别人没有“道心”。不过这个问题太大了，涉及传统文化的基础问题，一言难尽。而且我们读古人书，不宜老盯着缺陷，而要取其所长。庄子这段文字中有两个特别可取的观点，概括地说，一是容量要大，二是能量要强。

前一节讲了志向要坚定的问题，它也有一个大小的问题。这是人心的容量。志向越大，心量越大。一般来说，事业容量不会超过人的心量。陈胜是个农民，他种田的时候说："燕雀安知鸿鹄之志哉！"造反的时候又说："王侯将相宁有种乎？"（《史记·陈涉世家》）这志向大不大？刘邦还是个亭长时，看见秦始皇，"喟然太息曰：'嗟乎，大丈夫当如此也！'"（《史记·高祖本纪》）这志向够大了吧？项羽看见秦始皇出巡，也对叔父项梁说："彼可取而代之也！"（《史记·项羽本纪》）。

志向大小跟事业容量有什么关系呢？打个比方，你的志向仅仅在于自身享乐，那么对别人的事都不会关心，甚至对父母兄弟的疾苦也不放在心上。既然你不关心别人，别人对你的关心也有限，一个孤家寡人，能成得了什么事？假如你的志向止于一家一计，那么你对所有家人的事都会关心，对家庭之外的事就缺乏足够关注，在做人做事方面，也以对家庭的利弊为判断依据，这样就有很大的局限性。假如你的志向是想让自己的"道"传播全国，那么国家的事你都会关心，对需要做却无人去做的事你会当成自己的事，主动去做。关心的事多了，自然有智慧，有见识；做的事多了，自然有功劳，收获也会与之递增。

有一个故事：楚共王出去打猎时，不小心把心爱的弓遗失了。左右请他派人去找，他说："算了吧！楚国人丢了弓，还是楚国人捡去了，何必去找呢？"

楚共王以楚国为家，那么楚国人就像家里人一样。这好比在家里丢了 10 元钱，心想反正是家里人捡到了，懒得费心去找。

楚共王的志向好像已经很大了，孔子还是觉得不够大。他听说这件事后，叹息道："惜乎其不大，亦曰：'人遗弓，人得之而已，何必楚也！'"意思是：可惜他的境界还不够大，也可以说，人丢了弓，反正是人捡到了，何必一定要求楚国人捡到呢？

孔夫子有这样境界，是因为他以天下为家，在他眼里是不分什么楚国人、鲁国人的。

有了鹏程万里的志向，接下来又需要托起大翼的能量。正如南怀瑾大师所说：“一个人想成大功立大业，或者修道也好，做生意也好，要有本钱啊，本钱就是你的风。很多年轻人老是想：要是我呀，就要怎么样怎么样。想了半天，有没有本钱啊？一毛钱也没有。没有风，还飞个什么？所以青年人要想做一番事业，你的能力、才智都要去培养才行。风力不够，没你的事，本钱积累厚了，才可以飞上九万里的高空。”

在这段话里，南大师讲了两种能量：能力、才智，也许还包括资本，这也是一种极重要的能量。

还有一种能量，南大师没提，但十分重要，那就是人际资源。《孙子兵法》说：“上兵伐谋，其次伐交，其次伐兵，其下攻城。”这个“伐交”，说大点是办外交，说小点是搞公关，再说小点是拉关系，总之很重要。但这里所说的人际资源并不是指一时利益相合的泛泛之交，而是有比较稳定关系又有较大价值朋友、下属、忠诚客户。狐朋狗友再多，资源有限；平庸下属再多，资源有限；信用等级欠佳的客户再多，非但不是资源，可能还是负资源。

有时候，人际资源的价值比自身能力更重要。周文王首先找到了一批忠臣良将，并联络了八百诸侯，才取得伐纣的胜利。秦始皇几乎把各国的重要人才都笼络在身边，才取得一匡天下的成功。刘邦创业的基本班底是他昔日的朋友，而他打败项羽，靠的是人才济济。李世民事先笼络了一大批文臣、武将，才取得玄武门政变的成功。宋太祖深受部将拥护，才得以黄袍加身。

有的人觉得自己才能出众，却无法成功，以为是运气欠佳，其实可能是人际资源太贫乏。你只需掰着指头数一数，有几个肝胆相照的朋友？遇到大事，有谁可以交托？遇到难事，有谁可以信任？这样数一数，也许就知道自己缺少什么了！

在心量和能量之间，心量是基础。你有这么大的心量，才会努力去积累与之相当的能量。如果心量不大，即使有机会积累能量，也不会放在心上。比如读书就是积累能量，心无大志的人，看见书犯晕，哪会对这种能量引起重视？所以说，心量决定能量。

机会属于为野心而准备的人

庄子《逍遥游》中所讲的鲲化为鹏，是一个对现代人来说没有什么吸引力的神话传说。但庄子的目的不是讲故事，而是阐述“道”。关于“道”有各种解释，南怀瑾大师认为有三种含义：一是“人世间所要行走的道路的道”，或可引申为方法、技巧；二是“代表抽象的法则、规律，以及实际的规矩，也可以说是学理上或理论上不可变易的原则性的道”。三是“指形而上的道。如《易·系传》所说：‘形而上者谓之道，形而下者谓之器。’”这一含义可用我们比较熟悉的“自然规律”或“客观规律”等名词来表达。

有人认为，“道”是唯一，是不可逆转的真理。庄子本人也有这种想法，所以他经常嘲笑、鄙视那些营营于名利之间的“俗人”，好像他们的追求都是有缺陷的，只有自己的追求才是对的。由此可见庄子的修为境界并不高，对道的理解还未臻完善。他更像一个文学家而不是一个思想家。

老子在《道德经》中说：“道生一，一生二，二生三，三生万物。”道并不是唯一，而是变化无穷。所以庄子追求“无为”，庄子批评的人追求大有作为，都不能说是错的，关键在于是否依道而行而已。

但庄子的鲲化为鹏的寓言，确实发掘了人生发展之道，其中的关键是一个“化”字。鲲不是一天就化成鹏的，它住在北海，沉潜到化为鹏之时，方能一飞冲天。

人生也是如此啊，你想腾飞，必须沉潜，在默默地努力中积聚能量。

但我们有一个常识，鱼是不能化成鸟的，鱼越大越不可能化成鸟。从科学上来说，如果鱼需要化成鸟，或者鸟需要化成鱼，通过长期进化，都是可能的，却不是此生能完成的事。那么庄子的比喻是否合乎逻辑？实际上，庄子笔下的鲲，不是一条鱼，而是一颗博大的心，或者说一个远大的志向。当你心中有鲲，你的生命就极可能发生鹏的蜕变，而一飞冲天。

在这个问题上，东西方智者的认识是完全一致的，他们都认为人生的腾飞首先在于志向。

那么，真正的志向是什么呢？韩褐子的话可以作为答案。

有一次，他要过河，船夫对他说："人们从这儿过河，都祈求河神保佑一帆风顺，您为什么不向河神祷告呢？"

韩褐子对此说不以为然。船夫将船划到河中间，船就旋转起来。船夫说："刚才我已告诉过您了，您不听我的劝告，现在船到河中打旋，很危险了。您是不是已经准备好了脱掉衣服下水游泳？"

韩褐子说出了两句名言："吾不为人之恶我而改吾志，不为我将死而改吾义。"意思是：我不会因为别人讨厌我就改变我的志向，我不会因为我快要死了就改变我的原则。

他话音刚落，船就走得平稳起来。韩褐子道："《诗经》说：'莫莫葛藟，施于条枚；恺悌君子，求福不回。'（茂密的葛藤，蔓延到树梢。和悦的君子，依正道求福。）连鬼神都不违正道，何况人呢？"

韩褐子的话可谓说出了至理：不因别人的态度而改变，不因境遇的顺逆而改变，并且坚持依正道求福，这才是真正的志向。

立定志向后，等于人生只有一个地方是自己想要去的，就不会对其他机会左顾右盼，也不会为眼前的障碍所迷惑，能够一心一意地向目标出发。

但是，鲲化为鹏，并非易事，需要长期的准备才行。在这方面，东西方的成功之道也是完全一致的。

春秋贤士宁越原先是中牟地方一个农民，他觉得耕田种地太辛苦了，就向朋友请教说：“怎样做才能摆脱这种苦差事呢？”

朋友说：“最好的办法是读书。读20年书就可以达到目的了。”

宁越说：“我想用15年实现这个目标。别人休息，我不休息；别人睡觉，我不睡觉。”

苦读15年后，宁越因学识渊博，被周威公聘为老师。

宁越的起点并不高，但能够持之以恒地学习，最后成为天子的老师，这就应了一句名言：机会属于有准备的人。

大鹏“怒而飞，其翼若垂天之云”的豪情固然令人羡慕，但当条件不成熟时，还需要像鲲在北海沉潜的耐心。

见地高超，成就自高

《庄子·逍遥游》中讥笑大鹏的蜱和小鸠很有意思，像极了生活中的小人物。他们很难理解杰出人士辛苦打拼到底是为了什么。“他那么有钱，又舍不得花，还成天忙碌劳累，真是不会享福啊！要是我，才不会这么傻呢！”说这话时，就不知道回过头想想：既然自己这么聪明，为什么无钱享受呢？还说别人傻！

小人物未必缺少天赋和才能，但缺少远大的理想。他们的最高愿望是开心享受生活，任何需要付出艰辛努力才有所成就的事他们都不感兴趣。天赋和才能只是他们向人炫耀的羽毛，而不是应用工具。他们也许是千里马，但从不奔跑，更不上赛场。他们只想轻轻松松获得“一食或尽粟一石”的待遇。如果得不到，就抱怨“千里马常有，而伯乐不常有”，然后使出一匹驴子的力气来应付差事。他们还嘲笑那些勤于事业的人不会生活。

如果说小人物有什么人生目标的话，那就是工作清闲一点，生活富裕一点，享乐多一点。可是，工作清闲跟生活富裕享乐多，却是相互矛盾的。所以，绝大多数小人物不能实现他们的目标，只能生活在缺憾和不满足中。若是侥幸致富，他们就由享乐而堕落，直到成为世界上最糜烂的一群人。

人们生活在世界上，虽然都是人类的一分子，差异其实挺大的，最大的差异在智能和抱负两方面。人与人了解之难，有时也是这两大差异造成的，就像庄子所说：小知不及大知，小年不及大年。

大凡心怀大志的人，都强调“大知”、“大年”，他们通常有如下两个特点：

第一，多用大智能，少用小聪明。大智能是什么？是一种追求可持续发展的艺术，小聪明是一种迅速达到目的手段。在大智能和小聪明之间，是大聪明。

我们不妨举个例子来说明小聪明、大聪明和大智能的区别。

好比一家商店，售卖的食品超过了保质期，按规定是要销毁的，那不是白白蒙受了损失吗？喜欢用小聪明的人，为了避免损失，就撕掉原来的标签，贴上新的标签，让顾客以为食品还很新鲜，稀里糊涂买回去，他们吃不吃，吃了好不好，那就顾不得了。

用小聪明解决问题，往往存在很多后续的风险。比如，顾客发现上当，再也不来买东西，就失去了一个顾客；工商部门来查处，罚款，吊销执照，损失就大了；顾客吃坏了身体，到法院打官司，麻烦就大了。所以，用小聪明解决问题，可能带来更多问题。

有大聪明者，却不这样干。比如，有一个老板，发现食品过期，他就主动打电话给工商部门，表明将当众销毁一批过期食品，要求派人来监督。工商的人一听，这样自觉的经营户真是难得，当即决定作重点宣传，通知媒体来采访。结果，该老板虽然损失了钱，知名度却提升了，顾客都放心到他这里买东西，他的生意更好了。

按大聪明做事，已经很不错了，但跟大智能比起来，还差得太远。仍以卖食品为例，大智能者的做法是，事先了解服务区的顾客消费趣向，提供顾客喜爱的商品；调查服务区的消费能力，确定各种商品的流量，保持合理的库存；通过改善管理降低成本，使商品价格更有竞争力；通过改善服务营造一个温馨氛围，使顾客宾至如归，等等。当你做好了这一切，你的商店里根本不会出现过期食品，你用不着采用宣传手段就顾客盈门，工商部门不会跑来罚款，也没有顾客扯皮打官司。这样不是更好吗？

第二，多用“长寿”的做法，少用“短命”的做法。在这里，“长寿”和“短命”当然是打比方，意思是长线行为和短线行为。前者追求长远的利益，后者追求眼前的好处。

“长寿”和“短命”还可以分成两层意思，一是事业的长久或短暂，二是精神的长久或短暂。

事业长久或短暂，很好理解，周朝有八百多年的历史，秦朝只有可怜的十几年；乾隆当了六十年皇帝，袁世凯只干了八十三天。前者长久而后者短暂，一目了然。

精神的长久或短暂，就如诗人臧克家所说：“有的人活着，他已经死了；有的人死了，他还活着。”这是指精神寿命。比如，孔子、老子、庄子或者商汤周文、秦皇汉武这些人，他们虽然死了，人们却还在传诵他们的事迹，学习他们的思想，这说明他们的精神还活着。

心怀大志者，往往追求精神长寿，对于生命的长度并不特别放在心上。这是很高的境界，却让普通人难以理解：人都死了，什么都不知道，还管身后的事干什么？法国的路易十六就是这样想的，他说：“在我死后，地球上洪水滔天都与我无关。”所以他穷奢极欲，只顾自己，不顾他人。结果法国人民起来造反，把他押上了断头台。脑袋掉了，名声臭了，真可谓“身与名俱灭”，太短命了！

其实，生与死只是一个相对概念，从某种意义上来说，人们从来不曾活过，也从来不曾死过。在出生之前，就以某种形态存在着，在死了之后，仍然以某种形态存在着。生与死，其实是存在的不同形态而已。所以，老子说：“死而不亡者寿。”这种肉体消失了而精神不灭的人，才是真正长寿的人。而心怀大志者，都是追求“长寿”的人。

虽然生死都是存在的形态，每个人的存在形态还是有差别的，心怀大志者，不但追求精神长寿，也追求更美好的形态。即使千百年后，人们还惊羡他们美好的形象，他们人生的珍贵价值也就体现出来了。

在平凡中变为超人

庄周梦为蝴蝶，翩翩起舞，那感觉一定很快乐。类似的梦，每个人大概也做过。不知蝴蝶梦我，还是我梦蝴蝶，这样瞬间的迷惑，每个人大概也有过。有时候，我们可能希望自己是梦中人，而不是现实中的这个我。

有可能变成梦中人吗？有可能吗？答案应该是：完全可能。

用道理来验证这个答案，太费劲了，我们还是来看一个真实故事吧！

凯尔泰斯·伊姆雷是匈牙利一位木材商的儿子，从小就比普通人呆笨，人们都喊他“木头”。9 岁之前，他除了因遵守课堂纪律而获得一枚玩具螺丝钉的奖励外，再也没有别的值得夸耀的地方。

12 岁时，他做了一个梦，梦见国王给他颁奖，因为他的作品被诺贝尔看上了。他不敢把这个梦告诉别人，因为别人肯定会嘲笑说：“这是做梦！”但他实在觉得这个梦很有趣，梦中的他是多么快乐啊！所以，他还是忍不住羞怯地把梦告诉了妈妈。妈妈鼓励他：“我曾听说，当上帝把一个梦放在谁心中，就是真心想帮助他完成。”

伊姆雷信心大增。他想：世界那么大，上帝竟然选中了我，我是多么幸运啊！

从此，他爱上了写作。在日后的生活中，伊姆雷饱经磨难，先是屡遭退稿，二战时又因为是犹太人，被关进了纳粹的集中营，好不容易才死里逃生。“倘若我经得起考验，上帝会来帮助我的！”他靠这样的信念活下来并坚持写作。

1965 年，他终于写出第一部小说《无法选择的命运》。以此为始，他又写出一系列佳作。

瑞典皇家文学院宣布：把 2002 年诺贝尔文学奖授予匈牙利作家凯尔泰斯·伊姆雷。他终于实现了少年时的梦境！

居里夫人说：“使生活变成幻想，再把幻想化为现实。”如果我们对现实生活不满意，不妨用想象设计自己想要的生活，然后把它当成自己的目标。

不要因为自己太平凡而不敢梦想。每一个巨人都是从凡人开始蜕变的，他们跟普通人的唯一差别是：给自己安上了梦想的翅膀，所以他们能飞得更高，走得更快。

某记者问一位著名的魔术师：“您成功的秘诀是什么？”

魔术师带着记者来到马路对面的一个下水道口，温和地说：“请躺在这里，试试你能看到些什么？”

记者屈身躺到地上。他闻到了下水道发出的恶臭，看到了香味四溢的饭店和富丽堂皇的商场，他还看见剧场门前熙熙攘攘的人群——他们都是慕名前来观看魔术师表演的观众。最后，他看到窗台下方有一行模糊的字迹，那是魔术师的名字。

魔术师说：“多年前，我是一个乡下来的孩子。冬天，我蜷着身子躺在这里。下水道口尽管恶臭，但比较暖和。我看到了食品和衣物，但我身无分文。我还看到了无数人到对面的剧场去看演出。我萌生了一个梦想：有一天，我也要走进这座豪华的剧院，不是去看演出，而是让别人看我的演出。这样想了之后，我就从地上捡起一根铁钉，用冻僵的手指，把自己的名字刻在水泥窗台上……你问我的成功秘诀是什么，答案就这么简单。我用一颗生锈的铁钉，把我的梦想刻在这里。每当我丧失信心时，我就来到这里，直到勇气重新灌满了胸膛。”

普通人并不缺少天赋和智能，缺少的只是一个为之奋斗的梦想。一个人无论起点多么低，哪怕像这个魔术师的童年一样，只是一个流浪的孩子，也有资格拥有梦想。

梦想有时看似遥远，一旦你坚守它，就极可能实现。

第十七课

目标高远，由低起步

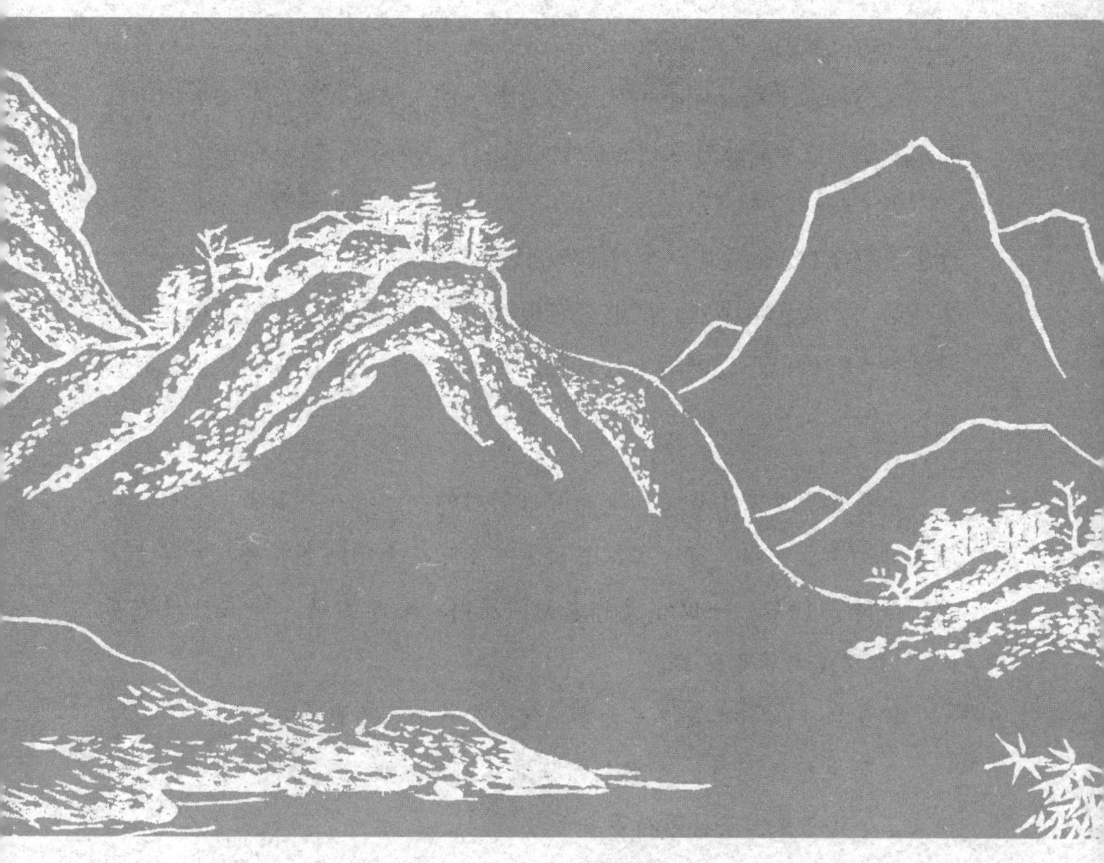

先拿出业绩，再计较待遇

任何人，如果只是为了获得薪水，而不去考虑自己的工作是否对得起那份薪水，这样的人永远都不会赢得上司的赏识和同事的尊重。

如果你抛开得失的计较，踏踏实实做好本职工作，加薪和升迁自然会到来。如果你再进一步，成为一个老板不可缺少的人才，必能受到重用，哪用得着担心吃饭问题呢？

有三种员工是公司不可缺少的，第一种人忠诚敬业，主动承担责任而无须上司监督。这种人让老板十分放心，永远没有丢饭碗之忧。

忠于职守的人，方可托以重任。只要一个老板稍具理智，就不会放弃忠于职守的人而重用一个对工作缺乏责任感的人。

第二种人忠诚敬业，能够替老板解决问题。这种人经常能创造他人难以替代的价值，让老板十分省心。因此，老板总是优先提拔他，并倚之为膀臂。

春秋贤士董安于就是一个能解决问题的人。他在赵国当宰相时，赵简主对他十分信赖。有一次，赵简主随军队从晋阳到邯郸去，半路上突然下令停止行军。一位官员前来询问原因，赵简主说：“董安于还在后面。”意思是要等董安于。

官员劝道：“行军是三军大事，何必受一个人的影响呢？”

赵简主想想也对，又下令部队继续前进。但是，才走了一百多步，他又下令停下来，坚持等待董安于。

董安于赶来后，赵简主说："秦国和晋国相交的道路，我忘了派人把它堵塞起来。"

董安于说："这正是我走在后面的原因。"

赵简主说："公家的宝物我忘了派人运来。"

董安于回答说："这正是我走在后面的原因。"

赵简主说："行人烛过年纪大了，他的话没有不被晋国学习效法的，我走的时候忘了向他辞行和聘请他。"

董安于回答说："这正是我走在后面的原因。"

你瞧，凡是赵简主当办而忘了办的事，董安于都替他办好了，赵简主怎么会不重用他呢？

多年后，赵简主和董安于都相继故世，赵简主的儿子赵襄子担任国君。晋伯联合韩、魏两国，想灭掉赵国。赵襄子要钱没钱，要粮没粮，要武器没武器，急得六神无主。这是，谋士张孟谈说："我听说圣人治政，财富藏在民间，而不是藏在公家的仓库里。当年董安于治理晋阳时，曾苦心经营，民心归服，足可一战。"果然，赵襄子一声令下，百姓齐声响应，钱有了，粮食有了，武器也有了。结果，赵国在三国围攻下，坚守了三年之久，为最后反败为胜创造了条件。

后来，人们评论说：赵国能在大军的围困下坚守三年之久，全靠董安于当年的深谋远虑啊！

一个像董安于这样的员工，哪个聪明的老板舍得放弃他呢？他又何须担心得不到优厚报酬呢？

第三种人忠诚敬业，把公事当成自己的事，为了团队利益而不计个人得失。这种人让老板十分动心，永远不必担心老板会炒他的鱿鱼。

世间的道理总是这样：越是强调"拿一分钱干一分活"，越是没钱花；越是不计报酬，报酬反而找上门来。把公事当成自己的事，老板也会把你当成自己人。

如果你想得到重用，有必要记住这句话：你不是在为别人工作，而是在为自己工作。当你具备了做主人的心态时，你就会不断提升自己的价值，成为老板不可缺少的人才。

拥有真本领，终有发达时

南怀瑾大师说："一个人不怕没有地位，最怕自己没有什么东西站得起来。根本要建立。如何建立？拿道家的话来说：立德、立功、立言——古人认为三不朽的事业，这是很难的成就……这个'立'，是自己真实的本领，自己站得起来。不怕没有禄位，怕的是自己的修养不够。同时也不要怕没有知己，不要怕没有人了解，只要能够充实自己，别人自然能知道你。"

有的人天天抱怨没有人了解自己的本事，没有人重用自己的才能，抱怨"千里马常有，而伯乐不常有"，却从来不想想：自己到底是不是千里马呢？俗话说，是骡子是马，拉出来遛遛，假如真的是千里马，就要拿出脚力来。老是躺在那里等草料，人家怎么看得出你是千里马呢？

如何证明自己是千里马呢？首先要在立德、立功、立言上下功夫，让别人清楚地看到自己的价值。

如何立德？就是拿出好心来，多做有益于人的事。雷锋只是一个普通战士，因为爱做好事，就全国扬名，成了大家学习的楷模。

当然，不是每个人都要把"立德"做到全国扬名的地步，但至少要在本单位树立一个好形象，让领导、同事和下属都称道你的德行。

什么是"德"呢？每个时代、每个国家、每个地区、每个团队都有不同的标准，我们当然只能与时俱进、入乡随俗。就工作单位来说，具有团队精神、忠诚敬业、勇于创新、勤劳节俭，都是公认的美德。认认真真体现这几个方面的德行，自然会受到欣赏和重视，你在工作单位的地位就确立了。

苏格拉底说："美德即知识。"一个人学到了多少书本知识、掌握了多少办事技能，并不是成功的关键，只要具备了美德，就具备了最大的才能。

如何"立功"呢？当然要用业绩说话。美国前总统约翰·肯尼迪曾在就职演讲中说："不要问你的国家能为你做些什么，而应该问你能为国家做些什么。"

假如你是公司员工，不妨把这句话改为："不要问你的公司能为你做些什么，而应该问你能为公司做些什么。"

在职场中，人们都关心自己的利益，关心自己能否获得足够的收入和升迁机会，却很少有人会问自己："我能为公司提供什么？我能为同事做点什么？我能为下属做点什么？"

经常问自己"我能为公司做什么"，并在工作中切实付出而不斤斤计较报酬的职员，根本不用担心没有获得回报的机会，更不用担心会失业。职场中人，如果能经常问自己"我能为公司做些什么呢"，那就是思考到了正确的问题和做了正确的事。

如何"立言"呢？当然要设法让自己的意见成为大家的意见。这并不是说，应该唠唠叨叨，到处发表高见，而是要说出真知灼见，使人心悦诚服，并乐于听从。如果老板、同事、下属遇到什么问题都乐意听听你的意见，你的地位就确立了。

当我们想表达意见时，不要急于夸夸其谈，最好事先为发言做好准备工作，拿出成熟的、行之有效的意见。这是"立言"的关键。

抓住眼前也就抓住了永远

在《庄子·内篇·逍遥游第一》中，庄子说："适莽苍者，三飡而反，腹犹果然；适百里者，宿舂粮；适千里者，三月聚粮。之二虫又何知！小知不及大知，小年不及大年。"

到近郊的草木间去，一天在那里吃上三顿饭，回来了肚子还饱饱的；假如走一百里路呢？就不同了，得带一点干粮，说不定要两三天才能回来；如果走一千里路，那就要准备带两三个月的粮食了。南怀瑾先生进一步讲，看上去这是庄子在告诉我们出门旅行该怎么准备，实际上讲的却是人生的境界。前途远大的人，就要有远大的计划；眼光短浅，只看现实的人，恐怕只能抓住今天。我们应该做的不只是拥有今天，还应该抓住明天、后天，抓住永远。

如何抓住永远？只有让你的人生持续发展，为今后的旅程做好充分的准备，才能走得更远，而非永远停留在一点。

有两个和尚分别住在相邻的两座山上的庙里，两座山之间有一条小溪，两个和尚每天都会在同一时间下山去溪边挑水，久而久之二人成为好友。时光飞逝如白驹过隙，在每天一成不变的挑水中不知不觉已过了五年。

突然有一天左边这座山的和尚没有下山挑水，右边那座山的和尚心想："他大概睡过头了。"便没有在意。哪知第二天左边这座山的和尚还是没有下山挑水，第三天也一样。过了十天还是一样，直到过了一个月，右边那座山的和尚终于受不了了，他心想："我的朋友可能生病了，我要过去拜访他，看看能帮上什么忙。"于是他便爬上了左边这座山，去探望他的老朋友。等他到了左边这座山的庙里，看到他的老友之后大吃一惊，因为他的老友正在诵经读书，一点也不像一个月没喝水的人。他很好奇地问："你已经一个月没有下山挑水了，难道你可以不用喝水吗？"

左边这座山的和尚微笑着说："来，我带你去看。"于是他带着右边那座山的和尚走到庙的后院，指着一口井说："这 5 年来，我每天做完功课后都会抽空挖这口井，即使有时很忙，能挖多少就算多少。如今终于让我挖出水，我就不用再下山挑水了，可以有更多时间诵经打坐，钻研佛理。"

世界上有三种人：第一种人只会回忆过去，在回忆的过程中体验感伤；第二种人只会空想未来，在空想的过程中不务正事；只有第三种人将现实与理想完美结合，高瞻远瞩，脚踏实地。只有将昨天、今天、明天的事情都打理妥当，才能走好漫漫人生路。

有些人做事只图眼前利益，而不会为长远打算。眼前可以得到的利益总给人一种实实在在的感觉，短视的心理却常常使人们失去本应该能够得到的美好事物。也许人们认为自己的行为是更注重现实，而实际上是自己将未来的发展与成功的机遇白白浪费掉了。沉湎过去和未来就会迷失现在的一切，甚至包括自身。

有一个人经常出差，经常买不到坐票。可是无论长途短途，无论车上多挤，他总能找到座位。

他的办法其实很简单，就是耐心地一节车厢一节车厢找过去。这个办法听上去似乎并不高明，但总是很管用。每次，他都做好了从第一节车厢走到最后一节车厢的准备，可是每次他都用不着走到最后就会发现空位。他说，这是因为像他这样锲而不舍找座位的乘客实在不多。经常是在他落座的车厢里尚余若干座位，而在其他车厢的过道和车厢接头处，居然人满为患。

他说，大多数乘客轻易就被一两节车厢拥挤的表面现象迷惑了，不大细想在数十次停靠之中，从火车十几个车门上上下下的流动中蕴藏着不少提供座位的机遇；即使想到了，他们也没有那份寻找的耐心。眼前一方小小立足之地很容易让大多数人满足，为了一个座位背负着行囊挤来挤去有些人也觉得不值。他们还担心万一找不到座位，回头连个好好站着的地方也没有了。与生活中一些安于现状、不思进取、害怕失败的人永远只能滞留在没有成功的起点上一样，这些不愿主动找座位的乘客大多只能在上车时最初的落脚之处一直站到下车。

急功近利是人性的一面。许多人贪图小便宜，往往被眼前的小利益迷惑，殊不知在得到的同时却往往失去了更多。生活中，我们常常被眼前利益的绚烂外貌蒙住了双眼，宁愿一直低头享受那片刻的短暂欢愉，也不肯抬起头望望远方，去寻找更大的空间。只为眼前利益的人，受人性所限，只会陷入庸人自扰的无边烦恼；唯有立足长远的人，才能突破人性的瓶颈，活出智慧人生。

人生是一次有计划的旅行，只有做到执着而有远见，自信而把握关键，才能拥有一张人生之旅中永远的坐票。

人生要耐得住寂寞

老子所说的“同于道者，道亦乐得之”，与孔子的“德不孤，必有邻”，道理相似。修道的人，自然会与修道的人在一起，因为志同道合。所以，南怀瑾先生笑言，做人做学问，也一定要耐得住寂寞才行啊！

无论做什么事，都不要做表面功夫，坚持自己的理想，不要被外在的事物所影响。因为，真正为道德做学问的人，要“富贵不能淫，贫贱不能移，威武不能屈”，节操不移，才能出世入世，志在利他。

从前，有位年轻的猎手，他枪法极准但总捕猎不到大雁，苦恼的他找到一位长者求教。长者把他领到一片大雁栖息的芦苇地，指着站得最高的一只大雁说：“那只大雁是放哨的，我们管它叫雁奴。它只要一发现异常情况就会向雁群报警，所以接近雁群往往是很困难的。但我有办法，你现在故意惊动雁奴再潜伏不动。”年轻人照做了。雁奴发现年轻人后立即向同伴发出警告，正在栖息的雁群闻讯后纷纷出逃，但没发现什么，便又飞回原地。长者让年轻人试了好几回。终于，几乎所有的大雁都以为雁奴谎报军情，纷纷把不满发泄在雁奴身上，可怜的雁奴被啄得伤痕累累。“现在，你可以逼近雁群了。”长者提醒道。于是，年轻人大摇大摆地走进了芦苇地，雁奴虽瞧在眼里但也懒得再管，年轻人举起了猎枪……

人类社会也常常会这样，忠诚的人被误解，被误解的人不能坚持到底。

说到志在利他的寂寞者，便想起了鲁迅先生笔下的“魏连殳”，一个最终没能坚持自我的孤独者，一个在孤独中悲哀死去的理想破灭者。

曾经历过辛亥革命风暴，接受过五四新思潮洗礼的魏连殳原是一个正直、善良、不满现实的知识分子，在贫困的境遇里遍尝人间辛酸，饱尝世态炎凉。生活经历使他一度成为旧势力面前的叛逆者、旧习俗笼罩之下的异路人。看透了旧制度所特有的产物——虚伪、冷酷，所以“对人总是爱理不理的”，但他冰冷面容下仍未失去火热、善良之心——愿给失意者和小孩子以温暖。

魏连殳为社会所不容，不得不在被嘲笑、被咒骂、被排挤中打发时光，在冰冷凄苦的环境中忍受着被侮辱、被欺凌的精神苦刑，咀嚼着不可排遣的孤独、寂寞。当流言追逐他、失业打击他、数千年传统的灰色人生逼迫他走向绝境时，他终于向残酷的现实低头，他投进军阀怀抱乞求“实际”，躬行起“先前所憎恶、所反对的一切”。

实际上，他是在“胜利”的喧闹中独饮悲哀痛苦的冷酒，最终背负着不可愈合的内心创伤而悲惨死去。魏连殳是个失败的、迷失自我的寂寞者，无法在与现实的博弈中保全自己的理想与尊严，一时的妥协却换来了心灵的沉沦。

寺院中都有不可违背的清规戒律，即便如此，有些和尚还是会屡屡犯戒。这天，刚刚做完日常佛事，僧侣们正要走出禅房时，方丈守心法师扬手碰落了供台上的一个瓷瓶，摔了个粉碎。众弟子一下愣在那里，不知方丈的这一举动，是有意为之，还是无意所致。守心法师见学僧都以探询的眼光看着自己，便语气凝重地说：“一抔泥土，不知经历了多少工序，经过了多长时间的煅烧，才超脱成珍贵的瓷瓶，被我们摆上了神圣的供桌，成为一件高贵圣洁的法器。如果保存好了，千百年都不会损坏，可以万世流传。可是，扬手之间，它就坠落于地，一文不值了。同理，一个人，尤其是敛德修行的僧人，取得了法号，悟出个境界，不是件易事！若不珍惜、不自律，堕落起来与瓷瓶无异！”僧侣都默默无语，有些人忽然有所顿悟，合掌跪地，深表忏悔。

戒律如此，本心也是如此，志在利他的寂寞者总是曲高和寡，高处不胜寒，要耐得住寂寞，耐得住别人的口舌，实是不易，一不小心，打碎的便不只是寂寞了。苏轼在《水调歌头》中有一句写道：“我欲乘风归去，又恐琼楼玉宇，高处不胜寒。起舞弄清影，何似在人间？”屈原在所处的时代，也是“众人皆醉我独醒”，不过寂寞了一时，依然赢得了一世盛名，忠心高洁，世人皆知，可谓了无遗憾了。

第十八课

学无常师，多方求教

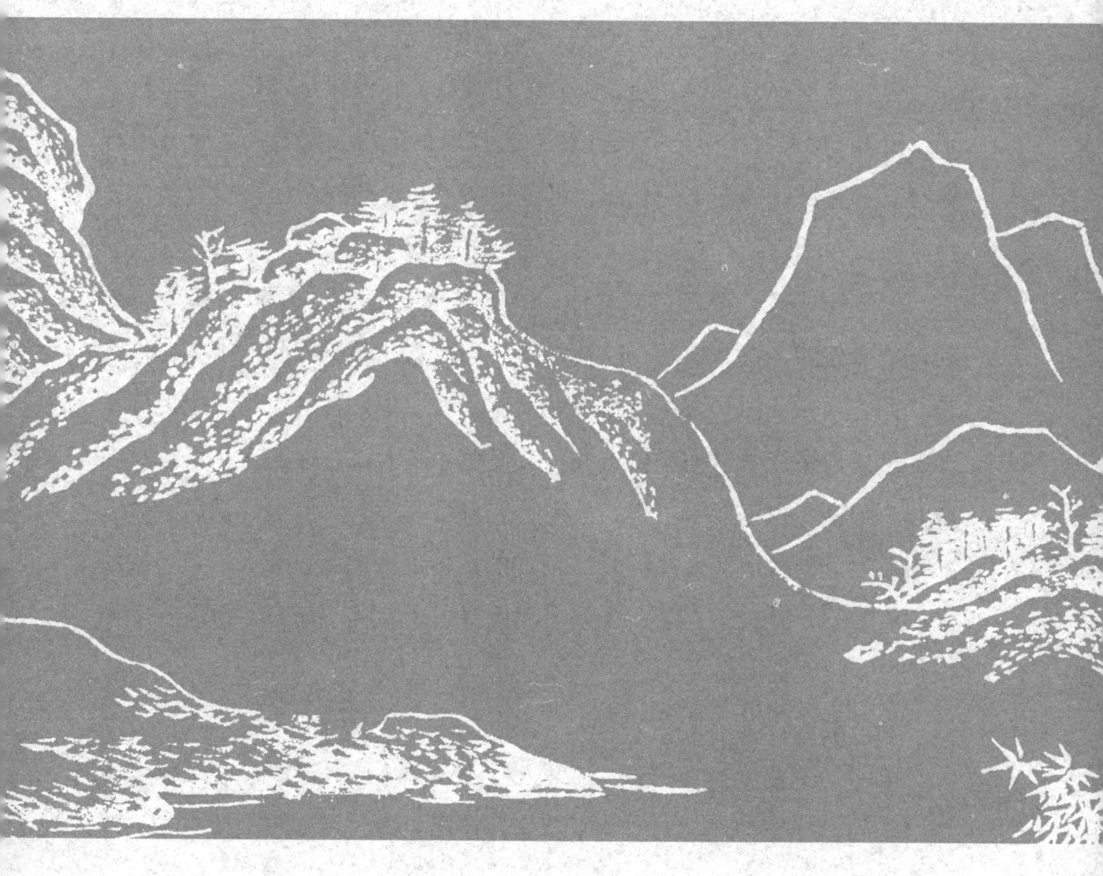

别被学问捆住手脚

子夏认为，即使是微不足道的小技巧，也一定有可取的地方。南怀瑾大师进一步解释说："人生天地间的学问，分门别类，不止一种，虽然有很多小道，如下棋、写中国字、作诗、刻图章，甚至于打牌吧，这些都不是什么大学问，只是小道，古人所谓雕虫小技。但也是学问，并不简单，都很难，如果深入去研究，都会有所成就。"

任何技术都有可取之处，比方说打篮球，好像只是玩玩，可是玩好了，没准 NBA 会花上千万美元请你去打球，玩给大家看；又比方说打麻将，好像是玩物丧志的东西，可是玩精了，没准麻将协会也要请你去当教练。

虽然任何技巧都有可取之处，仍然只是"小道"，不仅打牌下棋如此，领导才能、管理技巧，以及世间一切技术，都是如此。那么，什么是"大道"呢？你的人生目标才是大道。对孔子来说，他的人生目标是弘扬仁义道德，所以他一再宣称仁义道德才是大道。你的人生目标可能跟孔子一样，也可能不一样，关键看你自己的趣向。但最好把目标放远大一点。正如南怀瑾大师所说："前面的目标不放远大，专抓一点小成就当成大学问，就被困住了，像掉进泥坑里去了，爬不起来，所以君子不取小道，宁可走大路。"

如何走大路呢？有两个要点。

第一，不要受专业限制。在很多人的头脑中，"专业对口"的观念根深蒂固，好像学什么就只能干什么，在择业时，将视点全放在相关的行当上。实际上，任何专业都是“小道”，关键是要把人生目标选好。鲁迅年轻时立志改变中国人“东亚病夫”的形象，所以他去学医，想改良中国人的身体素质。后来，他发现改变中国人的精神更重要，又以此为目标，毫不犹豫地抛掉医学这种小道，拿起了笔。其实学医和从文都是“小道”，那么鲁迅的“大道”是什么呢？他学医时，大道是提升中国人的身体素质；从文时，“大道”是改变中国人的精神素养。他坚定地走自己的大道，所以能将“小道”发扬光大。

第二，不轻视“小道”，但只做与目标有关的事。假设人生目标是道路，那么专业技术就是行路的交通工具。没有哪种交通工具绝对是好的，也没有哪种交通工具绝对是坏的。小车虽然先进，到了山沟沟里，还不一定有毛驴跑得快呢！同样的道理，无论从事什么工作，都无高尚低下之分，关键在于目标是否高尚，以及能否成功地实现目标。

为了达到目标，一定不要轻视任何专业技术，也不要迷恋任何专业技术。这就是所谓的能“入乎其内，出乎其外”。用什么技术或不用什么技术都不要紧，一切应以目标为指向。心中执着于目标，就不会偏离方向。

生命有限，技能无穷，我们不可能把什么事情都学好，也不可能在每一项工作上都取得杰出成就。但围绕目标去学习，去实践，无疑是最有效率的做法。

学无常师，多方求教

子夏说“贤者识其大者，不贤者识其小者，莫不有文武之道焉”，耐人寻味。

孔子也说的“三人行，必有我师”，这并不是故作谦虚，而是他认识到了从别人那里学习的重要性。

在生活中，有一些人，虽然身处低位，无权无钱无名，却具有智慧，并且善于总结经验。

伊尹未发迹前，不过是有莘国君的奴隶，地位十分低贱，但他确实很有学问。可惜有莘国君不识其才，看他烧得一手好饭菜，便让他当了厨师。伊尹十分注意学习，常借迎来送往、招待宾客之机，从宾客们口中了解天下大事。

有一次，商汤王的左相仲虺因公事从有莘国过境，逗留数日。伊尹便借招待他的机会，多次与他接触。交谈中，仲虺发现伊尹是个难得的人才，回国后，便将伊尹的详情禀告了商汤，并借商与有莘国结亲之机，要求让伊尹作为陪嫁奴隶。这样，伊尹就来到商汤家中。但商汤认为一个奴隶不可能有多大本领，仍让他去当厨师。伊尹常乘机接近商汤，利用烹调做比喻向商汤陈说政治见解，先后达70次，商汤均不为其所动。

一天，伊尹故意将几样菜蔬做得淡而无味，或咸不入口，一同献给商汤。商汤大为不满，立刻召伊尹前来问话。伊尹对商汤说：“大王，烧菜既不能过咸，也不能太淡。过咸则难于下咽，过淡则无滋味。治理国家也是同样的道理啊！既不能操之过急，急则生乱；又不能松弛懈怠，懈怠必然使国事荒疏。”

伊尹停顿了一下，见商汤听得聚精会神，便继续说：“如今，夏王桀荒淫无度，昏庸暴虐，民心尽失，天下纷乱，黎民百姓饱受其苦，恨之入骨。而大王您以仁德治国，伸张正义，取信于民，已是众望所归，为当今天下唯一贤明的君主。您何不适时起兵，伐夏救国，拯救万民于水火之中，成就惊天动地的伟业呢？”随后，伊尹详尽地分析了天下大势，论述了消灭夏朝的具体步骤和策略。

商汤这才发现伊尹是个杰出人才，当即宣布解除他的奴隶身份，并任命他为右相，与仲虺一同辅佐朝政，共同筹划灭夏大计，终于大功告成。

伊尹的事例说明，一个人有没有学问，不能看他的身份，不能看他的财势，不能看他的学历。有的人瞧不起地位低的人，认为向地位低的人请教有失身份。其实，在生活中，“伊尹”不止一人，其中多数人未能立业扬名，但不等于他们的学问没有价值。我们看见的某个厨师，说不定他是一个尚未发迹的“伊尹”呢！我们看见的某个老钓翁，说不定他是一个尚未发迹的“姜子牙”呢！我们看见的某个小商人，说不定他是一个尚未发迹的“宁戚”（齐桓公的大臣）呢！向“伊尹”、“姜子牙”、“宁戚”们求教，怎么会有失身份呢？

即使对方不是“伊尹”、“姜子牙”或“宁戚”，不过是一个很普通的人，只要他有一技之长，也值得我们请教。如此积少成多，必成大学问。

对任何一个期待事业有成的人来说，仅凭从某个名师那里学到的一点有限知识是远远不够的，多方求教，方能“集众美于一炉”，练成一鸣惊人的绝艺。

增长智慧的捷径

孔子所说的“畏”，不光是害怕、恐惧的意思，主要是敬畏的意思。

南怀瑾大师认为，只有最聪明的人和最笨的人才可以无畏，这是很有道理的。最聪明的人无畏，是因为他知道危险会来自哪里，能小心地避开；最笨的人根本不知道有危险，自然不害怕。

尽管孔子提倡应该有所畏惧，绝大多数人却以“无所畏惧”为本事，这是什么原因呢？因为人们普遍认为自己已经足够聪明。事实上，只有孔子这种“知天命”的人才称得上足够聪明，一般人根本没到这境界，还是有所畏惧的好。

为什么要“畏天命”呢？因为“祸福生于隐约之中”，都由“天命”掌管，经常以出乎意料的方式出现在我们面前，令人不得不畏。

“天命”是什么？我们将它理解为自然规律，或理解为神佛，都无不可，反正是某种我们无法控制的东西，但可以发挥主观能动性，使它帮助自己趋利避害。

当然，要相信自然规律是科学。这当然有道理，科学还是要搞，对那些科学暂时还搞不清的事物，比如自然规律，不妨假定为“天命”。孔子“敬鬼神而远之”，可见他谈“畏天命”，也不是提倡迷信，他只是承认有某些自己无法了解的事物存在，而且在发挥人力所无法阻挡的作用，不得不有所敬畏。

“天命”的威力，不是靠人的有限智慧能测知的。有时我们看起来必然成功的事，却因为某个意外的变故而失败了；有时我们看起来很绝望的事，却因为某个意外的机遇而成功了。这并不是自己事先设计的套路，但其中肯定存在某种逻辑关系。我们有很多更重要的事需要做，根本没有必要穷毕生之功去搞清这种逻辑关系。

《三国演义》中的诸葛亮，是智慧的化身，他运筹帷幄，战无不胜，呼风唤雨，无所不能。可是他也拿“天命”没有办法。当他用计火烧司马懿父子，眼看司马大军就要覆灭，一场大雨忽然下来，救活了司马父子，所以他不得不仰天长叹：“谋事在人，成事在天！”

既然诸葛亮都对“天命”束手无策，我们智不过诸葛，怎么能不有所敬畏呢？

什么人可以不畏“天命”呢？不是聪明人，而是生性达观的人，他们抱着“尽人事而听天命”的心态，把一切都看得淡薄，自然会胸襟开阔，失意泰然、得意淡然、无忧无虑、无怨无责、心身愉快、无处不适、无处不安。

为什么要“畏圣人之言”呢？圣人，往往有很强的洞察力，对世道人情的理解比一般人深。追随圣人之言去探索，往往能让自己达到更高的境界。不把圣人的话当回事，轻视它们，“恶搞”它们，得到的不过是无知和妄语，对自己的身心智能都是没有好处的。

“畏圣人之言”，实际上是畏自己的无知。大千世界无穷，人的智力有限，穷毕生精力，也难以理解万一，所以在做人做事时，难免经常有不知对错、无所适从之感。如何解决这个苦恼呢？向智慧高于自己的“圣人”学习。我们用不着把圣人之言当金科玉律，但是把它们当成学习的基础，无疑是提高自身智慧的捷径。

不怕不懂，就怕装懂

我们从小就听到过“知之为知之，不知为不知”这句话，可有几个人真正地理解并运用呢？这是《论语·为政》中孔子说的：“由，诲女知之乎！知之为知之，不知为不知，是知也。”

孔子说：“子路，我教导你的话，明白了吧！凡事知道就是知道，不知道就是不知道，这是真正的‘知道’。”南怀瑾认为一个敢于说自己“不知道”的人才真有气魄。

凡事都要想好了再去做，莫要不懂装懂，那样不仅会让人看不起你，而且会让你事业受挫。生活中，不怕一知半解，不怕一无所知，怕只怕不懂却要装懂。事实上，不懂装懂本身就是一种无知的表现，它同无知一样可怕。

其实，承认自己也有不知道的事并不丢人，为了要自抬身价而不懂装懂，一旦被对方看穿，反而会令对方产生不信任感。

韩愈说“闻道有先后，术业有专攻”，每个人都有自己的专长，不可能每件事都很精通。因此，做人就应不耻下问，即使是自己精通的事，也要以很谦虚的态度来展现实力，这样才能说服他人。

古希腊著名哲学家苏格拉底讲过：“就我来说，我所知道的一切，就是我什么也不知道。”以最简洁的形式表达了进一步开阔视野的理想姿态。可以说，至今仍有很多人信奉他这句名言。无论你多么伟大，无论你多么有才能，你也有不知道的地方，说不知道并不就意味着你无能，反而会在你勇敢承认的同时获得更多的称赞。

有一位学问高深、年近八旬的老妇人。她原是大学教授，会讲五种语言，读书很多，语汇丰富，记忆过人，而且还经常旅行，可以称得上是见多识广。然而，人们从未听到过她卖弄自己的学识或对自己不了解的事情假称通晓。遇到疑难时，她从不回避说“我不知道”，也不用自己的知识去搪塞，而是建议去查阅有关专著、资料，以做参考。看到老人的这一切，每个跟她接触的人才真正懂得了怎样才能被别人敬重，怎样才能获得做人的尊严。

心理学家邦雅曼·埃维特曾指出，平时动不动就说“我知道”的人，头脑迟钝，易受约束，不善同他人交往。迅速和现成的回答，表现的是一种一成不变的老一套思想；而敢于说“我不知道”所显示的则是一种富有想象力和创造性的精神。埃维特还说，如果我们承认对这个或那个问题也需要思索或老实地承认自己的无知，那么我们自己的生活方式就会大大地改善。或许，这才是做人做事的真正学问。

学问越多越自认无知

孔子曾对他的学生说："你们以为我有学问吗？我老实告诉你们，我一点学问都没有，我什么都不懂（子曰：吾有知乎哉？无知也。有鄙夫问于我，空空如也，我叩其两端而竭焉）。有不曾受教育的人来问我，我实在没有东西，就他的程度所问的，我便就我所知的答复。"南怀瑾先生认为孔子最伟大的地方就在于他的学问、修养很高，却能保持谦恭的态度。

孔子的谦虚在《论语》中有很多处表现，我们说最高的知就是"无知"。为什么要这样讲？因为要一个人骄傲是很容易的，但是让一个人谦恭却很难。古话有"文人相轻"，说文人之间互相看不起对方的文章与学问。其实，何止是文人啊？很多人都有这个心理，总觉得这个事情只有让我来做才能做得好，别人则一概瞧不上。我们身边自负的人比比皆是，但是真正谦恭的人却很少见。

在一个经常交织着风雨雷电的古老星球中，住着两位仙人，一位叫自负，另一位叫谦虚。有一次，自负仙人认为自己比谦虚仙人厉害，就想去挑战谦虚，想战胜在这星球上唯一能与他抗衡的谦虚仙人。见到谦虚，自负认为一定能战胜谦虚，总纠缠着他不放，谦虚为了不伤和气，也就勉强接受了他的挑战，不过不是动武，而是提出要赌一场。赌什么呢？经过一番讨论后，他们决定赌谁能在另一个星球中走向成功。主意已定，两人便一同向地球飞去了。

来到地球后，他们各自化作一个打工者，来到同一家公司应聘，当踏进此公司时，自负就向谦虚夸下海口说他一定会被这家公司聘用。谦虚什么也没说。进入面试室后，自负改不了自身的毛病，一坐下来就跷起二郎腿滔滔不绝地说着他的宏伟蓝图，还把工作人员递给他的一份企划案批得一无是处；而谦虚则保持着他一贯的态度，对企划案礼貌地提出不同的意见，遇到不明白的地方还虚心地询问工作人员。面试后，自负很是得意，认为自己留给工作人员的印象一定不错，肯定能被聘用。心里越发瞧不起谦虚，甚至想象着回到星球后如何大张旗鼓地庆祝自己赌赢了。

过了一会儿，面试结果出来了，工作人员宣布正式聘用谦虚。听到这个宣布，自负很不服气地对工作人员说："我哪样不比他强，为啥不选我呢？"工作人员只说了一句话："因为你太自负了。"最后自负低着头，灰溜溜地走出了这家公司。自负仙人知道自己输了，沉着脸，低着头，飞回了那古老星球。

现实生活中我们往往会发现这样的现象：一些取得成就的人，往往会上演一幕小人得志的丑剧，将最初的谦恭忘得一干二净。这样的人其实不具备谦虚的美德，但伟大的人则不会如小丑般，他们的谦恭是由内而外、自始至终的。

越在名利的顶峰处显示出的虚心，越发显得弥足珍贵。谦虚是每个人获得成功必不可少的品质。在你到达成功的顶峰之后，你会发现谦虚真的十分重要。因为只有谦虚的人才能得到智慧。一个人如果把自己放得太高，眼睛里就看不到地上的万事万物，而只能看见天上的白云。脚跟都沾不着地面的人，怎么能踏实做事呢？

第十九课

君子之交淡如水，岁久才觉情愈真

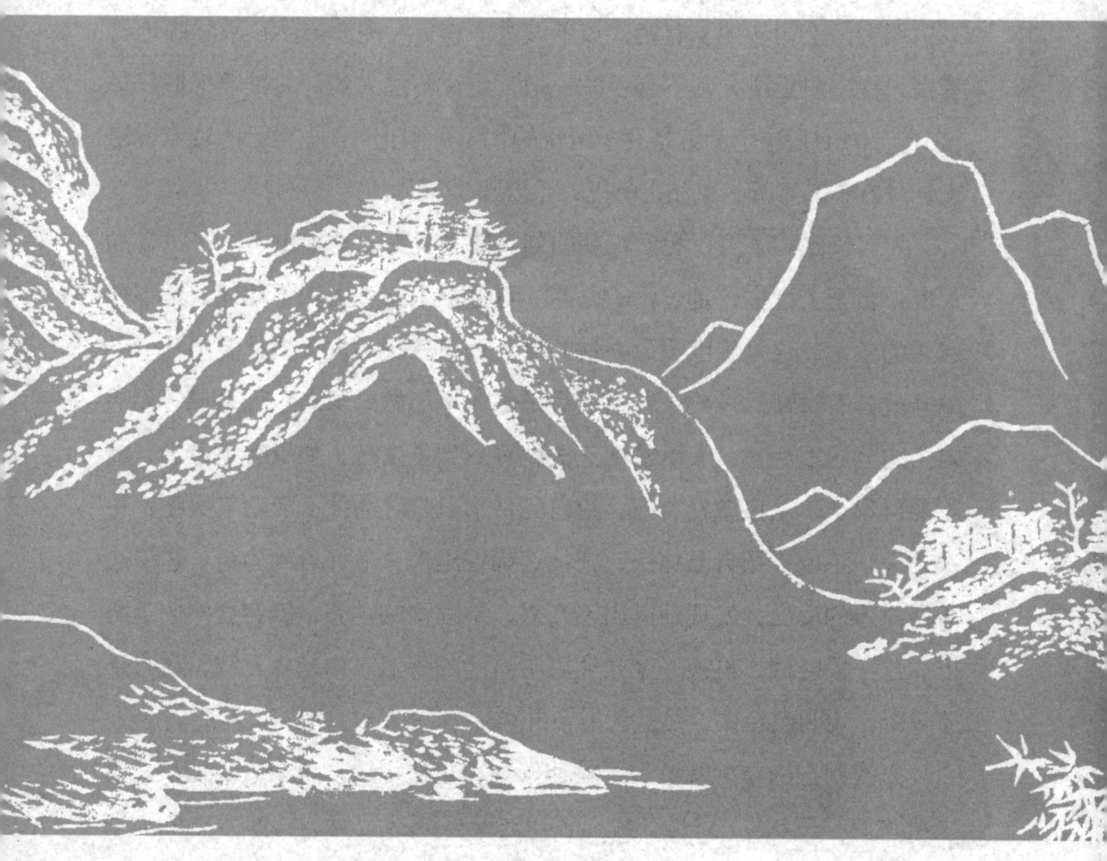

耐心经营你的人际关系

有人说:“良药苦口利于病，忠言逆耳利于行。”这话的确不假。但是，谁爱吃苦药呢？小孩常把吃苦药当成虐待，大人常把逆耳忠言视为人身攻击。所以，进“忠言”的结果有时是“好心没好报”，对方非但不感激，反而心生怨意。

那么，上司和朋友有错，该不该进“忠言”呢？当然！眼睁睁地看着别人往陷阱里跳，却不伸手拉一把，是说不过去的。关键要把握好进“忠言”的度，这个度就是孔子所说的“不可则止”：把自己的观点说出来，对方不愿意听，就闭上嘴巴，不要喋喋不休。

如何确定“不可”呢？汉朝的刘向在《说苑》里提出了一个进言的尺度：君王有过失，是危亡的先兆。看见君王有过失却不劝谏，是不顾君王的危亡，这是忠臣不忍心做的事。劝谏三次不被采纳就要离开，不离开就会有送命的危险。轻易送命是仁人不愿做的事。也就是说，如果君王的问题很严重，大臣劝谏三次就算尽到了责任，如果听不进去，就不要再说了，以免激怒君王，给自己带来危险。为什么要劝三次呢？每次劝说，不要只顾自己痛快，把什么都说出来。最好点到为止，边说边观察对方的反应，发现他露出不高兴、不耐烦的神态，就要立即闭上嘴巴。过一段时间，再换一个角度表明自己的观点。如是者三次，对方还不肯听，说明已经铁了心了，不必再劝。

三次则止的原则既适用于劝谏领导，也适用于劝说亲人、朋友。这里所说的“三次”，只是一般而言。对某些固执己见、独断专行的人来说，劝他一次也是多余。比如，隋炀帝曾对大臣宣称："我天性不喜欢听相反的意见，所谓敢直谏的人，都自说其忠诚，但是我最不能忍耐。你们如果想升官晋爵，一定要听话。"遇到一个这样的君主，不妨把所有的忠言都烂到肚子里，以免给自己招灾惹祸。

对朋友也是这样，有时劝说一次也是多余。为了说明这个道理，南怀瑾大师讲了一个故事：

湖南才子王湘绮是曾国藩的幕友，当曾国藩率领的湘军在前方和洪秀全作战，开始露败象的时候，王湘绮想请假回家。有一天晚上，曾国藩因事去找他，看见他正坐在房里专心看书，就站在后面不打扰他。差不多半个时辰，王湘绮还不知道，曾国藩又悄悄地退回去了。第二天早上，曾国藩就送了很多钱，诚恳地安慰一番，让王湘绮立刻回家。有人问曾国藩，为什么突然决定让王湘绮回去？曾国藩说，王先生去志已坚，无法挽留了，何必勉强呢？再问曾国藩何以知道王湘绮去志已坚？曾国藩说，那天晚上去王湘绮那里，他正在看书，可是半个时辰没有翻过书。可见他不在看书，在想心思，也就是想回去，所以还是让他回去的好。

南怀瑾大师还说："对上位者如有不对的地方，做干部的，为了尽忠心，有劝告的责任。但劝告多次以后，他都不听，再勉强去说，自己就招来侮辱了。对朋友也是这样，过分的要求或劝告，次数多了，交情就疏远了。这里，孔子告诉子贡，交朋友之道，在'忠告而善道之'。尽我们的忠心，劝勉他，好好诱导他，实在没有办法的时候：'不可则止'，就不再勉强。假如过分了，那就不行；'毋自辱焉'，朋友的交情就没有了，变成冤家了。"

假如对方是对我们非常重要的人，必须让他接受正确意见，又该怎么办呢？对此，我们首先要把握三个原则：

第一个原则是：多说顺耳忠言，不要贬低对方。我们要对人说忠言时，在未说之前，先以甘言冲淡其刺激性，肯定对方的优点，然后再说规劝的话，人家也就容易接受了。

《菜根谭》说：“攻人之恶毋太严，要思其堪受；教人之善毋过高，当使其可从。”在任何时候，我们都要顾及对方的自尊心，不能因为自己的意见是对的，就理直气壮地坦率陈言。比如，父母对孩子说：“你看隔壁的小明，又勤快成绩又好，你咋不学学人家呢？”又比如妻子对丈夫说：“你瞧人家大刘，房子有了，车子有了，票子也有了，你有什么呢？”像这样的所谓忠言，不论是大人还是小孩，都是听不进去的，说了不如不说。

第二个原则是：让对方明白你的好意。你说忠言，到底是为了贬低他抬高自己，还是为他好，他也许并不明白，所以，你要设法让他感到你的好意。在此之前，忠言不必出口。此外，讲话时态度一定要谦和诚恳，用语不能激烈，否则对方就会以为你在教训他；也不必过于委婉，否则他会认为你惺惺作态。

第三个原则是：选择适当的场合。原则上讲，最好避开第三者，以一对一方式进行，以免让对方产生当众出丑的感觉。

把握了以上三个原则之后，还要讲究劝说的技巧。但是，这方面的技巧很多，限于篇幅，不一一介绍，这里仅推荐三种很适用而且效果明显的方法：

第一招：顺毛摸。当对方说出某个意见，顺着对方的意思说出相反的结果，使对方意识到自己的错误。这就好比数学里的反证法。

有一次，晋文公发现烤肉上缠着头发，就叫来厨师大骂：“你存心害死我吗？为什么烤肉上缠着头发？”

厨师忙跪下来，说：“我有罪：我磨刀时，把刀磨得像干将莫邪一样锋利，能切断肉，却切不断缠在肉上的头发，这是第一条死罪；我用木棍穿上肉，却没有发现缠在上面的头发，这是第二条死罪；我捧着炽热的炉子，炭火烧得通红，将肉烤熟了，头发竟没有烧焦，这是第三条死罪。据此看来，难道您的厅堂里有怨恨我的人吗？”晋文公觉得有道理，就叫侍臣调查，发现果然有人想诬陷厨师，晋文公就将那个小人杀掉了。

厨师为什么不立即反驳晋文公的话呢？因为向一个大人物说“你错了”是非常危险的。先说“你是对的”，再论对错，对方心情上就比较容易接受了。

第二招：顺口说。有话要说时，不立即表达，等到某个合适的时候顺口说出来，对方不易产生抵触情绪。

有一次，赵襄子连喝了五天五夜的酒，还得意地向身边一位姓莫的伶人道：“你看我多厉害！喝了五天五夜都不醉。”

莫伶人说：“您就接着喝吧！离那个商纣王只差两天了。我听说商纣王能连喝七天七夜，您已经喝了五天五夜了！”

赵襄子一惊，吓得酒也醒了，自此，他在享乐方面收敛多了。

莫伶人看见赵襄子喝了五天五夜，肯定早就有话要说，他却一直等到赵襄子谈起这件事时才“顺便”说出来，可谓深得进谏要领。

第三招：抛钓饵。当对方说出某个意见时，故意在神态上表现出欲言又止的样子，让对方知道你有话要说，引起他的好奇心。当他追问时才说出来，这样他就不会怪你多嘴饶舌了。

主动向对方表达意见，对方会产生抗拒心理。设法让对方主动询问意见，他更听得进意见。

总之，经营人际关系要有耐心，不能全依自己的想法来。尊重别人的想法，关心别人的感受，这是经营人际关系的要点。

交到真心朋友是一种福分

本杰明·富兰克林说:“成功的第一要素是懂得如何搞好人际关系。”这个道理很好理解。可是如何经营人际关系，这是一门大学问。首先要把握两个原则:

第一个原则是“和而不同”。两个或多个有着独立思想、独立人格、个性迥异的人，在相互理解、相互欣赏、相互谦让的基础上，融洽相处。如果你看不惯我，我看不惯你;你瞧不起我，我瞧不起你，为了某种需要不得不走到一起，就变成小人之交了。

第二个原则是“以文会友”。大家虽然在学识、才能、经验、阅历、背景、相貌等诸多方面都有差异，追求的目标却相同。如果大家虽然在做同一件事，却各怀心思，力量就很难融合到一起，又变成“同而不和”了。

符合上述两个原则的朋友关系，才是真心朋友。人生能交到一个真心朋友，绝对是一大幸运，能交到一批真心朋友，那就太幸运了!

但是，真心朋友不是天生的，需要我们用真心去浇灌，才能盛开友谊之花。所以，我们想得到真心朋友，首先自己就要做一个真心朋友。

第一，以道交友，追求共同的人生目标。双方追求的目标相同，就可结伴而行，相互扶助。如果目标不同，自然只能各走各的路。三国时管宁和华歆绝交的故事，是大家都熟悉的。两人年轻时在一所私塾里求学，交情很好，经常在一起劳动、学习，形影不离。有一次，两人坐在同一张席子上读书，这时有一位大官乘车经过，管宁依旧读书，好像没事一般，而华歆却抛下了书本，跑出去看热闹，好像很羡慕的样子。管宁认为华歆贪慕富贵，跟自己志向不同，就把垫席割成两半，宣布绝交。管宁的做法虽然有点过火，但两人选择的人生道路不同，事实上也只能维持泛泛之交，很难做真心朋友的。

第二，以礼交友。我们对任何人都要保持尊重、注意礼仪。对人轻率不恭，别人根本不愿走近，更谈不上成为真心朋友。子贡在这方面就得到过一个教训。

有一次，他去承地时，看见路边有一个穿着破衣烂衫的人，就很随意地问道："这里到承地还有多远？"

此人名叫丹绰，是一个大贤士。他见子贡无礼，就默不作答。子贡不高兴地说："人家问你，你却不回答，是否失礼？"

丹绰掀开身上裹着的破布说："看见别人却心存轻视之意，是否有失厚道？看见别人却不认识别人，是否有欠聪明？无故轻视侮辱别人，是否有伤道义？"

子贡一听此人出言不凡，顿时心生敬意，马上下车，恭恭敬地说："我确实失礼了！您指出了我三大过失，还可以再告诉我一些吗？"

丹绰说："这些对你已经足够了，我不再告诉你。"

此后，子贡对人再也不敢起轻视之心，在路上遇到两个人就在车上行礼，遇到五个人就下车行礼。

我们应该有这样的理念：每一个人都有可尊敬之处。不了解一个人而轻视他，是狂妄自负；了解一个人而轻视他，是缺乏识人之智。

第三，以诚交友。与朋友结交，要真诚相待。但是，我们不能强求对方的真诚，如果我们重视对方，首先要向对方表达诚意。

三国时的周瑜，起初在军阀袁术部下当居巢长，也就是县令。当时地方上发生了饥荒，居巢的百姓没有粮食吃，饿死了不少人，军队也饿得失去了战斗力。周瑜急得心慌意乱，却不知如何是好。

有人献计说，附近有个乐善好施的财主鲁肃，家里想必囤积了不少粮食，不如去向他借。周瑜带上人马登门拜访鲁肃。鲁肃家里存有两仓粮食，各三千斤。他一看周瑜仪表不凡，定是成大器之才，有心结交，立即爽快地说："我送一仓粮食吧！就算是给朋友的见面礼。"

周瑜愣住了，要知道，在饥馑之年，粮食就是生命，这份礼物可不轻啊！周瑜被鲁肃的言行深深感动了，两人从此交上了朋友。后来周瑜当上了将军，他就把鲁肃推荐给孙权。鲁肃终于得到了干大事业的机会。

第四，以义交友。做人要讲义气，"有福同享，有难同当"才是真朋友。管鲍之交传颂数千年，是值得我们学习的。鲍叔牙深知管仲有谋划大计、图成霸业的雄才伟略。他们共同做生意，管仲每次都要多分得些财物，鲍叔牙知道管仲家贫，并非出于贪心；他们一起办事，管仲经常惹麻烦，鲍叔牙知道这是运气不好，从不认为他愚笨；他们参加战斗，管仲多次逃跑回家，鲍叔牙知道他有高堂老母需要奉养，从不认为他怯懦；他们一起当官，管仲多次被炒鱿鱼，鲍叔牙知道这是因为没有遇到明君，并不认为管仲无能。后来，鲍叔牙将管仲举荐给齐桓公，管仲才得以施展雄才伟略，助桓公图成霸业。难怪管仲感慨地说："生我者，父母也；知我者，鲍子也！"

交朋友时，如果见别人发达了就去趋奉，失意了就弃而远之，这不过是小人之交，是很难交到真朋友的。

第五，以信交友。朋友信服你，才愿意跟你保持友谊。这就要求你对朋友守信用。

在生活中，有些人不知道信之重要，经常用虚言假意敷衍别人，久之必然失去别人的信任。这样怎么能交到真心朋友呢？

交可谋的朋友，也交不足谋的朋友

“道不同，不相为谋。”朋友有很多种，有泛泛之交，也有知心密友，还有合作伙伴等，孔子说，有的人和你的目标不一样，思想差异也很大，那么就没有必要在一起谋事。大家各走各的道，没有什么冲突，这样也好。切莫硬要把自己的意愿强加给朋友，你如果要开店做生意，而你的朋友热衷其他事情，那么就不要拉着他一起了。这是有原因的，弄不好连朋友也没得做，大家反目成仇了。正所谓：“可与共学，未可与适道。可与适道，未可与立。可与立，未可与权。”（《论语·子罕》）

南怀瑾先生说这是做人做事最要注意的。讲到这种人生的经验，孔子真是圣者，实在是了不起。孔子觉得有的人你和他做同学就好，但是不一定能一起开创事业。这样的事情很多，生活中总有一些人在创业的时候要拉上自己的好友，稍微不慎就会成为冤家，这样做是将友谊放在一个火山口上，说不定火山爆发友情就要中止。

“可与适道，未可与立。”有些人可以共创事业，但是没有办法共同建立一个东西，无法创业。“可与立，未可与权。”有些人可以共同创业，但不能给他权力，无法和他共同权变。这在历史上很多故事中可以看到，有些人学问、道德都不错，做别人的部下很好，但是一旦你放大权到他的手里就坏事。

说到这些，南怀瑾先生给我们举了王安石和赞元禅师的故事。

王安石与赞元禅师的交情犹如兄弟，一个做了宰相，一个出家当了和尚，王安石每个月都要写信给赞元，而赞元始终不打开来看。有一天王安石问他能不能学道，赞元禅师说："你只有一个条件可以学道。但有三个障碍永远去不了，只好再等一世，来生再说学道的事吧！"

王安石听了很不痛快，要他说明。赞元禅师便说："你的气大，又热心于人世的功名事业，成功与失败，没有绝对的把握，你心里永远不会平静，哪里能够学道呢？并且你脾气大，又容易发怒。做学问，重理解，对学道来说，是'所知障'，你有这三个大毛病，怎么可以学道？不过，不大重视名利，而且生活习惯很淡泊，很像一个苦行僧，只有这一点比较近道而已。所以说你可以先研究修道的理论，等来生再说吧！"

我们看了这一段对话，再研究一下王安石的一生与宋神宗时代历史上的成败得失，便可以了解孔子所说的这三句话的分量了。当然，这些都是要有自已的经验才能感受得到，否则只会如隔靴搔痒。历史上明太祖朱元璋起初很反对孟子，他觉得孟子是看不起贫苦出身的人的，于是要打倒孟子。可是后来他经历了一些人、事之后，他改变了自已的看法，觉得圣人之言还真有道理。

我们看《论语》也一样，当时不觉得孔子有多么了不起，走过了人生的一些春秋后自然就会心生敬畏。这一点就好像自已小时候不听话一样，父母要我们好好学习，我们觉得他们很唠叨、烦人，于是不听，最终学业无成，悔恨终生。到这个时候才体会到父母言论的正确，也才体会到他们的良苦用心。但是此时悔恨已经晚了，只好用来教育自已的下一代。但是他们能不能听还是另外一码事，这不得不说是一个遗憾。

什么样的朋友值得交

在交友方面，孔子给了后人很多建议和提示：“益者三友，损者三友。友直、友谅、友多闻，益矣；友便辟、友善柔、友便佞，损矣。”孔子说有三种朋友我们和他相处会受益匪浅。第一种很正直，这种人就像是他的弟子子路一样，多半很有点侠气，对朋友讲义气；第二种是性格宽厚的人，这样的人多半心地善良，很仁慈，不会对人吹毛求疵，比如，孔子的弟子曾子和颜回；第三种是学问很好的人，他们知识渊博，能带给你很多你学不到的智慧，能提升你的眼界，比如，孔子的弟子冉求和子贡。

交友之道和谈恋爱的道理一样。如果交上一个好的朋友是怡情悦性的一件美事，这就如同谈恋爱遇上一个理解自己、相处愉快的恋人一样。虽然性质不同，但结果相似：遇到君子，双方都有进益，皆大欢喜的场面；遇人不淑，被人拉下水或吃了哑巴亏，只好自认倒霉。上面讲的是益者三友，可是孔子紧接着还告诉我们损者三友，交友也是宁缺毋滥。那么，是不是只能被动接受，毫无预防和还击之力呢？非也。他告诉我们三种人万不可接近，谨防上当——“友便辟，友善柔，友便佞”。

首先是友便辟，这种朋友指的是专门喜欢谄媚逢迎、溜须拍马的人。他知道你喜欢什么，他就对你投其所好。我们在生活中工作中经常会碰到这样的人，尤其当你是他的上司，或者你对他还有点利用价值，那么你的什么话，他都会说“所言极是”；你做的任何事情，他都会说“太棒了”，其实有可能他打心眼里还瞧不起你的这一套。他从来不会对你说个“不”字，反而会顺着你，称赞你，夸奖你。这种人特别会察言观色，见风使舵，细心体会你的心情，以免违逆了你的心意。就像俄国小说家契诃夫写的“变色龙”一样，他们是骑墙之草，永远都会顺风跑。你得意时他追随你，不离左右，你一旦失意，他立刻让你感受什么叫人走茶凉与世态炎凉。

孔夫子说，和这种人交朋友，太有害！为什么？因为人性的一大弱点是爱听恭维话，法国思想家卢梭说，要讨厌那些奉承我们的人真是太难了。连伟大的人物尚且有如此感叹，平凡如你我者就更不必说了。但就是因为这样的人危害最大，所以才值得我们关注。

第二种叫友善柔。这种人是典型的“两面派”。他们当着你的面，永远是和颜悦色，满面春风，恭维你，奉承你，就是孔子说的“巧言令色”。但是，在背后呢，会传播谣言，恶意诽谤。比如，像唐朝大奸臣李林甫，他口蜜腹剑，绵里藏针，就好比是独门暗器一样，让我们防不胜防，招架不住。

第三种叫友便佞。便佞，指的就是言过其实、夸夸其谈的人。其中这个“佞”就是指口才好但不诚实、不正直，也就是所谓“假、大、空”。这种人生就一副伶牙俐齿，没有他不知道的事，没有他不懂的道理，说起话来，滔滔不绝，气势逼人，不由得人不相信。可实际上呢，除了一张好嘴，别的什么也没有。

巧舌如簧，却腹内空空，“吹牛不打草稿”的人，你敢和他做朋友吗？孔子一向推行“敏于行，讷于言”的做人处世理念，像夸夸其谈的人在他那里是不会有什么好评语的。有了一些人生阅历的人就会懂得孔子这几句话的高深之处了。

第二十课

幸福由己造，悲喜由心生

婚姻，最重要的一道选择题

“有天地然后有万物，有万物然后有男女，有男女然后有夫妇，有夫妇然后有父子，有父子然后有君臣，有君臣然后有上下，有上下然后礼义有所错，夫妇之道不可以不久也，故受之以恒，恒者久也。”南怀瑾先生认为这是孔子的婚姻观。认为夫妇之道能长且久，才符合正统。由此观之，选择一段好婚姻是十分必要的。

启蒙思想家卢梭曾说：“我不仅把婚姻描写为一切结合之中最甜蜜的结合，而且还描写为一切契约之中最神圣不可侵犯的契约。”而越来越多的人却正在践踏、无视这种契约，他们把婚姻仅仅视作一种最为平常的合作关系，可以招之即来、挥之即去，就像一张彩票，即使赌输了，也可以撕毁，事实上，谁亵渎了婚姻，谁就最终亵渎了自己。

婚姻是比爱情更现实的东西，它源于爱情，又高于爱情，爱情不需要刻意地雕琢，婚姻却要用心去经营，一旦我们经营不善，我们怀中的爱人就会一去不复返。

英国著名影星费雯丽在出演了好莱坞历史上最经典的爱情作品《飘》之后，一夜成名，她本人与“忧郁王子——哈姆雷特”的扮演者劳伦斯之间的爱情也堪称一段爱情佳话，两个人的爱情在历经种种磨难之后终于修成正果——他们步入了婚姻的圣殿。

然而，正是这两位对爱情有着最为完美的诠释的影星，他们的婚姻却以不幸告终。他们的爱情经受了考验，而婚姻却一败涂地。

他们的爱情是完美的，然而正是因为他们要求以完美的爱情的眼光来要求婚姻，他们的婚姻才抵抗不了这理想的重压而轰然倒塌，这种不可承受之重终于毁灭了他们的幸福。有很多恋人在没成婚时卿卿我我，而一旦婚后却反目成仇，曾经山盟海誓的爱情被婚姻磨去了最后的光泽，两个人以分手告终。婚姻，对很多不善经营的人来说，确实是爱情的坟墓，但是，只要能用心过好每一天，你和爱人的感情就会在这种可贵的经营下日久弥深。

英国政治家丘吉尔，他曾经不无炫耀地说："我最显赫的成就，不是别的，而是当年我说服了克莱蒂娜与我结婚，她是我一生中唯一的女人，没有她我可能不会有任何成就。"

"成家立业"这个词很有意思，它把"成家"放在了"立业"前面，不是没有道理。先成家，我们的事业就有了后盾，我们会有一种归属感，才能把更多的心思花在事业上。一个良好的家庭可以给成员以温暖，可以为他的创业提供很多力量源泉；而一个很糟糕的家庭，只会让成员觉得负担重重。而且，糟糕的家庭关系又会影响到家人和身边的其他人。长此以往，会使得成员之间极不和谐，甚至反目成仇。

现代社会，我们对婚姻的态度也越来越不严肃，社会上出现很多不好的东西。孔子说"夫妇之道不可以不久也"，但是很多人还是吵着闹着要离婚。为什么？选择不慎重而已。人的一生中婚姻是最重要的选择，若对则一生幸福，若错则万劫不复。如此，一念之间也。

爱情的夏天和婚姻的冬天

“稽首慈云大士前，不升净土不升天，愿为一滴杨枝水，洒到人间并蒂莲。”这首诗歌是清朝女诗人冯小青所写。意思是，在大师面前发誓，我死了之后不成佛不成仙，只愿意做观音菩萨净瓶中的杨枝水，洒到人间，让更多的人和和美美。南怀瑾先生说她境界很高。不为自己的痛苦所困，而是想到世界上其他女性的痛苦，于是希望将来自己能够使人间每个家庭美满和快乐。

她遭遇到了什么？原来冯小青是个才女，人也长得很漂亮，年纪轻轻却遇人不淑，结了婚才知所嫁非人，先生早已有了太太，因此痛苦一辈子，抑郁而死。冯小青能写出这样的诗来，的确非常人心境。其实说白了很多人由于无法适应婚姻与爱情的温差，因而使得双方的感情越走越远。

一对曾经让人羡慕不已的恋人，在结婚一年后吵吵闹闹地走上了法庭，要求离婚。朋友、家人都十分惊讶，力图去劝说他们：“相恋5年，多少次花前月下，为什么反目成仇呢？”妻子委屈地说：“他曾说爱我一辈子，可是现在他宁肯欣赏那些街上的漂亮女孩，回到家，也懒得看我一眼，还挑三拣四。”其实这位妻子很漂亮，在街上同样有极高的回头率。丈夫生气地说：“你不也一样，在街上、班上都能和颜悦色温柔体贴地对待每个人，回到家里，总是冷着个脸，絮絮叨叨，总是强词夺理，越来越像个泼妇！”

调解员说：“你们都希望对方永远爱自己，可是却受不了生活中的平凡琐事，自己反省一下，是否是这样的情形？你们有很深的感情基础，生活应该多制造一些爱的氛围，平凡的生活也有其独特的魅力，试着去寻找吧！”

有人说恋爱和婚姻本就是两码事，更有人把婚姻当作爱情的坟墓。其实只要看清婚姻的本质，认真去面对婚姻，就不会有那么多因为琐事而被忽略的爱情，就不会有那么多因为不耐烦而被磨灭的激情了。婚姻永远是由无数个琐事的细节叠加而成的，所以说琐碎的生活成就了爱情的永远。在琐事中，发现乐趣，在琐事中互相谅解，这是成功夫妻的宝典。

一位社会学博士生，在写毕业论文时糊涂了，因为他在归纳两份相同性质的材料时，发现结论相互矛盾。一份是杂志社提供的 4800 份调查表，问的是：什么在维持婚姻中起着决定作用（爱情、孩子、性、收入、其他）？ 90％的人回答的是爱情。可是从法院民事庭提供的资料看，根本不是那么回事，在 4800 对协议离婚案中，真正因感情彻底破裂而离婚的不到 10％，他发现他们大多是被小事分开的，看来真正维持婚姻的不是爱情。

其中有个案例是关于老年夫妇的。这对离婚者男的是教师，女的是医生。他们离婚的直接原因是：男的嗜烟，女的不习惯；女的是素食主义者，男的受不了。

还有一对夫妻他们大学时曾是同学，上学时有 3 年的恋爱历程，后来分在同一个城市，他们结婚 5 年后离异。直接原因是：男的老家是农村的，父母身体不好，姐妹又多，大事小事都要靠他，同学朋友都进入小康行列，他们一家还过着紧日子，女的心里不顺，经常吵架，结果就分手了。

还有一对“速分”的。这一对结婚才半年，男的是警察，睡觉时喜欢开窗，女的不喜欢；女的是护士，喜欢每天洗一次澡，男的做不到。俩人为此经常闹矛盾，结果协议离婚。

本来这位博士以为他选择了一个轻松的题目，拿到这些实实在在的资料后，他才发现《爱情与婚姻的辩证关系》是多么难做的一个课题。

他去请教他的指导老师，指导老师说，这方面的问题你最好去请教那些金婚老人，他们才是专家。

于是，他走进大学附近的公园，去结识来此晨练的老人。可是他们的经验之谈令他非常失望，除了宽容、忍让、赏识之类的老调外，在他们身上他也没找出爱情与婚姻的辩证关系。不过在比较中他有一个小小的发现，那就是：有些人在婚姻上的失败，并不是找错了对象，而是从一开始就没弄明白：在选择爱情的同时，也就选择了一种生活方式。

正是生活方式这一点，决定着婚姻的和谐。有些人没有看到这一点，最后使本来还爱着的两个人走向了分手的道路。不要被爱情的火热烫伤，很多时候我们要理智。两个人相爱的时候，温度很高，大家把自己最好的一面展现给对方。但是，一结婚所有的生活细节全来了。突然发现对方有很多做法，自己不能适应。于是一家人开始“斗法”，最后两败俱伤，什么浪漫、美妙都没有了。其实爱情真的是需要经营。真正的金婚银婚，都是走过了一段漫长的磨合之路。很多人接受不了婚姻中的冷淡，我们不要因为暂时的冷，而放弃一个本来可以很美好的家庭。

正如南怀瑾先生所赞赏的冯小青那样，她虽然遭遇不幸，但是却希望所有的有情人终成眷属。我们也希望处于恋爱或者婚姻中的人们能够理智地对待生活中的平淡与高潮，家长和理短，让感情走得更远。

该遗忘的遗忘，该铭记的铭记

南怀瑾先生说，从外形上看不出一个人有道德、道有所长时，在欣赏他的道德学问时，就不会去注意他的外形好看与否。很多人都是这样，应该忘记的不忘，而不该忘记的却忘记了。生活中，总有一些事情需要我们牢记于心头，而又有另外一些事需要我们忘却于脑后。什么该记住，什么该忘却，这才是需要我们用心去体会的。

铁匠和他的好朋友结伴去旅行，一路上两个人相互照顾。

有一天，他们在翻过一座大山时，铁匠不幸失足，在他滑向悬崖边的一瞬间，好朋友不顾自身危险，拼命拉住了他。铁匠于是在附近的一块大石头上刻下：某年某月某日，好朋友救了铁匠一命。

他们继续前行。一个月后，他们来到一处结冰的河边，他们为是踏冰而过还是寻桥而过争吵起来。一气之下，好朋友踢了铁匠一脚，铁匠跑到冰面上刻下：某年某月某日，好朋友踢了铁匠一脚。

有个过路的行人见了，好奇地问铁匠："你为什么把好朋友救你的事刻在石头上，而把他踢你的事刻在冰上？"

铁匠说："好朋友救了我，我永远都感激他；至于他踢我的事，我会随着冰上字迹的融化而忘得一干二净。"

任何人，在具备"兽性"的同时也拥有"人性"。所谓"兽性"有时表现在一个方面——人是容易记仇的动物，他会把损害自己利益的人与事牢记于心；而在"人性"方面的表现是，他能在"忘"与"记"两方面做出正确的选择：很快忘掉不愉快的东西，永远牢记别人的“好”。人之所以为人，就是在“人性”和“兽性”的较量中，“人性”永远占据上风，即或是暂时退却，但必将取得最后的胜利。

南怀瑾先生认为，在人生的旅途中，我们要学会去记住别人对你的帮助，忘却自己对别人的不满，学会宽容才能让你活得更自在、更轻松，坦然地去面对旅途中的风风雨雨。

的确，宽容是一种美德。正如法国 19 世纪的文学大师雨果曾说过的一句话：“世界上最宽阔的是海洋，比海洋宽阔的是天空，比天空更宽阔的是人的胸怀。”让我们相信每个人即使是有坏处，那也一定有值得人同情和原谅的地方。要知道，宽恕别人所不能宽恕的，是一种异常高贵的行为。

宽容是一种美。深邃的天空容忍了雷电风暴一时的肆虐，才有风和日丽；辽阔的大海容纳了惊涛骇浪一时的猖獗，才有浩渺无垠；苍茫的森林忍耐了弱肉强食一时的规律，才有郁郁葱葱。宽容是壁立千仞的泰山，是容纳百川的江河湖海。

宽容也是一种幸福，我们饶恕别人，不但给了别人机会，也取得了别人的信任和尊敬，我们也能够与他人和睦相处。宽容，是一种看不见的幸福。宽容更是一种财富，拥有宽容，就拥有一颗善良、真诚的心。宽容和忍让是人生的一种豁达，是一个人有涵养的重要表现。

遗忘别人的“不好”，铭记别人的“好”。当你对别人宽容之时，即是对你自己宽容。因此，哲人说：“人类尽管有这样那样的缺点，我们仍然要原谅他们，因为他们就是我们。”同样，当你宽容别人的时候，带给别人舒心和快乐，也把幸福带给了自己。

婚姻中的"刺猬法则"

南怀瑾先生曾经讲"因缘"，他认为因缘，有三项内涵、四种关系。三项内涵即是善缘、恶缘、无记缘。所谓无记缘，就是不善不恶的缘。譬如我们有许多接触过的人，不是自己有意去找他，偶然一次，过去了也就忘了，这种缘属于无记缘。这么多因缘，我们应该怎么办？南怀瑾先生在讲到禅的时候说"万事随缘过"。

人世间最刻骨铭心的缘分，莫过于夫妻缘分了。我们常常发现很多夫妻，日子没过多久，就出现了各种问题：生活习性的，态度观念的……但是走到夫妻这一步最常见的，还是双方有一方对对方管得比较严，生活中失去了自由空间。其实这就是不懂随缘的结果。每个人都有自己的空间，在感情生活中随缘，就是不强求，用现在的话说就是要给对方以自由。

莉莎和男朋友分手了，情绪低落，从他告诉她应该停止见面的一刻起，莉莎就觉得自己整个人被毁了。她吃不下睡不着，工作时注意力集中不起来。人一下子消瘦了许多，甚至被人认不出来了。一个月过后，莉莎还是不能接受和男朋友分手这一事实。

一天，她坐在教堂前院子的椅子上，漫无边际地胡思乱想着。不知什么时候，身边来了一位老先生。他从衣袋里拿出一个小纸口袋开始喂鸽子。成群的鸽子围着他，啄食着他撒出来的面包屑，很快就飞来了上百只鸽子。他转身向莉莎打招呼，并问她喜不喜欢鸽子。莉莎耸耸肩说：

“不是特别喜欢。”他微笑着告诉莉莎：“当我是个小男孩的时候，我们村里有一个饲养鸽子的男人。那个男人为自己拥有鸽子感到骄傲。但我实在不懂，如果他真爱鸽子，为什么把它们关进笼子，使它们不能展翅飞翔，所以我问了他。他说：‘如果不把鸽子关进笼子，它们可能会飞走，离开我。’但是我还是想不通，你怎么可能一边爱鸽子，一边却把它们关在笼子里，阻止它们要飞的愿望呢？”

莉莎有一种强烈的感觉，老先生在试图通过讲故事，告诉她一个道理。虽然他并不知道莉莎当时的状态，但他讲的故事和莉莎的情况太接近了。莉莎曾经强迫男朋友回到自己身边。她总认为只要他回到自己身边，就一切都会好起来的。但那也许不是爱，只是害怕寂寞罢了。

老先生转过身去继续喂鸽子。莉莎默默地想了一会儿，然后伤心地对他说：“有时候要放弃自己心爱的人是很难的。”他点了点头，但是，他说：“如果你不能给你所爱的人自由，那么你就并不是真正地爱他。”

长相厮守的意义不是用柔软的爱捆住对方，而是让他带着爱自由飞翔。要知道，爱需要自由的空间。缘分不能强求，强求则会导致缘灭。生活中一些事情常常是物极必反的，你越是想得到他的爱，越要他时时刻刻不与你分离，他越会远离你，背弃爱情。你多大幅度地想拉他向左，他则多大幅度地向右荡去。

所以我们应该让爱人有自己的天地去做他喜欢的事情，譬如集邮，或是其他任何爱好。在你看起来，他的爱好也许傻里傻气的，但是你千万不可嫉妒它，也不要因为你不能领会这些事情的迷人之处就厌恶它。你应该适时地迁就他。

爱人有了特殊的爱好以后，我们还必须给他另外一个好处：有些时候要让他独自去做他喜爱的事，使他觉得拥有真正属于自己的东西。毫无疑问，爱人时常需要从捆在他脖子上的爱的锁链里挣脱出来。如果我们能够帮助并支持他们，去培养一些有趣的爱好——并且给他们合理的机会享受完全的自由——那么我们就是在做一些使他们快乐的事了。

我们应当自信，真正的爱是可以超越时间、空间的。因此，作为婚姻的双方，在魅力的法则上，请留给彼此一个距离，这距离不仅包含空间的尺度，同样包含心灵的尺度。

留下你自己独特的性格，不要与他如影随形；留下你自己内心的隐私，不要让他感到你是曝光后苍白的底片；留下你一份意味深长与朦胧的神秘，不要试图挽留他离去的脚步，不要幻想他的目光永远专注于你，一切都应是自然形成。在你们之间留下一段距离，让彼此能够自由呼吸。

这难道不是爱的真谛吗？爱并保持距离。人的心理诉求确实是很复杂的。南怀瑾先生说爱是自私的，可以说也有一定的道理。当你说爱是为了对方的时候，这个举动难道不是为了自己而做出的吗？因为为了对方会让你开心，于是你才去爱别人，可见是源于自己的心理诉求的。但是爱情又是无私的。当我们为对方做事情的时候，也确实没有求回报，只要为对方做事就很开心。人总是要有一定的心理空间的，爱情的距离不能太近了。当侵犯了那个底线时，曾经再好的恋人也可能会反目。因此爱必须给对方以自由，这是两人关系能够保持长久的前提。

世间诸事都逃不脱因缘二字，有很多事情强求反而什么都得不到，因为你所要的上天并没有给你安排，而你对本来属于你的东西又视而不见。人的可悲就在于此。夫妻之爱，是缘。这种缘尤其需要珍惜。珍惜缘分就是随缘，爱情或婚姻中太多的羁绊会破坏这段缘分的。